근대계몽기 문학의 재인식

A new understanding of Korean literature in the modern enlightenment era

소명출판

필자_가나다순

구장률 연세대 강사
김영민 연세대 국어국문학과 교수
김재영 연세대 근대한국학연구소 책임연구원
김재용 원광대 국어국문학과 교수
양문규 강릉대 국어국문학과 교수
이유미 연세대 강사
최현식 연세대 강사
하정일 원광대 국어국문학과 교수
함태영 연세대 강사

근대계몽기 문학의 재인식

1판 1쇄 인쇄 2007년 02월 10일
1판 1쇄 발행 2007년 02월 28일

지은이 / 문학과사상연구회
펴낸이 / 박성모
펴낸곳 / 소명출판
출판고문 / 김호영
등록 / 제13-522호
주소 / 137-878 서울시 서초구 서초동 1621-18 (란빌딩 1층)
대표전화 / (02) 585-7840
팩시밀리 / (02) 585-7848

somyong@korea.com / www.somyong.co.kr

ⓒ 2007, 문학과사상연구회

값 18,000원

ISBN 89-5626-239-X 93810

근대계몽기 문학의 재인식

A new understanding of Korean literature in the modern enlightenment era

문학과사상연구회

소명출판

책머리에

이 책은 문학과사상연구회에서 이루어지고 있는 공동 작업의 산물인 '재인식' 시리즈의 여섯 번째 결과물이다. 1998년 『염상섭 문학의 재인식』으로 시작된 우리의 공동연구는, 한국 근대문학의 주요작가 중 한 사람을 선정하여 그 작품세계를 집중 탐구하는 형식으로, 채만식·한설야·임화·이태준 등을 차례대로 재조명해왔다. 우리 근대문학사를 수놓았던 그 많은 작가들을 생각한다면, 이 시리즈는 아직도 한참을 계속하지 않을 수 없을 것이다.

그런데 이번에는 한 작가에 대한 집중탐구와는 다른 형식을 시도해보았다. 우리 근대문학의 시원이라고 할 수 있는 근대계몽기 문학의 여러 특질을 해명해보고자 한 것이다. 우리가 '근대계몽기'라고 부른 시기는 그 연대의 상·하한을 엄밀하게 규정한 것은 아니다. 대충 근대적인 인쇄 매체들이 등장하기 시작하는 1880년대에서부터 『창조』·『폐허』 등의 문학전문지가 등장하는 1920년 어름까지의 근대문학 초창기를 대상으로 하고자 한 것이었다. 한 시기를 개괄하거나 그에 대한 포괄적인 문학사를 서술하고자 한 것이 아니라, 비어 있는 부분을 보충하거나 특정한 연구경향을 반성하는 방식으로 연구의 새로운 의제를 설정해보자는 것이 우리의 의도였기에 엄밀한 시기 규정 자체는 그리 중요한 문제가 아니었던 것이다.

1부에 실린 글들은 주로 매체와의 연관 속에서 이 시기 문학을 살펴려 한 연구들이다. 어느 시기나 실제로 텍스트를 실현해주는 매체의 중요성은 강조되어야겠지만, 특히 이 시기에는 새롭게 등장한 신문·잡지 등의 근대적 매체가 당대 문학의 특질과 긴밀하게 연관되어 있다는 문제의식을 이 연구들은 분명하게 보여주고 있다.

김영민과 김재영의 글은 각기 1900년대의 대표적인 신문 매체인 『대한매일신보』와 『대한민보』를 대상으로, 그 '소설'의 정체성에 대한 탐구를 하고 있다. 이 시기에 '소설'에 대한 인식이 별로 통일되어 있거나, 균질하지 않았음은 이제는 거의 상식이 되어 있다고 할 수 있다. 따라서 이 시기의 개별 매체 담당자들이 소설을 어떻게 인식했는지, 매체의 특성이 텍스트에 어떤 영향을 미치고 있는지 등을 밝히는 것은 이 시기 소설 연구의 긴요한 과제로 보인다. 이러한 개별 매체의 '소설'에 대한 연구를 통하여 궁극적으로 당대 한국 근대소설의 지형도를 그려내는 데로 나아가고자 하는 것이 공히 이 두 작업의 바탕에 놓여있는 문제의식이라고 할 수 있다.

이유미의 글은 주로 학회지의 형식으로 존재했던 이 시기 잡지 매체에 실린 '단편 서사물'에 대한 포괄적인 연구이다. 이 학회지 형식의 잡지는 신문과 더불어 당대의 가장 중요한 새로운 매체였다. 이에 실린 서사물 또한 적지 않은데, 그간의 연구에서는 후대의 서구적 근대소설로 나아가는 도정에 의미 있다고 생각된, 장응진이나 진학문의 글들만이 선별적으로 주목되었다고 할 수 있다. 하지만 이 글은 그러한 선입견에서 자유롭게 단편 서사물 전체를 살펴 그 특성을 살피고 있다.

최현식의 글은 이 책에 실린 논문 중 유일하게 시가를 다루고 있어, 이 시기 시가를 충분하게 다루지 못한 아쉬움을 달래주고 있다. 이 글은 『소년』지의 시가를, 국민국가의 실현가능성에 조응하여 변화되어가는 최남선의 근대와 근대국민국가에 대한 열망의 구체적 표현으로 읽어내고 있다. 『소년』지 시가의 근대성을 '서구 자유시 형식'이라는 준거가 아니라, 『소년』지의 산문들에서 드러나는 '나라만들기'와 '민족지키기'라는 절박한 명제와의 연관에서 해명하고 있는 것이다.

2부에 실린 글들은 작가를 중심으로 한 연구들이다. 많은 수의 작가를 다루지 않은 대신에 신채호와 이인직이라는, 이 시기 문학 이해에 있어 관건이 되는 두 작가에 대해서는 두 편씩의 글을 통해 집중적인 탐구가 이루어졌다.

하정일의 글은 신채호의 민족주의가 탈식민적 '되받아쓰기'의 실천이었다는 점, '예술의 정치화'로 요약되는 그의 문학론 역시 문학의 자율성을 부정하지 않으면서도 정치나 계몽을 예술에 내재적인 것으로 보는, 자주주의와 개방주의를 겸비한 탈식민문학의 기원이었음을 밝히고 있다. 김재용의 글은 신채호의 사회주의 수용 문제를 다루고 있다. 신채호가 '무정부주의적 사회주의'를 선택하게 된 계기가 1923년 1월 상해에서 소집되었던 '국민대표회의'의 결렬이었음을 밝히고 있는데, 이러한 신채호의 사회주의를 카프계 문학인들이 어떻게 받아들이고 있는가라는 문제를 통하여, 비민족주의적 반식민주의자로서 신채호가 갖는 문학사적 의미를 해명하고 있다.

함태영의 글은 관비유학 이전에 이루어진 것으로 보이는 이인직의 도일 망명에 대한 그간의 추정을 더욱 보강하고 있으며, 『미야코신문(都新聞)』에 실린 글들을 통하여, 후기에 드러나는 이인직의 사상 경향의 원천에 대한 탐구를 하고 있다. 구장률의 글은 여러 가지 정황 자료 등을 통하여 과감하게 『만세보』 논설 대부분을 이인직의 글로 추정하고, 이에 바탕하여 이인직의 현실인식에 대한 이해를 시도하고 있다. 또 신문소설의 이론을 습득하는 과정에 대한 보다 세밀한 해명도 이루어지고 있다. 마지막으로 양문규의 논문은, 계몽주의와 사실주의를 추구했던 남성들의 문학과는 다른 방향에서 또 다른 근대를 지향하고 있었던 나혜석의 문학을 백대진이나 현상윤, 양건식 그리고 이광수 소설과의 직접적인 대비를 통하여 보여주고 있다.

사회주의 몰락이나 포스트모더니즘 유행 등의 시대적 흐름 속에서 근대계몽기 문학에 대한 관심 또한 고조되어온 것으로 생각되는데, '근대성' 자체에 대한 반성과 천착이야말로 시대적 요구가 되었기 때문일 것이다. 우리 자신의 '근대성'을 문제 삼으면서, 이 시원의 시기를 그냥 지나칠 수는 없음은 분명하다. 하지만 여러 가지 점에서 이 시기 문학은 아직도 충분히 탐구되지는 못한 것으로 보인다. 여전히 드러나지 않은 자료들이 산재해있으며, 드러나 있지만 연구자의 손길이 아직 닿지 못한 자료들도 적지 않은 것으로 보인다. 또 '서구적 근대성'을 준거로 하여 이 시기의 다양한 현상을 이해하고자 했던 기존 접근 방식의 문제점은 거듭 지적되었지만, 새로운 준거틀이나 이론이 풍요롭게 제기되었다고는 할 수 없을 것이다. 우리의 작업이 이러한 상황을 타개하는 데 만족할 만하다고는 생각지 않는다. 다만 기존의 연구들을 정리하면서 비어 있는 부분들을 살피는 동시에, 연구의 새로운 방향을 제시한다는 우리 재인식 시리즈의 기본적인 방침은 이 책에서도 관철하려고 노력했음을 밝혀 둔다.

지속적으로 문학과사상연구회의 연구 결과물을 출판하여 후원해주는 소명출판에 감사하며, 다음 작업으로 '이광수 문학의 재인식'을 준비하고 있음을 밝혀둔다.

지은이들 적음

차례

근대계몽기 문학의 재인식

책머리에 · 3

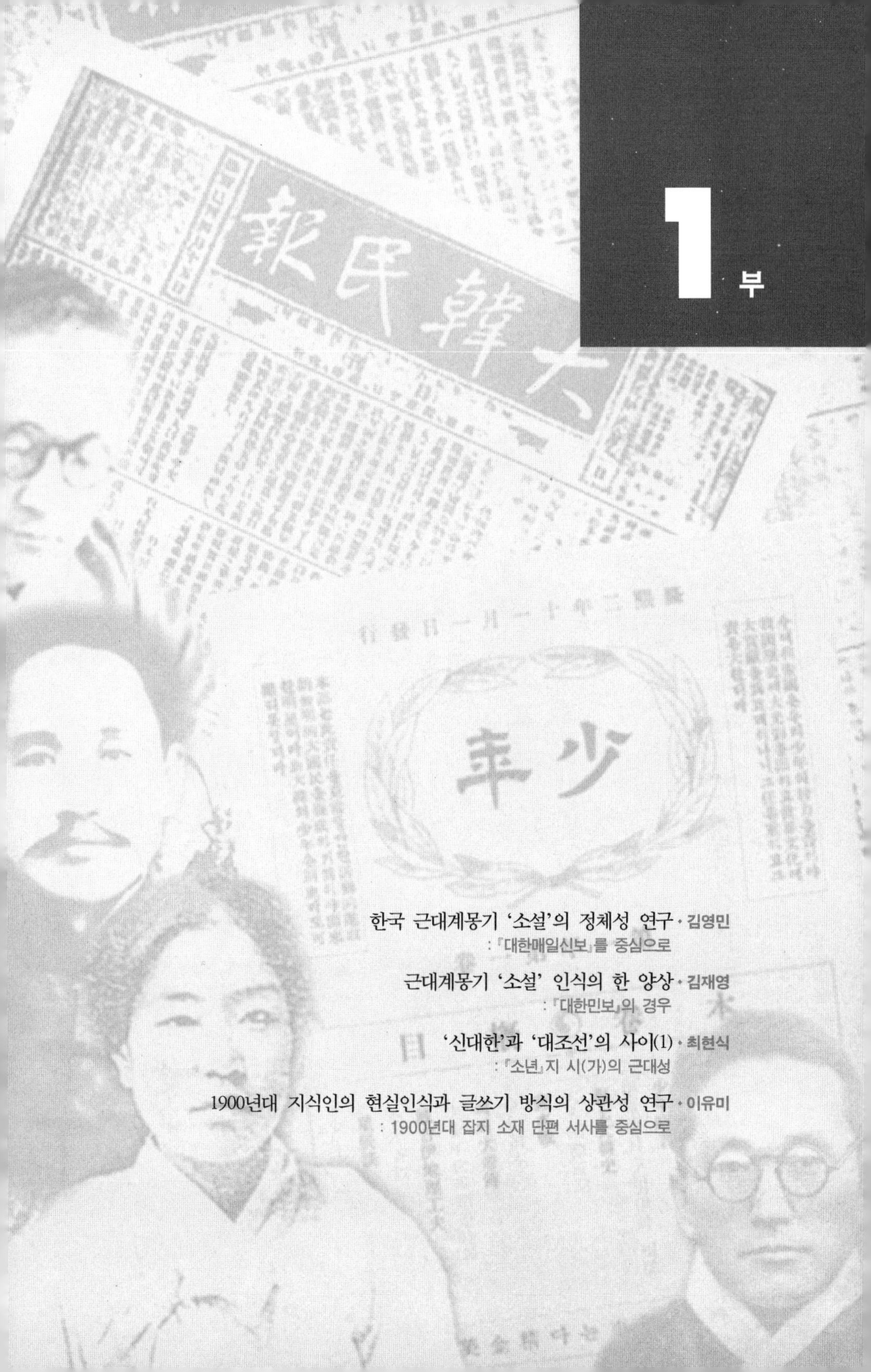

1부

한국 근대계몽기 '소설'의 정체성 연구

『대한매일신보』를 중심으로

김영민

1. 근대계몽기 '소설'의 개념

한국 근대소설 연구를 가로막는 장애물 가운데 하나는 '소설'의 개념에 대한 선입견이다. 서양의 소설 개념은 우리의 그것과 적지 않은 차이를 지닌다. 한국 근대계몽기 소설은 서양의 근대소설과 일반적으로 다음과 같은 차이를 지닌다.

첫째, 서양의 대표적 근대 서사문학 양식인 소설(novel)은 기본적으로 장편을 의미하나, 한국의 근대小說(소설/쇼셜)은 상대적으로 길이가 짧다. 그것은 한국의 근대小說(소설/쇼셜)이 불안정한 근대적 환경에서 출발했기 때문이다. 상업성보다는 공익성을 앞세우며 등장했다는 것도 하나의 원인이 된다. 둘째, 서양의 소설에서는 인과관계를 중심으로 하는 플롯과 사건의 유기적 배열을 중심으로 한 작품의 완결성이 중요하다.

그러나 근대계몽기 小說(소설 / 쇼셜)에서는 이러한 서구식 플롯의 개념은 별반 중요하지 않다. 근대계몽기 小說(소설 / 쇼셜)들은 그들 나름대로의 독자적 짜임새를 지니고 있는데, 이러한 짜임새의 가장 중요한 기준은 그것이 작가의 주장을 전달하는 데 얼마나 효과적인가 하는 점이었다. 셋째, 근대 서사문학의 형성 과정에서는 개인의 독서 행위가 중요하다. 서양 근대소설의 탄생 과정에서는 대중 독자들 자신의 문자 해독력이 급격히 상승하면서 독서 행위의 일반화가 이루어질 수 있었다. 반면, 한국 근대小說(소설 / 쇼셜)의 발생 과정에서는 지식인 작가들이 과거 자신의 언어였던 한자(漢字)의 사용을 줄이고 한글의 사용을 선택함으로써 독서 행위의 일반화를 이룰 수 있었다. 넷째, 작품이 지니는 현실성은 전근대적 문학과 근대문학을 구분하는 하나의 시금석이 된다. 서양의 근대소설은 리얼리즘 형식의 구현을 통해 현실성을 확보하고, 대표적인 근대 서사문학 양식으로 자리 잡을 수 있었다. 근대계몽기 한국의 小說(소설 / 쇼셜)은 서구의 리얼리즘소설과는 분명히 거리가 있다. 하지만, 이 시기의 小說(소설 / 쇼셜)들은 압축과 상징, 우화와 비유적 수법을 통해 현실을 담아내는 데 성공했다.[1]

한국 근대소설의 정체성을 분명히 하기 위해서는 무엇보다 다양한 근대 서사문학 자료에 대한 정리가 선행되어야 한다. 이 글의 목적은 한국 근대계몽기 '소설'의 정체성을, 『대한매일신보』 소설란에 수록된 작품들을 통해 구체적으로 살펴보려는 데 있다. 『대한매일신보』는 우리나라 사람들이 발행한 신문 가운데는 최초로 창작소설란을 마련하고 거기에 다양한 형태의 서사문학 자료를 수록했던 신문이다.[2] 이른바

---

1) 이에 대한 구체적 논의는 김영민, 「동서양 근대소설의 발생과 그 특질 비교 연구」, 『현대문학의 연구』 제21호, 2003, 439~468면 참조.
2) 『대한매일신보』는 조선인 발행 신문 가운데 최초로 소설란을 두었다. 참고로, 이보다 앞서 일본인들이 발행하던 『한성신보(漢城新報)』에 소설란이 있기는 했다. 『한성신보』는 1897년 1월 12일부터 16일까지 3회에 걸쳐 「상부원사해정남(孀婦寃死害貞男)」을 연재 발표하면서 이 작품이 실리는 난의 명칭을 '소설(小說)'이라고 명기한다.

'신소설'란을 마련해 작품을 연재한 것도 『대한매일신보』가 처음이다. 『대한매일신보』는 한일합방 이전 최대의 발행 부수를 유지했던 신문이라는 점에서도 주목할 필요가 있다. 그만큼 여러 계층의 독자들에게 많은 영향을 미친 것으로 볼 수 있기 때문이다. 『대한매일신보』는 영문·국문·국한문 등 다양한 문자를 활용했다. 『대한매일신보』의 편집진들은 문학의 기능에 대해서도 분명한 생각을 지니고 있었다. 그들은 과거와 현재의 소설에 대해서 관심이 많았을 뿐만 아니라, 미래의 소설이 나아갈 방향에 대해서도 일정한 생각을 지니고 있었다. 이런 점들만으로도 『대한매일신보』를 통한 한국 근대계몽기 소설의 정체성 연구는 충분히 타당성을 확보할 수 있을 것이다.

2. 『대한매일신보』의 서지와 집필진

『대한매일신보』는 1904년 7월 18일 창간되어 한일합방 직전인 1910년 8월 28일까지 발행된 신문이다. 『대한매일신보』는 창간 당시 영문판 4면과 국문판 2면의 6면 체제로 출범한다. 그러다가 1905년 8월 11일부

지금까지 필자가 확인할 수 있었던 『한성신보』 소설란에 발표된 작품은 대략 여섯 편 정도이다. 이들 작품의 제목과 발표일은 다음과 같다. 「상부원사해정남(孀婦寃死害貞男)」(1897.1.12~1.16), 「방백우유망동기(邦伯優游忘同忌)」(1897.1.18), 「비자정절(婢子貞節)」(1897.1.20), 「무하옹문답(無何翁問答)」(1897.1.22~2.15 : 이후 미확인), 「목동애전(木東崖傳)」(1902.12.7~1903.2.3 : 이후 미확인), 「경국미담(經國美談)」(1904.10.4~11.2). 그런데 현재까지 필자가 확인한 작품들은 순수 창작물이라기보다는 외국문학의 번역 및 번안물 혹은 이미 시중에 유통되던 야담이나 고소설의 재수록물로 판단된다. 『한성신보』는 현재 완전히 발굴된 상태가 아니므로 이에 대해서는 좀 더 지속적인 연구와 정리가 필요하다. 『한성신보』 소재 서사물에 대해서는 원고를 달리해 다룰 예정이므로 여기서는 더 이상 언급하지 않는다.

터는 국문판이 사라지고 대신 분리된 국한문판이 등장한다. 영문판과 국한문판으로 분리된 두 가지 신문을 간행하기 시작한 것이다. 이러한 두 종류 신문의 발행은 1907년 5월 말까지 이어지다가 다시 국문판을 추가로 발행하게 된다. 따라서 1907년 5월 말일 이후『대한매일신보』는 영문판과 국한문판, 그리고 국문판의 세 가지 형태가 존재하게 되는 것이다.『대한매일신보』가 국문판과 국한문혼용판 사이에서 변화하는 것은, 신문사가 독자층을 어떻게 선택했는가 하는 문제와 관계가 깊은 것이었다. 즉 일반 대중을 독자로 선택할 경우 국문판을 발행하고, 지식인층을 독자로 선택할 경우 국한문혼용판을 발행했던 것이다.[3]

　『대한매일신보』의 발행 부수는 한일합방 이전에 발행된 신문으로서는 최고였다. 국한문판과 영문판이 발행되던 1906년 당시의 발행 부수는 대략 4,000부 정도였다. 그러다가 1907년 국문판이 발행되면서부터 발행 부수가 급속히 늘어난다.[4] 1908년 5월 7일 당시 국한문혼용판 8,143부(서울 3,900부, 지방 4,243부), 순국문판 4,650부(서울 2,580부, 지방 2,070부), 영문판 463부(서울 120부, 지방 280부, 외국 63부) 등 총 13,256부에 달했다.[5] 이는 당시 국내의 어떤 신문보다 발행 부수가 많은 것이었으며, 그만큼 일반 국민과 민중에 대한 영향력이 컸음을 나타내는 것이었다.[6]『대한매일신

---

3) 이 시기『만세보』는 한자에 한글을 병기한 이른바 부속국문체를 사용하여 하나의 신문으로 두 가지 문자 층을 동시에 확보하려는 시도를 하기도 했다.
4) 신문의 발행 부수가 급격히 늘어나게 된 것은 1907년 1월부터 시작된 국채보상운동의 중심 기관 역할을『대한매일신보』사가 맡았다는 사실과도 연관성이 있다. 김영희, 「『대한매일신보』독자의 신문 인식과 신문 접촉 양상」,『대한매일신보연구』, 커뮤니케이션북스, 2004, 343~344면 참조.
5) 정진석,『한국 언론사』, 나남출판, 1992, 239면 참조.
6) 신용하, 「대한매일신보 창간 당시의 민족운동과 시대적 상황」,『구국언론 대한매일신보』, 대한매일신보사, 1998, 198~199면 참조. 이밖에 최준은 "1908년 5월 현재 가장 인기를 끌었던『대한매일신보』가 국문·국한문·영문의 각 판을 합쳐 13,400부였다"(최준,『신보판 한국 신문사』, 일조각, 1997, 101면)고 정리한다. 그런가 하면『대한매일신보』의 논설기자였던 장도빈은 '국한문판 신문의 독자가 대개 수만 명이었고, 국문판 신문의 독자가 약 6천 명이었다'고 술회한 바 있다(장도빈, 「암운 짙은 구한말」,『사상계』, 1962.4, 285면 참조).

보』의 발행 부수는 여타 민족지인 『황성신문』과 『제국신문』, 그리고 친일지인 『국민신보』와 『대한신문』 등 네 신문의 총 발행 부수를 합친 것과 거의 비슷했다는 기록도 있다.

『대한매일신보』의 중요 편집진은 배설(E. T. Bethell)·양기탁(梁起鐸)·박은식(朴殷植)·신채호(申采浩)·장도빈(張道斌) 등이었다. 이들 가운데 가장 중요한 집필자는 신채호였다. 신채호는 논설·잡보·소설 등 난을 가리지 않고 원고를 집필했다. 신채호는 1910년 4월 중국으로 망명하기 전까지 『대한매일신보』에서 근무한 것으로 알려져 있다.7) 그러나 신채호의 소설 「동국거걸 최도통전」이 5월 27일까지 연재 발표된 사실을 들어 그가 4월 이후에도 얼마간 국내에 남아 집필 활동을 계속했을 것이라는 추정8)도 나오고 있다. 장도빈(張道斌)은 1908년 보성전문학교 법과 재학 중 『대한매일신보』의 논설기자로 입사했다. 이 무렵 『대한매일신보』의 주필인 신채호가 와병 중이어서 그가 대신 논설을 집필했으며, 1909년부터는 신채호와 일주일씩 교대로 논설을 집필한 것으로 알려져 있다.9)

『대한매일신보』의 집필자 문제를 생각할 때 빼놓을 수 없는 것이 바로 독자 투고이다. 『대한매일신보』는 독자의 참여가 매우 활발했던 신문이었다. 『대한매일신보』의 독자 투고 가운데 가장 대표적인 것은 「기서(奇書)」였고, 다음으로는 「편편기담(片片奇談)」이 비중 있게 다루어졌다. 『대한매일신보』는 글을 보내준 독자들에게 구독료를 면제해주는 등 보상을 하기도 했다. 그밖에 잡보 기사의 정보원으로서 보도 내용을 제공하는 일도 있었으나 이런 사례가 많지는 않았던 것으로 추정된다.10) 독

---

7) 『단재신채호전집』(하), 형설출판사, 1977, 498면; 이광린, 「『대한매일신보』 간행에 대한 일고찰」, 『대한매일신보연구』, 서강대 인문과학연구소, 1986, 25~26면 참조.

8) 박정규, 「『대한매일신보』의 참여 인물과 언론 활동」, 82~83면 참조.

9) 장도빈, 앞의 글, 284~285면 참조. 그러나 장도빈 관련 연구는 다른 자료 없이 대개 그 자신의 술회에만 의존하고 있다는 점에서 보완이 필요하다.

10) 김영희, 앞의 글, 350~351면 참조.

자 통신원의 존재와 역할, 그리고 기서의 문제 등에 대해서는 다음의
자료들을 참조할 수 있다.

　우리 통신원의 탐보는 신문보시는 첨군주의게 흥상 보도ᄒ리며 편지를 긔
셔ᄒ여주시는 이는 성명과 반다를 젹어붓치시기를 희망ᄒ오니 이거슬 신문샹
에 긔지ᄒ랴는 거시 아니오 다만 극히 신용ᄒ는 증거를 숨고쟈흠이라 긔쟈는
아모 긔셔던지 긔지흠을 퇴각ᄒ는 권리를 가졋스나 퇴각ᄒ는 리유를 말흘터
이오며 공중평화를 문란케ᄒ는듯흔 긔셔는 의례히 밧지 안켓습나이다[11]

　본사에 긔셔ᄒ시는 첨군주는 성명과 거쥬를 분명히 써셔 증거가 잇게 ᄒ시
기룰 바라오며 ᄯᅩ 쌀막쌀막흔 투셔를 밧아 투셔란늬에 긔지흘터이오니 투셔
는 아모죠록 스의가 간단ᄒ고 분명흔 일노긔록ᄒ시되 스오 줄에 넘지 안케ᄒ
시오며 일반 국민의 평화흠을 어지럽게 ᄒ거나 남이 사회샹을 황잡제 ᄒ는
긔셔는 밧지 안는 권리가 본사에 잇사오니 그리 아시옵[12]

　이러한 글들에 따르면 당시 독자들은 통신원으로 참여해 신문사에
기사를 제공했음을 알 수 있다. 아울러 일반 독자의 투고를 받아 기서
란 등에 실었는데 이때 독자에게 이름과 주소를 분명히 밝히도록 하고
있다. 이는 이름과 주소를 신문에 게재하려는 이유에서가 아니라, 투고
의 신뢰도를 높이기 위함이라는 것이다.

　『대한매일신보』 수록 기사들 가운데 어떤 것이 외부 필자의 투고이
고 어떤 것이 내부 필자의 글인가를 명확히 구분하기는 어렵다. 예를
들어 '기서'는 외부 투고자가, 그리고 '논설'은 내부 필자가 쓴 것이라
고 하는 기존의 분류[13]는 그대로 받아들이기 어렵다. 동일한 기사가 국

---

11) 「샤고」, 『대한매일신보』 국영문판, 1904.8.4.
12) 「특별 광고」, 『대한매일신보』 국문판, 1907.5.23.
13) "『대한매일신보』 독자들의 기사투고 유형 가운데 가장 대표적인 것은 당시에 긔셔
　　(奇書)라고 불렸던 독자투고라고 할 수 있다"(김영희, 앞의 글, 350면)는 지적은 타당하
　　다. 그러나 "기서란은 사원이 아닌 독자들만이 기고하여 게재하는 것이 원칙이라는 점
　　을 알 수 있겠다"(박정규, 『대한매일신보』의 참여인물과 언론 활동」, 76면)고 단정 짓

한문판 신문에는 독자 투고의 형식으로, 국문판 신문에는 내부 편집진의 집필 형식으로 편집되어 있는 경우도 있기 때문이다.[14] 그런가 하면 논설란에 실린 글을 외부 필자가 투고했음을 밝힌 경우도 있다.[15] 이렇게 보면 기사의 필진을, 수록란 등의 간접 정보만을 바탕으로 내부와 외부로 나누는 것은 무리라는 사실을 알 수 있다. 이는 물론 '소설'을 비롯한 서사 자료의 필자를 가리는 경우에도 마찬가지이다.

3. 『대한매일신보』의 '소설'과 그 특질

『대한매일신보』보다 먼저 발행된 『독립신문』이나 『죠선크리스도인회보』·『그리스도신문』·『협성회회보』·『매일신문』 등은 소설란을 따로 두지 않았다. 이 신문들은 서사 자료를 수록할 때에 주로 논설란이나 잡보 및 내보란을 이용했다. 『제국신문』이나 『황성신문』은 창작소설란을 두기는 했으나, 이는 모두 『대한매일신보』가 소설란을 두기 시작한 뒤부터 시작된 일이다. 『제국신문』에서 소설란이 발견되는 것은 1906년 9월 18일 이후부터이다. 『황성신문』은 1906년 5월 19일부터 「신단공안(神斷公案)」을 연재하면서 처음으로 소설란을 두었다. 잡지의 경우도 『대한매일신보』보다 뒤늦게 소설란을 두기 시작하였다. 『소년한

기는 어렵다.

14) 예를 들면 동일한 글이 국한문판에는 논설란에, 국문판에는 기서란에 실리기도 한다. 1908년 7월 25일자 국한문판 1면 논설란에 게재된 글 「韓國과 滿洲」는, 국문판 1면 기서란에 「한국과 만쥬」라는 제목으로 실렸다. 이 글은 신채호의 글로 알려져 있으며, 『단재신채호전집』에도 수록되어 있다.

15) 『대한매일신보』 국문판 1907년 10월 6일과 8일에 연재 발표된 「범잡는 물」은 그 필자가 '동경류학싱'으로 되어 있다.

반도(少年韓半島)』는 1906년 11월 창간호에 이해조(李海朝)의 작품 「잠상태(岑上苔)」를 수록하면서부터 소설란을 두었다. 『조양보(朝陽報)』 역시 1906년 이후 「애국정신담(愛國精神談)」(1906.12~1907.1) 등의 작품들을 소설란에 수록하기 시작했다.

『대한매일신보』도 창간 초기부터 소설란을 두고 서사문학 자료를 수록했던 것은 아니다. 『대한매일신보』가 영문판 및 국문판으로 발행되던 초기에는 단 한 편의 서사문학 자료도 수록하지 않았다. 그러다가 국한문판을 발행하면서부터 서사문학 자료를 다수 수록하기 시작했던 것이다. 『대한매일신보』 소설란에 수록된 작품의 수는 국한문판에 2편, 그리고 국문판에 8편으로 모두 10편이 된다. 신소설이라고 표기된 작품의 수를 여기에 합할 경우는 총 11편이 된다. 이들 작품의 제목과 그 발표일은 다음과 같다.

    (小說) 「靑청樓루義의女녀傳전」(국한문판, 1906.2.6~2.18)
    (小說) 「車거夫부誤오解히」(국한문판, 1906.2.20~3.7)
    (소설 / 쇼셜) 「라란부인젼 근세 뎨일 녀중 영웅」(국문판, 1907.5.23~7.6(미완))
    (쇼셜) 「국치젼」(국문판, 1907.7.9~1908.6.9)
    (쇼셜) 「슈군의 뎨일 거룩혼 인물 리슌신젼」(국문판, 1908.6.11~10.24)
    (쇼셜) 「매국노(나라프는놈)」(국문판, 1908.10.25~1907.7.14(미완))
    (쇼셜) 「디구셩 미리몽」(국문판, 1907.7.15~8.10)
    (신쇼셜) 「보응」(국문판, 1909.8.11~9.7)
    (쇼셜) 「미국독립스」(국문판, 1909.9.11~1910.3.5)
    (쇼셜) 「동국에 뎨일 영걸 최도통젼」(국문판, 1910.3.6~5.26)
    (쇼셜) 「옥랑젼」(국문판, 1910.8.16~8.28)

『대한매일신보』 소설란에 실린 작품들은 예외 없이 모두가 순한글로 표기되어 있다. 국한문판에 실린 2편의 작품조차도 모두 순한글로 쓰여 있다는 점은 특히 주목할 만하다. 『대한매일신보』 국한문판에 수록된 서사 자료의 상당수는 국한문혼용체로 표기가 되어 있다. 그럼에도 불구하고 예외적으로 소설란에 실린 자료들만은 순한글로 표기되어 있는 것이다. 참고로 본 연구자가 일일이 확인한 결과에 따르면, 1910년 이전까지 근대계몽기 신문에 실린 수많은 서사문학 작품들 가운데 '소설'이라는 명칭이 붙어 있는 작품은 100여 편 정도이다. 이렇게 근대 초기 소설란에 수록된 작품 가운데 순한글이 아닌 작품, 즉 국한문혼용으로 된 작품은 오직 단 두 작품뿐이다. 그 가운데 하나는 『한성신보(漢城新報)』에 수록된 번역소설 「경국미담(經國美談)」(1904.10.4~11.2)이며 다른 하나는 『황성신문(皇城新聞)』에 수록된 작품 「신단공안(神斷公案)」(1906.5.19~12.31)이다.

국한문판 『대한매일신보』는 한글 작품 「청루의녀젼」(1906.2.6~2.18)을 수록하면서 소설란을 처음 두게 된다. 「청루의녀젼」은 과거 중국에서 있었던 일을 소재로 삼은 것으로 야담의 성격을[16] 띠고 있는 작품이다. 작품의 소재는 장안 성내에 살던 청년 배생과 북경 청루(靑樓)의 미인 사이의 일화이다. 이 작품은 배생의 모자람을 탓할 뿐만 아니라, '사람의 어리석고 무정함이여. 눈앞에 보이는 적은 이익을 취하여 큰 의리를 저버리는 자가 어찌 고금에 배생뿐이리오'라고 함으로써 세태와 풍습에 대한 경고의 목소리를 함께 담아내고 있다. 「청루의녀젼」은 중국의 옛일을 소재로 취하면서 이른바 권선징악의 주제를 드러내고 있다는 점에서 전대 소설(前代小說)의 범주를 거의 벗어나 있지 못한 작품이라고 할 수 있다.

『대한매일신보』 국한문판 소설란에 실린 작품 가운데 주목할 만한 것

---

16) 박희병은 최근 「한국 한문소설 개관」에서 '야담계 소설'에 대해 논의한 바 있다. "'야담(野譚)'이란 주로 시정(市井)을 중심으로 한 민간의 이야기가 한문으로 기록된 것을 말하는데, 장르론적으로 볼 때 단일하지 않고 일화(逸話)나 전설(傳說)·민담(民譚)·소화(笑話)·단편소설(短篇小說) 등을 포괄하는 장르복합체의 개념에 해당한다. 바로 이 야담 속에 들어 있는 단편소설을 '야담계 소설'이라 지칭한다. 야담계 소설은 그 수가 아주 많다"(박희병, 『한국한문소설(韓國漢文小說) 교합구해(校合句解)』, 소명출판, 2005, 33면)는 것이다. 박희병의 '야담계 소설'에 대한 정리는 한국 근대소설사를 논하는 데에도 매우 유용하게 활용할 수 있다.

은 단연 「거부오희」이다. 「거부오희」는 소설사적 맥락에서 본다면 서사적 논설의 단계를 벗어나 독립된 단형소설의 모습을 보여주는 단계의 작품이다. 서사적 논설과 「거부오희」 사이에 보이는 가장 큰 차이는 작품에서 해설자가 사라진다는 점이다. 서사적 논설에서는 작가가 곧 해설자가 되어 작품의 중심 서사가 지닌 의미에 대해 직접 해설한다. 하지만 「거부오희」에서는 등장인물들의 입을 통해 작가의 입장을 드러낸다. 작품에서 논설이 사라지는 것은 아니지만, 작가가 자신의 모습을 감추고 있다는 점에서 보면 서사적 논설과는 적지 않은 차이를 느낄 수 있다.17) 국한문판 『대한매일신보』에 실린 소설 「거부오희」를 논할 때 함께 거론해야 하는 작품들이 있다. 이들은 「향긱담화」(1905.10.29~11.7), 「소경과 안즘방이 문답」(1905.11.17~12.13), 「향로방문의싱(鄕老訪問醫生)이라」(1905.12. 21~1906.2.2) 그리고 「시사문답(時事問答)」(1906.3.8~4.12) 등이다. 이들 작품은 「거부오희」와 매우 유사한 성격을 지니고 있다. 특히 「소경과 안즘방이 문답」과 「향로방문의싱이라」는 「거부오희」와 내용이 서로 연결된다. 그런가 하면 구성의 방식 역시 매우 유사해서 이들은 모두 동일 작가 혹은 동일 집단에 의한 연작 형태의 작품으로 추정할 수 있다. 이들은 모두 대화체를 택하고 있으며 등장인물이 국권 상실을 염려하며 일제의 침탈을 경계하는 내용을 다룬다. 하지만 이들 가운데서는 오직 「거부오희」 한 편만 소설란에 실려 있다. 나머지 작품들은 모두 잡보란에 실려 있는 것이다. 그런 점에서 이 시기 국한문판 『대한매일신보』의 편집자에게 소설(小說)은 잡보(雜報)와 크게 구별하기 어려운 혹은 매우 가까운 양식이

---

17) 조남현은 「거부오희」 등과 같은 대화체 서술 양식이 한국 소설사에서 일정한 의미를 지닌다고 하는 사실에 대해 주목한 바 있다. 조남현은 '소설도 역사적 장르와 이론적 장르로 나누어 생각할 수 있다는 견해를 용인한다면, 「거부오희」 등의 작품이 어느 정도 소설 양식을 의식하고 지향한 한에 있어서는 역사적 장르로서의 소설 양식에 포함되는 것'이라는 견해를 제시했다. 조남현은 「거부오희」를 '계몽적인 것'과 '모방적인 것'의 결합으로 설명한다. 아울러, 소설은 단순 장르가 아닌 복합장르이며 아주 다양한 허구적 형태를 포괄적으로 지칭하는 것이라는 사실을 강조한다(조남현, 「개화기 소설 양식의 변이 현상」, 『개화기 문학의 재인식』, 지학사, 1987, 118~147면 참조).

었다고 할 수 있다. 어떤 점에서 소설과 잡보는 거의 동일한 의미를 지닌 것이기도 했다. 그 한 가지 예로 지적할 수 있는 사실이, 소설란에 실린 「거부오해」도 실은 연재 첫 회에만 소설란에 수록되었을 뿐 이후부터는 계속 잡보란에 아무런 표식 없이 실리고 있다는 점이다. 「청루의녀젼」의 경우는 소설란에 연재되기는 했지만 이 역시 아무런 표식 없이 잡보란에 실렸던 적이 한 회 있다. 국한문판『대한매일신보』에 실린 서사문학 작품 가운데 약 20편 정도가 잡보란에 실려 있다는 사실 역시 소설과 잡보의 상관성을 뒷받침하는 중요한 근거가 될 수 있을 것이다.

『대한매일신보』국문판 소설란에 처음 실린 작품은 「라란부인젼」이다. 그런데 이 작품이 실리기 시작한 1907년 5월 23일은 바로『대한매일신보』국문판의 창간일, 엄밀히 말한다면 한글 견본판의 발행일이었다.『대한매일신보』는 한글본의 견본판에 소설 「라란부인젼」을 연재 발표하기 시작했던 것이다. 「라란부인젼」은 프랑스 대혁명에 참여한 라란부인의 활약상을 담은 번역소설로 원 저자는 중국의 양계초(梁啓超)이다.[18] 이 작품은 1907년 7월 6일까지 연재 발표되었다. 마지막 회가 되는 7월 6일자 연재분에는 '미완'이라는 표기가 되어 있지만, 7월 7일자 제1면의 다음과 같은 사고(社告)를 보면 이 작품의 연재가 이미 끝났음을 알 수 있다.

　　정오(正誤)
　　작일 본보 데일면에 긔지ᄒᆞ 쇼셜 라란부인젼은 임의 ᄭᅳᆺ치낫스믹 미완을 완조로 긔졍ᄒᆞ오며 츠호부터 다른 쇼셜을 게지ᄒᆞ겟슴[19]

「라란부인젼」은 신문 연재를 끝낸 후 대한매일신보사에서 단행본으

---

18) 이 작품은 양계초가 1902년『신민총보(新民叢報)』에 발표한 「라란부인전(羅蘭夫人傳)」을 번역한 것이다. 「라란부인전」은 양계초의 유일한 여성전기 작품이다(우림걸,『한국 개화기 문학과 양계초』, 박이정, 2002, 65~66면 참조).
19)『대한매일신보』, 1907.7.7.

로 출간되었다. 연재 직후 출간된 단행본에는 이 작품의 저술자 및 번역자 후기가 첨부되어 있다. 저술자의 서문은 신문연재본 첫 회에도 수록되어 있다.[20] 다음은 신문 연재본 첫 회에 실린 저술자 양계초의 서문 중 일부이다.

> 셔문에왈 오호라 ᄌ유여 ᄌ유여 텬하 고금에 네 일흠을 빌어 힝훈 죄악이 얼마나 만흐뇨 흐엿스니 이말은 법국 뎨일 녀중 영웅 라란 부인이 림종시에 훈말이라 라란 부인은 엇던사롬 인고 ᄌ유가 뎌의게셔 낫고 뎌가 ᄌ유로 말미암아 죽엇스며 라란 부인은 엇던 사람인고 뎌가 나파륜 의게도 어미요 미특날 의게도 어미요 마지니와 갈소스와 비스믹과 가부이 의게도 어미라 홀지니 질졍흐야 말 홀진대 십구셰긔의 구쥬 대륙에 일졀 인물이 라란부인을 어미 숨지 아닐이 업고 십구 셰긔의 구주 대륙에 일졀 문명이 라란부인을 어미 숨지아닐수 업도다 무슴연고뇨 법국의 대혁명은 구쥬 십구셰긔의 어미가 되고 라란부인은 법국 뎌혁명의 어미가된 ᄭᆞ닭이라 흐노라[21]

『대한매일신보』가 번역소설 「라란부인젼」을 수록한 이유는 어디에 있었던 것일까? 그 중요한 이유 가운데 하나는 여성 독자들을 배려하고 그들의 사회 참여를 독려하려는 데 있었던 것으로 보인다. 다음의 번역자 후기는 그 사실을 잘 보여준다.

> 번역훈쟈ㅣ 굴ㅇ티 대뎌 라란부인은 텬하고금에 처음 난 녀즁영웅이라 뎌가 비록 녀인이나 그 지긔와 그 ᄉ업이 남ᄌ의게셔 지나니 만셰의 ᄌ유도 뎌로 말미암아 활동이 되엿고 텬하의 혁명도 뎌로 말미암아 발긔가 되엿스니 홀노 법국에셔만 ᄌ유의 션각쟈이며 혁명의 지도쟈이 될뿐 아니라 ᄯᅩ훈 가히 나라에마다 스승이 될거시오 사롬의게마다 어미가 될거시니 우리 대한 동포

---

20) 저술자 및 번역자의 후기는 연재본에는 없고 단행본에만 들어 있다. 7월 6일자 『대한매일신보』가 이 작품에 '미완'이라는 표기를 했던 것은 실수라기보다는, 저술자 후기까지 번역하려던 의도 때문이었던 것으로 생각된다. 그러다 생각을 바꾸어 본문만 수록하는 선에서 연재를 마무리 지었던 것으로 판단된다.

21) 「라란부인젼」, 『대한매일신보』 국문판, 1907.5.23.

도 진실노 능히 그 일동일정과 일언일ᄉ를 다 본밧아 그 지기를 품고 그 ᄉ업을 힝치못ᄒᄋ면 엇지 가히 이국ᄒᄂ는 지ᄉ라ᄒᄋ며 엇지 가히 국민의 의무라 ᄒᄋ리오22)

여기서 번역자는, 작품 속 주인공 라란부인이 비록 여자였으나 그 품은 뜻과 사업이 남자를 넘어섰다는 사실을 먼저 강조한다. 만세의 자유도, 천하의 혁명도 모두 그로 말미암아 시작되었다는 것이다.23)

「라란부인젼」은 전형적인 번역 역사·전기소설이다. 역사·전기소설은 한 인물의 일대기를 소재로 삼아 당시대 독자들의 민족의식을 깨우치려는 의도 아래 창작된 소설이다. 「라란부인젼」의 번역자가 계속해서 '나라가 흥해야 제 몸도 흥하고, 나라가 망하면 제 몸도 욕될 것이며, 임군이 망하고 나라가 멸하면 그 몸을 어찌 보존할 수 있을 것인가'라고 개탄하는 것도 이러한 의도를 직접 반영한 것이다. 『대한매일신보』에 수록된 다음의 광고 문안에서도 이 의도는 그대로 드러나 있다.

> 라란부인젼 羅蘭夫人傳 근셰뎨일 녀즁영웅
> 이 쇼셜은 슌국문으로 믹우 ᄌ미잇게 믄들어 일반 국민의 이국ᄉ상을 비양ᄒᄂ는 칙이오니 이국ᄒᄂ는 유지ᄒ 남ᄌ와 부인은 만히들 사셔 보시오24)

근대계몽기의 역사·전기소설에 대한 번역은 곧 창작 역사·전기소

---

22) 『라란부인젼』, 대한매일신보사, 1907, 39면.

23) 『대한매일신보』 국문판은 적지 않은 여성 독자를 확보했던 것으로 추정할 수 있다. '롱운'이라는 이름의 기생이 투고한 글에는 다음과 같은 내용이 들어 있다. "본인이 넉넉지 못ᄒ 언론으로 국문 믹일신보를 츅호 렬람ᄒ온즉 언론이 공명졍대ᄒᄋ며 무편무당ᄒᄋ야 한국 동포로 ᄒᄋ야곰 독립ᄌ유의 감발심을 격동케 ᄒᄋ니 나는 ᄒᄋ로 밥은 궐홀지언뎡 신문은 궐ᄒ지 못ᄒ노이다."(기싱 롱운, 「교육이 뎨일 급션무」, 『대한매일신보』 국문판, 1908.5.23) 밥은 굶어도 신문 보는 일을 그칠 수는 없다는 투고자의 심정이 잘 드러나 있다.

24) 『대한매일신보』 국문판, 1907.8.31. 이 광고는 9월 말까지 계속해서 실린다. 한편 이 광고는 국한문판 신문에도 9월 4·5·6·18일 등에 걸쳐 실린 바 있다. 국한문판 신문의 경우도 한글소설에 대한 광고는 동일하게 수록하고 있는 것이다.

설의 출현으로 이어진다. 단재 신채호의 소설 「슈군의 뎨일 거룩훈 인물 리순신젼」이나 「동국에 뎨일 영걸 최도통젼」이 바로 그것이다. 이들 소설의 창작 의도 역시 「라란부인젼」의 번역 의도와 크게 다르지 않다. 「슈군의 뎨일 거룩훈 인물 리순신젼」 연재에 앞서 밝힌 "근간에 임진왜란 평졍ᄒ신 츙무공 리순신씨의 ᄌ셰훈 ᄉ젹을 엇엇ᄂ디 그 나라ᄉ랑ᄒᄂᆞᆫ 츙셩과 신츌귀몰ᄒᄂᆞᆫ 병법과 졍대훈 심법과 굿셴 졍신은 세계에 짝이 업셔 후ᄉ사람이 법밧을 만훈고로 (…중략…)"[25]라는 내용의 광고에서도 이는 명확히 드러난다.

그런데 이들 두 작품을 다룰 때 특기할 만한 사실은 이들 작품에는 국한문혼용 판본과 순한글 판본의 두 가지가 각각 존재한다는 점이다. 즉 「슈군의 뎨일 거룩훈 인물 리순신젼」(국문판, 1908.6.11~10.24)과 「동국에 뎨일 영걸 최도통젼」(국문판, 1910.3.6~5.26)에 앞서 국한문판인 「수군제일위인(水軍第一偉人) 이순신(李舜臣)」(국한문판, 1908.5.2~8.18)과 「동국거걸(東國巨傑) 최도통(崔都統)」(국한문판, 1909.12.5~1910.5.27)이 연재 발표되었던 것이다.[26] 또한 간과할 수 없는 사실은, 한글 판본들인 「슈군의 뎨일 거룩훈 인물 리순신젼」과 「동국에 뎨일 영걸 최도통젼」은 모두 소설란에 실리지만 국한문혼용 판본은 그렇지 않다는 점이다. 「수군제일위인(水軍第一偉人) 이순신(李舜臣)」과 「동국거걸(東國巨傑) 최도통(崔都統)」은 모두 '소설'이 아니라 '위인유적(偉人遺蹟)'란에 실려 있다. 이런 현상의 의미는 무엇인가? 우선 하나의 소설에 두 가지 문체의 판본이 존재한다는 사실의 의미는 무엇인가? 그것은 계층에 따라 사용 문자가 달랐다는 현실을 주목한다면 나름대로 자연스럽게 받아들일 수 있는 현상이 된다. 즉 국한문 신문의 독자에게는 국한문체의 작품을, 순한글 신문의 독자

---

25) 「쇼셜」, 『대한매일신보』, 1908.6.10.

26) 「슈군의 뎨일 거룩훈 인물 리순신젼」에는 '금협산인 져술 패셔싱 번역'이라고 표기해 번역자를 밝히고 있다. 그러나 「동국에 뎨일 영걸 최도통젼」에는 번역자 이름 없이 '금협산인 져술'이라고만 표기되어 있다.

에게는 한글 작품을 제공하겠다는 작가 의지의 반영이라고 볼 수 있는 것이다. 그렇다면 순한글 신문에만 '소설'이라는 표기를 한 이유는 무엇인가? 그 이유 가운데 하나는, 한글 독자에게는 '소설'이 유인력이 있는 어휘였지만, 국한문혼용 독자에게는 그렇지 않았다는 점에 있다. 『대한매일신보』는 여러 편의 다양한 서사문학 자료를 싣고 있지만, 소설 자체에 대한 편집진의 인식을 긍정적이었다고만 보기 어렵다. '상말과 속담으로 지어놓은 책자는 일체 우부우부와 아동주졸이 편벽되이 즐겨보는 바'[27]라거나 '소설과 연희는 심상한 부인과 시정 무식배의 제일 감동하기 쉽고 제일 즐겨하는 바'[28]라는 표현에는 소설을 낮추어보는 편집진의 태도가 은연중에 담겨 있다. 근대계몽기의 '소설'은 곧 '한글' 독자를 떠올리는 문학 양식이었다고 볼 수 있는 것이다.

「슈군의 뎨일 거룩한 인물 리슌신젼」 및 「동국에 뎨일 영걸 최도통젼」은 외형상 회장체(回章體) 소설로 분류된다. 「슈군의 뎨일 거룩한 인물 리슌신젼」은 제1장부터 19장까지로 이루어져 있으며, 이순신의 일생을 다루고 있다. 「동국에 뎨일 영걸 최도통젼」은 제1장부터 7장까지만[29] 연재되다 중단되었기 때문에 최영(崔瑩)의 삶의 일부만을 다루고 있다.

「슈군의 뎨일 거룩한 인물 리슌신젼」 및 「동국에 뎨일 영걸 최도통젼」과 함께 거론할 수 있는 작품이 「디구셩미리몽」이다. 「디구셩미리몽」은 이들 작품처럼 역사·전기소설로 분류할 수 있는 작품은 아니다. 그러나

---

27) 「근일 국문쇼셜을 져슐ᄒ눈쟈의 주의홀 일」, 『대한매일신보』 국문판, 1908.7.8 참조.
28) 「쇼셜과 연희가 풍속에 상관되ᄂ 것」, 『대한매일신보』 국문판, 1910.7.20 참조.
29) 국한문판 신문의 「東國巨傑 崔都統」은 제8장까지 연재되었다. 국문판에 실린 번역본 「동국에 뎨일 영걸 최도통젼」은 1910년 5월 26일까지만 발표되었다. 이 날짜는 단재 신채호가 중국 망명으로 인해 집필을 중단한 국한문본 「東國巨傑 崔都統」이 마지막으로 발표되던 5월 27일과 별 차이가 없다. 이는 「동국에 뎨일 영걸 최도통젼」의 번역을 「슈군의 뎨일 거룩한 인물 리슌신젼」과는 달리 단재가 직접 했을 가능성을 보여준다. 만일 다른 사람이 번역을 맡고 있었다면 단재가 망명한 이후라도 제8장까지는 한글본 번역이 가능했기 때문이다.

창작 의도의 측면에서 보면 이는 앞의 두 작품과 매우 긴밀한 관계에 놓여 있는 작품이다.

「디구셩미리몽」은 우세자라는 주인공이 세상을 유람하던 중 수미산에서 원장법사를 만나 함께 현실을 개탄하고 미래를 염려하는 이야기가 뼈대를 이룬다. 우세자는 대한제국 사람으로 민족의 부패함과 국세의 빈약함을 근심하여 월보와 잡지를 발간하며 세상을 계도하던 인물이었다. 그러나 우세자는 그 일에 감동하는 이가 별로 없음을 안타깝게 여기고 유람을 시작한다. 다음에 인용하는 글은 우세자의 출신과 유람의 배경을 구체적으로 보여준다.

> 우셰ᄌᄂᆫ 단군 이후 스쳔여년 시더 사람이라 일즉 교화가 붉지 못ᄒ고 풍속이 아룸답지 못ᄒᆫ 것을 근심ᄒ야 혹 쳥년을 교육ᄒ며 혹 지ᄉ를 권고ᄒ고 혹 완고를 경□ᄒ기 위ᄒ야 셰상에 도라단닌지 몃 ᄒᆡ에 ᄒᆞᆫ 사람도 씨듯 ᄌᆞ 업고 도로혀 지목ᄒ기를 광패ᄒᆞᆫ ᄌᆞ ㅣ라 ᄒ며 죠롱ᄒ기룰 허황ᄒᆞᆫ ᄌᆞ ㅣ라 ᄒ야 인류로 디졉지 아니ᄒ거눌 우셰ᄌ ㅣ ᄌᆞ탄ᄌᆞ가ᄒ다가 창ᄌᆞ 속에 더운 피가 끌음을 금치 못ᄒ야 일일은 표연히 멀니 놀 뜻을 두미 손에 잡고 일반 동포에게 권고ᄒ려던 일체 잡지와 월보를 다 집어더지고 니러셔니 그 힝장을 볼작시면 쳥려쟝 일개와 셔시집신 일쌍이며 조고마ᄒᆞᆫ 보ᄉᆞ짐 뒤에 소라 표ᄌᆞ ᄒᆞᆫ 개를 둘엇더라 십리 빅리 쳔리를 뎡쳐업시 돈니다가 ᄒᆞᆫ 곳을 다다르니[30]

우세자가 만난 원장법사는 자신이 옥경으로 가는 길에 염라부에 들러 목격했던 바를 전해준다. 현재 염라부에는 망국 민족들이 넘쳐나 그들에 대한 처치가 곤란하여 염라부가 장차 터지게 될 지경에 이르렀다는 것이다. 원장법사는 '애급·인도·파란·월남'의 수많은 인종이 지옥에 모여 고통 받고 있다는 말로 염라부의 실상을 전한다. 망국 인종들이 염라부 지옥에서 고생한다는 말을 전해들은 우세자는 대성통곡을 하며 '민족 민족'하고 부르짖는다. 원장법사는 우세자에게 왜 남의 나라

---

30) 「디구셩미리몽」, 『대한매일신보』 국문판, 1909.7.15.

사정을 듣고 그렇게 슬퍼하는가 묻자, 우세자는 남의 나라 민족 때문에 슬퍼하는 것이 아니라 자신의 민족 때문에 슬퍼하는 것임을 이야기한다.

「디구셩미리몽」은 역사·전기소설들과 연결되는 작품이면서 또한 국한문판『대한매일신보』의 「거부오히」류의 토론체소설과도 강한 연결 고리를 지니고 있는 작품이다. 잡보란에 실린 토론체 작품 「향긱담화」의 지은이가 '우시싱(憂時生)'이라는 점과, 「디구셩미리몽」의 주인공이 '우세자(憂世子)'라는 점도 주목할 필요가 있다. '우시싱(憂時生)'과 '우세자(憂世子)'는 두 이름 모두가 세상을 염려한다는 동일한 뜻을 담고 있는 것이다. 「거부오히」와 「향긱담화」가 그러했던 것처럼, 「디구셩미리몽」의 서사 전개의 중요한 축이 등장인물들 사이의 대화를 중심으로 하고 있다는 점도 주목을 끈다. 하지만 「디구셩미리몽」은 단순히 등장인물들 사이의 대화로만 이루어진 작품이 아니다. 주인공 우세자는 법사를 따라 길을 나서 명산대찰을 구경한 후 옥경에 이르러 백옥세계를 보게 된다. 거기서 우세자는 여러 다양한 광경을 만나게 되고 노승 등의 새로운 인물과 조우하게 된다. 이렇게 「거부오히」와 같은 대화체 소설의 틀을 유지하면서도 서사성을 더욱 강화한 작품이 「디구셩미리몽」인 것이다. 이 소설이 「거부오히」처럼 대화체의 틀을 유지하는 이유는, 작가의 계몽 의도를 담아내기에 그것이 매우 효율적인 장치이기 때문이다. 그런가 하면 서사성을 강화시킨 이유는 대중들의 흥미를 불러일으키는 데 그것이 효과적이었기 때문이다. 「디구셩미리몽」은 계몽의 의도와 대중적 흥미의 제고라는 두 축을 모두 살리려는 작가의 깊은 의도 속에서 탄생한 작품이다. 그런 점에서 「디구셩미리몽」은『대한매일신보』뿐만 아니라 근대계몽기 소설사 전체에서도 중요한 의미를 지닌 작품이라 할 수 있다.[31]

---

31) 송민호는 이 작품이 한문소설식 구투가 남아있기는 하지만, 문답식 대화체, 상징적 수법, 주제의 현실성, 수사적 기교 등을 생각할 때 새로운 소설적 요소를 적지 않게 지니고 있는 작품이라고 적극적으로 평가한 바 있다. 송민호,『한국 개화기 소설의 사적

「디구셩미리몽」의 작가가 누구인가를 단정할 만한 확실한 근거는 아직 발견한 바 없다. 그러나 작품 속에 나오는 주인공 우세자가 월보와 잡지를 간행하며 청년을 교육하고 지사를 권고 계도하던 인물이라는 점, 거듭해서 민족을 부르짖으며 지구의 미래를 염려하는 인물이라는 점 등을 바탕으로 할 때 단재 신채호일 가능성을 배제하기 어렵다. 주인공이 민족을 위해 눈물을 흘리고 옥경으로 가는 일 등은 이보다 수 년 후인 1916년에 창작되는 작품 「꿈하늘」을 연상시킨다. 「디구셩미리몽」이 신채호의 작품임을 주장하기 위해서는 무엇보다, 당시 그가 한글을 자유롭게 구사할 수 있었음을 증명해야 한다. 신채호는 「국한문(國漢文)의 경중(輕重)」(1908.3.17~19), 「국문(國文)의 기원(起源)」(1909.12.29), 「국문연구회(國文研究會) 위원(委員) 제씨(諸氏)에게 권고(勸告)함」(1908.11.14) 등의 글을 통해 한글 사용의 중요성을 여러 차례 강조한 바 있다. 그뿐만 아니라 「국문연구회(國文研究會) 위원(委員) 제씨(諸氏)에게 권고(勸告)함」 등에 나타난 주장은 그의 한글에 대한 관심과 지식이 보통 수준 이상이었음을 보여준다. 이 글은 같은 날 국한문판과 국문판 신문에 모두 실려 있다. 이 가운데 국문판에 실린 주장의 일부를 인용하면 다음과 같다. "이제 뎨공이 혹은 ㅈ ㅊ ㅋ ㅍ ㅎ 등ㅈ롤 가져 죵셩에 써셔 잇으니 바ㅊ이 등을 지어 내여 글ㅈ롤 곳쳔다 ᄒ니 이는 초셩을 다시 죵셩에도 쓴다 ᄒ는 귀졀만 준힝홀 뿐아니라 영문에 바왜ㄹ과 콘손엔트의 음의를 취ᄒ여 씀이나 초셩을 다시 죵셩에 쓰는 거슨 오히려 가ᄒ거니와 가슨 잇으니 바 ㅊ이로 의론홀진디 으ㅅㅈ와 이ㅅㅈ가 이믜 초셩과 즁셩을 합ᄒ여 된 ㅈ이어늘 엇지 바왜 ㄹ과 ㄳ치 쓰리오 혹은 ·를 廢ᄒ고 二를 쓰자는 오활ᄒ 의론을 창긔ᄒ는 쟈 ㅣ 잇다 ᄒ니 이는 당초에 글ㅈ를 지은 본 뜻을 알지 못ᄒ는 쟈 ㅣ라 죡히 의론홀 것 업도다"[32] 그런가 하면 그가 주재한 것으로 알려진 『가뎡잡지』에는 신채호의 이름이 표기된 한글 기사가 여러

연구』, 일지사, 1975, 126~131면 참조.
32) 「국문연구회 위원 졔씨에게 권고홈」, 『대한매일신보』 국문판, 1908.11.14.

편 존재한다.[33] 더구나 『가뎡잡지』 1908년 1월호에 수록된 글 「슈원리셩원」은 서사와 편집자 해설이 결합된 서사적 논설 형태의 자료이다. 이런 점들로 미루어보면 순한글로 쓰인 작품 「디구셩미리몽」이 단재 신채호의 작품일 가능성은 충분히 존재한다.

국문판 『대한매일신보』에 수록된 소설을 다룰 때, 이른바 '신쇼셜'이라는 표기가 되어 있는 작품 「보응」(1909.8.11~9.7) 역시 살펴볼 필요가 있다. 신소설이라는 용어에 큰 의미를 두고 이 시기 문학을 연구하던 기존의 관념에 의거에 본다면 「보응」은 『대한매일신보』에 실린 유일한 신소설 작품이 된다. 「보응」은 『대한매일신보』에 실린 유일한 신소설이기도 하지만, 근대계몽기 신문에 연재된 작품 가운데 최초로 신소설이라는 표식을 달고 나타난 작품이기도 하다.[34] 하지만 정작 「보응」을 구체적으로 살펴보면 이 작품이 소설사적으로 그렇게 큰 의미가 있는 작품은 아니라는 점을 알 수 있게 된다.

이 작품은 매회 연재 앞머리에 "젹선ᄒ면 여경이 잇고 젹악ᄒ면 여앙이 잇ᄂ니라"는 경구를 수록하고 있다. 이 경구는 그대로 국한문판 『대한매일신보』 야승(野乘)란에 실렸던 「젹선여경녹」을 떠올리게 한다. 작품의 내용과 주제는 보응이라는 제목이 암시하듯이 인과응보적 성향이 강하다. 가족 구성원들 간의 헤어짐과 만남을 큰 축으로 하면서 그 사이에 일어나는 선행과 악행에 따른 보상과 징벌의 문제들이 다루어지고 있는 것이다. 이 작품은 '-더라', '-지라', '-노라' 등의 종결어미 사용뿐만 아니라 전반적인 소설의 기법이나 서술 방식 등에서 ''대한매

---

33) 신채호는 1908년 1월 이후 순한글 잡지 『가뎡잡지』의 편집 겸 발행인이 된다. 신채호는 여기에 「싱힝츅사」, 「우리 잡지를 이어 발간ᄒ는 일로 보시는 이에게 고ᄒ는 말슴」, 「슈원리싱원」, 「한씨부인의 ᄌ션」 등 여러 편의 기명·무기명 한글 기사를 작성 게재한다.

34) 이인직의 작품 「혈의루」를 비롯한 여러 작품에 신소설이라는 명칭이 사용되기는 했지만 이는 단행본의 경우에 한정된 것이었다. 「혈의루」나 「귀의성」 등도 『만세보(萬歲報)』에 연재될 당시에는 신소설이 아니라 소설란에 발표되었다. 연재 당시 작품에 신소설이라는 표식을 단 것은 「보응」이 처음이다.

일신보』에 연재되었던 소설 가운데 구소설적(舊小說的) 잔영(殘影)을 가장 많이 보여주는 작품'35)으로까지 논의되고 있다.

신소설 「보응」에는 왜 소설과 대비되는 새로운 요소들이 없는 것일까? 지금은 신소설이라는 용어가 근대계몽기 소설이라는 문학사적 의미를 지닌 일종의 고유명사로 굳어져 있다. 하지만 근대계몽기 당시 '신소설'이라는 용어는 '새로운 소설'이라는 보통명사로만 사용되었다.36) 이때 새로움의 의미는 새로 썼다거나, 새로 인쇄를 했다거나, 혹은 새로 번역했다거나 하는 것이었다. 신소설은 양식적 구별이나 문학사적 분리의 의미를 전혀 지니고 있지 않았던 것이다. 이를 증명할 수 있는 구체적 사례 하나를 제시한다. 1908년 7월 8일자 『대한매일신보』 국한문판과 국문판 논설란에는 각각 「근금(近今) 국문소설(國文小說) 저자(著者)의 주의(注意)」와 「근일 국문쇼셜을 져슐ᄒᆞᄂᆞ 쟈의 주의ᄒᆞᆯ 일」이라는 글이 실려 있다. 이 글의 필자는 신채호로 알려져 있다. 그런데 「근금(近今) 국문소설(國文小說) 저자(著者)의 주의(注意)」에 들어 있는 '신소설(新小說)'이라는 용어가 「근일 국문쇼셜을 져슐ᄒᆞᄂᆞ 쟈의 주의ᄒᆞᆯ 일」에서는 소설 또는 '새소설'로 표기되어 있다.

　各種 新小說을 著出하여 此를 一掃홈이 亦 汲汲ᄒᆞ다 云ᄒᆞᆯ지로다 (…중략…)
　綾羅島 葛衣를 換ᄒᆞ면 不應者가 無ᄒᆞ고 染肉으로 脫粟을 易ᄒᆞ면 不樂者가 無홈과 갓치 奇妙瑩潔ᄒᆞᆫ 新小說만 多出ᄒᆞ면 舊小說은 自然 絶跡退藏ᄒᆞᆯ 지어늘, 何必 此等 强制的으로 民心을 逆ᄒᆞ여 難行의 事를 行하리오 然而 近今 新小說이라 云하는 者ㅣ 刊出이 稀罕ᄒᆞᆯᄲᅮᆫ더러 又 其 刊出者를 觀ᄒᆞᆫ 즉, 只是 一時 牟利的으로 草草 選出ᄒᆞ야 舊小說에 比함에 便是 百步五十

---

35) 한원영, 『한국 개화기 신문 연재소설 연구』, 일지사, 1990, 110면 참조.
36) 다음과 같은 글을 예로 들 수 있다. "오늘날 교육의 힘쓰시는 여러분 학원과 유지제 군ᄌᆞ는 유명무실이란 원통ᄒᆞᆫ 말숨을 듯지 마시고 각종 신셔적 신문잡지와 각종 신쇼셜과 교육계에 응용될 만ᄒᆞᆫ 교과셔를 각국에셔 슈입ᄒᆞ야 도덕상과 의무뎍으로 국민의 혈셩을 다ᄒᆞ야 ᄌᆞᄌᆞ근근히 열심 양성을 ᄒᆞ시오."(『대한매일신보』, 1908.5.28)

步의 間이라 足히 新思想을 輸入홀 者ㅣ 無ᄒ니 噫라 余가 此를 慨ᄒ여 管
見을 陳ᄒ여 小說 著者에게 警ᄒ노라[37] (강조는 인용자)

　각종 **쇼셜**은 져슐ᄒ여 내여셔 이런거슬 ᄒ번 쓸어 ᄇ리ᄂᆞᆫ거시 뎨일 급ᄒ다
홀지로다 (…중략…)
　롱라를 가지고 갈포를 밧고쟈ᄒ면 응치 아니홀쟈 업고 고량진미롤 가지고
조밥을 밧고쟈ᄒ면 즐겨ᄒ지 아닐쟈 업ᅀᆞᆷ과 ᄀᆞᆺ치 긔묘ᄒ고 졍결ᄒ **새쇼셜**만
만히나면 구쇼셜은 ᄌᆞ연 졀종이 될거시어ᄂᆞᆯ 엇지 반ᄃ시 이런 강졔ᄒᄂᆞᆫ일노
민심을 거슬녀서 ᄒᆡᆼᄒ기 어려운 일을 ᄒ리오
　그러나 근일에 **새쇼셜**이라ᄒᄂᆞᆫ쟈는 발간ᄒ여 내ᄂᆞᆫ거시 드믈기도 홀ᄲᅮᆫ더러
그 발간ᄒ여 내ᄂᆞᆫ쟈롤 본즉 다만 ᄒᆞᆫᄶᆡ에 리익이나 도모ᄒᄂᆞᆫ ᄉᆞ샹ᄋᆞ로 초초ᄒ
게 지어내셔 녯쇼셜에 비교ᄒ면 곳 오십보롤 다라난쟈가 빅보를 다라란쟈롤
웃ᄂᆞᆫ 것과 ᄀᆞᆺᄒ니 족히 새ᄉᆞ샹을 슈입케홀 수 업ᄂᆞᆫ지라 슳ᄒ다
　나는 이거슬 개탄ᄒ야 좁은 소견을 베프러 쇼셜짓ᄂᆞᆫ쟈를 경고ᄒ노라[38] (강
조는 인용자)

　이는 '신소설(新小說)'이 고유명사가 아니라 보통명사였음을 보여주는
단적인 예가 된다. 이것은 근대계몽기를 지나 1920년대에 들어섰을 때
도 마찬가지였다. 안자산의 『조선문학사』(1922)에서 신소설은 '최근 소
설'이라는 의미로 사용된다. 김동인의 「조선근대소설고」(1929)에서도 신
소설은 '1919년 이후의 새로운 소설'이라는 의미로 사용된다. 신소설이
지금처럼, '개화기의 일정한 특질을 지닌 소설'이라는 의미 즉 문학사적
의미를 지닌 용어로 처음 사용되기 시작한 것은 김태준의 『증보 조선소
설사』(1939)에서부터이다. 김태준은 이광수 이후의 소설을 '현대소설'이
라 부르면서 조선조소설이 현대소설로 오는 사이에 '신소설(新小說)'의
시대를 지났다고 정리한다.[39] 이 정리가 바로 신소설이라는 용어에 문

---

37) 「近今 國文小說 著者의 注意」, 『대한매일신보』 국한문판, 1908.7.8.
38) 「근일 국문쇼셜을 져슐ᄒᄂᆞᆫ쟈의 주의홀일」, 『대한매일신보』 국문판, 1908.7.8.
39) 김태준, 『증보 조선소설사』, 학예사, 1939, 267면 참조.

학사적 의미를 부여하고 그것을 근대계몽기 소설로 정의해 사용한 최초의 사례가 되는 것이다.[40]

당시 신문의 편집자들이 신소설이라는 용어를 사용한 가장 큰 이유는 독자들의 관심을 끌기 위한 것이었다. 신소설과 소설은 내용이나 형식에서 전혀 구별이 되지 않는다. 신소설의 내용이나 문체는 소설과 조금도 차이가 나지 않는 것이다. 따라서 『대한매일신보』에 실린 '신소설'이 여타 '소설'에 비해 새로운 요소가 없었음은 지극히 당연한 것이었다.

이밖에도 『대한매일신보』 소설란에는 번역소설인 「국치젼」[41]과 「매국노」,[42] 그리고 연재를 시작하던 중 신문의 폐간으로 막을 내린 미완성 작품 「옥랑젼」 등의 작품이 존재한다. 이들 작품은 부분적으로 개화를 지향하고 때로는 권선징악의 전통적 덕목을 옹호하기도 하나, 특기할 만한 요소를 담고 있지는 않다. 「미국독립ᄉ」는 번역 역사·전기소설에 속하는 작품으로, 원 저자나 번역자를 밝히고 있지 않다.[43]

국한문판 『대한매일신보』가 소설란 이외의 잡보란에 적지 않은 서사문학 작품을 수록했듯이, 국문판 『대한매일신보』는 서사문학 작품의 상당수를 논설란에 수록했다.[44] 국문판 『대한매일신보』의 소설란에 실린

---

40) 김태준 이전의 자료에 나타나는 신소설이라는 용어는 예외 없이 모두가 새로운 소설이라는 의미를 지닌 보통명사이다. 1917년 『매일신보』가 이광수의 「무정」 연재를 알리면서 거기에 '신년(新年)의 신소설(新小說)'이라는 표현을 썼던 것도 그런 뜻에서였다. 이와 관련된 상세한 논의는 김영민, 『한국 근대소설사』, 솔, 1997, 125~135면 참조.

41) 기존 연구에서는, 작중인물이나 배경 등으로 보아 일본소설의 번역일 것으로 추정하고 있다. 한원영, 『한국 개화기 신문 연재소설연구』, 일지사, 1990, 103~106면 참조.

42) 지은이는 '덕국 소덕몽'으로 되어 있으며, 번역자는 밝혀져 있지 않다. 김병철은 이 작품이 독일작가 즈델만(Hermann Sudermann : 1857~1928)의 작품 *Der Katzensteg*(1889)를 중역(重譯)한 것으로 보고 있다. 중국 한역본(漢譯本) 「매국노(賣國奴)」(1900)가 우리말 역본의 토대가 되었다는 것이다(김병철, 『한국 근대번역문학사연구』, 을유문화사, 1975, 269~272면 참조).

43) 김병철은 이 작품이 삽강보(澁江保) 지음, 현채(玄采) 역(譯), 국한문혼용본 「미국독립사(美國獨立史)」(황성신문사, 1899)의 한글 번역본이라고 밝힌 바 있다(김병철, 『한국 근대번역문학사연구』, 을유문화사, 1975, 193~196면 참조).

44) '론셜'란에 실린 작품의 수만 보면 14편, '시스평론'에 실린 작품의 수까지 합치면

작품들과 잡보 혹은 논설란에 실린 작품들의 내용 혹은 서술 방식에는 서로 큰 차이가 없다. 하지만, 이들 사이에 형식적 차이가 전혀 없었던 것은 아니다. 이들 사이의 차이를 논한다면, 소설란에 실린 작품들은 상대적으로 길이가 길고, 잡보 및 논설란에 실린 작품들은 그 길이가 짧다는 사실을 지적할 수 있다. 소설란에 실린 작품들은 짧게는 모두가 이십 일 이상 길게는 11개월 정도 연재를 한 작품들이다.[45] 그러나 잡보 및 논설란에 실린 작품들은 하루에 발표가 완료된 경우가 대부분이다.[46]

국한문판『대한매일신보』가 1906년 처음 소설란을 마련할 때는 '잡보'와 '소설' 사이에는 이 정도의 길이 구별조차도 없었다. 그러나 이후 국문판에서 '소설' 혹은 '신소설'란을 마련하기 시작하면서부터는,『대한매일신보』편집자에게 길이에 관한 의식이 분명히 존재했던 것으로 보인다. 어느 정도 길이를 갖춘 연재물만을 소설 혹은 신소설란에 싣게 되는 것이다. 이런 사례는 근대계몽기의 다른 신문에서도 확인할 수 있다. 『황성신문』의 경우 백여 편의 서사 자료를 수록하고 있는데 이들 대부분은 논설란에 실려 있으며, 당일 발표로 완결되는 작품들이다. 하지만, 연재물들인 「신단공안(神斷公案)」(1906.5.19~12.31)이나 「몽조(夢潮)」(1907.8.12~9.17)는 소설란에 실려 있다. 『만세보』는 「백옥신년」(1907.1.1)처럼 길이가 짧은 작품은 '단편소설'란에 실었고, 「혈의루」(1906.7.22~10.10)와 「귀의성」(1906.10.14~1907.5.31)처럼 길이가 긴 연재물은 소설란에 실었다. 『대한민보』도 길이에 따라 '단편소설'과 '소설'을 구분하는 동일한 방식을 활용했다. 『대한매일신보』를 이어받은 1910년대『매일신보』는 소설란을 두지 않았는데, 길이가 짧은 작품은 '단편소설'로 길이가 긴 작품은 '신소설'로 표기했다.

20편이 훨씬 넘는다.

45) 소설 「옥랑전」의 연재 기간이 예외적으로 보름에도 미치지 못하는 것은 신문의 폐간으로 인해 작품이 중단된 때문이다.

46) 특히 국문판『대한매일신보』의 잡보 및 논설란에 실린 작품들은 아무리 길어도 두 회 이상을 넘긴 적이 없다.

국문판 『대한매일신보』에 실린 작품 가운데 추가로 살펴보아야 할 작품이 「여호와 고양이의 문답」이다. 이 작품은 소설란이 아니라 논설란에 실려 있다는 점에서 논외로 할 수도 있지만, 연구자에 따라서는 이 시기의 중요한 작품으로 다루고 있다는 점에서 함께 언급하기로 한다. 특히 북한문학사의 경우는 안함광의 1956년판 『조선문학사』이래 과학백과사전종합출판사의 2000년판 『조선문학사』에 이르기까지, 이 작품을 「금수회의록」과 함께 계몽기를 대표하는 매우 중요한 우화소설로 다루고 있다.47) 이 작품은 논설란에 실린 대부분의 다른 글들처럼 지은이가 밝혀져 있지 않다. 그런데 특이한 것은, 이 작품 역시 「슌군의 뎨일 거룩 혼 인물 리슌신젼」의 경우처럼 국한문판에도 실려 있다는 것이다. 국한문판에는 「호(狐)와 묘(猫)의 문답(問答)」(1908.3.24)이라는 제목으로 '기서(奇書)'란에 실려 있으며,48) 지은이는 관물생(觀物生)으로 명기되어 있다. 이 작품은 「여호와 고양이의 문답」이라는 제목이 말해주는 대로 여우와 고양이가 서로 만나 문답한 내용을 기록한 것이다. 이 작품에서 지은이가 의도하는 것은 어리석은 대한 상등사회 대관들의 매국적 행위에 대한 풍자와 비판이다. '자기의 세력을 유지하기 위하여 임금을 속이고 나라를 파는 자도 있고, 자기의 이익을 도모하기 위하여 동포를 잔학하는 자도 있다'고 하는 지적은 이러한 풍자와 비판의 핵심을 이룬다. 「여호와 고양이의 문답」 역시, 논설과 서사가 분리되지 않은 채 나타났던 국한문판 신문의 「거부오히(車夫誤解)」 등 토론체소설과 동일한 맥락에서 이해할 수 있는 작품이다. 그런가 하면, 등장인물을 동물로 바꾸어 독자들에게

---

47) "여우와 고양이의 대화형식을 통하여 당대현실의 기본모순을 반영하고 있으며, 그 모순을 극복하기 위한 인민들의 지향과 결의를 표현"(『조선문학통사』, 사회과학원문학연구소, 1959, 인동, 1988, 19면)하였다는 것이 북한문학사의 기본적인 이해들이다.

48) 북한문학사의 경우는 이 국한문판만을 대상으로 삼아 작품을 평가하고 있다. 따라서 이 작품이 "언어 표현에서도 국한문을 함께 씀으로써 예술적 문체로서의 세련성이 부족한 약점을 나타내고 있다"(『조선문학사』, 과학백과사전종합판사, 2000, 80면)고 지적한다. 이는 북한문학사의 집필자들이 국문판의 존재를 인지하지 못한 상태에서 기술한 때문으로 판단된다.

흥미를 불러일으키는 이 작품의 서사적 수법은, 1908년 2월에 발행되어 당시대 독자들에게 상당한 인기를 끌었던 안국선의 작품 「금수회의록」의 영향 아래 쓰인 것으로도 볼 수 있다. 이렇게 동물을 등장시켜 인간의 어리석음을 풍자하고, 인간에게 교훈을 주려는 문학적 시도는 이후 김필수의 「경세종」(1908.10) 등의 작품으로 맥을 이어가게 된다.

4. 『대한매일신보』 편집자들의 소설관

『대한매일신보』의 편집진들은 소설의 기능에 대해서 분명한 생각을 지니고 있었다. 아울러 과거와 현재의 소설이 어떠하며, 또한 미래의 소설은 어떠해야 하는가에 대해서도 여러 번 의견을 피력한 바 있다. 『대한매일신보』의 편집진들은 소설의 사회적 기능이 적지 않다는 점에 대해 주목한다. 먼저 「근일 국문쇼셜을 져슐ᄒᆞᆫ쟈의 주의홀일」에서는 소설, 특히 국문소설의 기능에 대한 강조가 두드러진다. 이는 『대한매일신보』가 왜 소설에 관심을 갖는가 하는 점을 보여준다는 점에서 의미가 있다. 그런가하면 이는, 『대한매일신보』가 왜 소설란에는 모두 한글로 작품을 실었는가 하는 점을 해명하는 일에도 도움을 준다. 이 글의 필자는, 천하의 큰 사업은 큰 영웅이나 호걸이 지어내는 것이 아니라 '우부우부와 ᄋᆞ동주졸'이 지어내는 것이며, 우부우부와 아동주졸이 영웅호걸을 도와서 큰 사업을 이루도록 인심을 변화시키는 능력을 갖춘 것이 국문소설이라고 믿는다.[49] 이름 높은 선비가 엄정한 선생의 자리에 앉

---

49) 「근일 국문쇼셜을 져슐ᄒᆞᆫ쟈의 주의홀일」, 『대한매일신보』 국문판, 1908.7.8 참조. "여성이나 어린이, 노동자 등 이전에는 문제되지 않던 계층이 '국민'으로 포섭되면서 각광받은 글쓰기가 바로 소설"이라는 지적은 이와 연관된다(권보드래, 『한국 근대소설

아 사물의 깊은 이치와 고금홍망(古今興亡)의 역사를 말할 때에는 그 영
향이 오직 유식한 자 몇에게만 미치고 만다. 그러나 국문소설은 백 사
람 천 사람이 읽고 감동하며, 성품의 감화를 받아 움직이게 된다는 것
이 글쓴이의 입장이다. 그러므로 『대한매일신보』의 편집진들은 국문소
설을 결코 쉽게 볼 수 없게 되는 것이다. 이들은 나약하고 음탕한 소설
이 많이 나오면 국민은 그 소설에 빠져들 것이지만 호협하고 강개한 소
설이 많이 나오면 국민 또한 그리 될 것이라고 믿으며, '소설은 국민의
혼'이라고 생각한다.

　　그러나 『대한매일신보』의 편집자들이 볼 때에 과거의 소설들은 대부
분 음란하거나 허황된 것들이다. 『대한매일신보』의 편집진들이 볼 때에
는 과거의 소설만이 음탕하고 허황된 것이 아니다. 이른바 연극을 개량
하고 소설을 새롭게 한다는 이인직의 문필 활동과 소설 역시 그 범주를
조금도 벗어나는 것이 아니었다. 『대한매일신보』 논설란에 실린 「연극
장에 독갑이」는 『대한매일신보』의 소설이 왜 이인직 류의 상업주의소
설과 차이를 보일 수밖에 없는가를 확인시켜주는 자료이다.[50] 『대한매
일신보』가 기대하는 작품은 충신열녀와 의기남아의 역사를 담은 것들
이며, 구체적으로는 바보 온달이나 을지문덕의 형용을 그린 것들이다.
로빈슨표류기 같은 작품을 저술하여 국민의 용기를 돋우고, 좋은 작품
을 번역하여 애국심을 굳게 만드는 일 또한 『대한매일신보』가 기대할
수 있는 영역에 속한다. 그러나 실제 이인직이 한 일은 춘향가와 심청
가를 반복하고, 첩을 위하여 변호하는 「귀의성」과 같은 소설을 지어 사
회 도덕을 해치는 일이었다.[51] 『대한매일신보』의 편집진들이 바라보는

　　의 기원』, 소명출판, 2000, 118면).
　50) 「연극장에 독갑이」, 『대한매일신보』 국문판, 1908.11.8. 이 글은 같은 날 『대한매일
　　　신보』 국한문판 논설란에는 「연극계지이인직(演劇界之李人稙)」이라는 제목으로 실려
　　　있다.
　51) 이인직의 「귀의성」에 대한 『대한매일신보』의 비판은 다음 글에도 있다. "쇼셜이라
　　　ㅎ는 것이 정치상과 가뎡간의 부패습관 기량ㅎ고 문명스샹 기도 후에 졍대ㅎ다 ㅎ겟

이인직의 문필 활동의 본질은 '책값 몇 백 환'을 탐내는 상업주의에 있다. '소설책을 짓거나 연희를 설행할 때에 우리 백성의 이익 되고 해되는 것에 관심을 두지 않고 다만 지폐 몇 백 환만 자기 손에 들어가면 이것을 즐겨하는 이인직'에 대한 꾸짖음은 『대한매일신보』가 지향하는 새로운 소설이 무엇인가 하는 점을 상대적으로 극명하게 보여준다.

소설의 기능에 대한 생각과, 현재 유행하는 소설에 대한 『대한매일신보』의 비판적 견해는 「잡동산이」[52]와 「쇼설과 연희가 풍쇽에 샹관되는 것」[53]에도 잘 나타나 있다. 여기서도 글쓴이는 소설이 '아무리 무식한 노동자라도 보지 못할 자 드물며, 또 보기 좋아하지 않는 자 없는' 대중적 인기물이라는 사실을 지적한다. 그런가하면 '소설이 국민을 강한 곳으로 이끌면 국민이 강해지고, 약한 곳으로 인도하면 약해질 것'임을 주장하며 소설의 기능이 나침반과 같다는 점을 강조한다. 하지만 오늘날의 소설가들은 주로 음풍을 가르치는 것으로 주지를 삼으니 이 사회의 미래가 걱정되지 않을 수 없다는 것이다. 우리나라 소설과 연희의 재료는 한 가지도 활발한 기상을 다룬 것이 없고, 다만 음란하고 괴이한 습관만 자라나게 하는 것이라는 비판 역시 이러한 맥락 속에서 이루어진다.[54]

『대한매일신보』의 편집자들이 이렇게 음란하거나 허황된 소설에 대항하는 길은 두 가지가 있었다. 하나는 소설의 폐해에 대해 지적하고 그 문제점을 비판하는 것이다. 그러나 이는 소극적 대응에 그치고 만다.

논디 첩위ᄒᆞ야 쟝황ᄒᆞ게 음탕ᄒᆞ고 헛된말노 료양미명 부녀비를 경신 현혹 ᄒᆞ게 ᄒᆞ니 사젹비의 요괴물은 귀의셩이 뎨일이오"(「시스평론」, 『대한매일신보』, 1909.3.14)

52) 「잡동산이」, 『대한매일신보』 국문판, 1909.12.2. 이 글은 같은 날 『대한매일신보』 국한문판 담총(談叢)란에 신채호의 필명 가운데 하나인 검심(劍心)의 글로 실려 있다. 또한 『신채호 전집』 별집에 「小說家의 趨勢」라는 제목으로 수록되어 있다.

53) 「쇼설과 연희가 풍쇽에 샹관되는 것」, 『대한매일신보』 국문판, 1910.7.20.

54) 이러한 소설관의 상당 부분은 발상이나 수사 및 용어 등에서 양계초(梁啓超)의 영향을 받은 것으로 알려져 있다. 이와 관련된 논의는 김재영, 「근대계몽기 소설 개념의 변화」, 『현대문학의 연구』 제22호, 한국문학연구학회, 2004, 7~46면 참조.

이보다 더욱 적극적인 방식은 『대한매일신보』 스스로가 좋은 소설들을 찾아내 수록하거나, 편집진들이 직접 작품을 창작하는 것이다. "각종 소설을 많이 지어 이런 것을 없애버리는 일이 시급하며", "기묘하고 정결한 새소설이 많이 나면 구소설은 자연히 사라져버릴 것"[55]이라는 언급은 바로 이러한 적극적 대응의 방식을 시사하고 있는 것이다.

5. 한국 근대소설의 정체성

근대계몽기 소설의 가장 중요한 특색은 작품 내용에서 서사와 논설이 분리되지 않은 형태로 존재한다는 점이다. 이러한 사실은 여기서 살펴본 『대한매일신보』 소재 소설란 수록 작품에 대한 검토를 통해서도 분명히 확인할 수 있었다. 국한문판 『대한매일신보』의 경우는 특히 소설과 잡보의 성격이 분리되어 있지 않았다. 그런가 하면 국문판 『대한매일신보』의 경우는 소설과 논설의 구분이 명확하지 않았다. 이는 근대계몽기 소설에 대한 정리를 어렵게 만드는 점이기도 하면서, 역설적으로 그것이야말로 다른 시기와는 크게 구별되는 이 시기 소설의 중요한 정체성이 되기도 한다.

국한문판 『대한매일신보』의 소설란에 실린 작품들과 잡보 혹은 논설란에 실린 작품들 사이의 차이를 논한다면, 소설란에 실린 작품들은 잡보 및 논설란에 실린 작품들에 비해 상대적으로 길이가 길다는 점을 들 수 있다. 소설란에 실린 작품들은 모두가 이십일 이상 연재를 한 작품들이다. 그러나 잡보 및 논설란에 실린 작품들은 한 회로 발표가 완료

---

55) 「근일 국문쇼셜을 져슐ᄒᆞᄂᆞᆫ자의 주의홀일」, 『대한매일신보』 국문판, 1908.7.8 참조.

된 경우가 대부분이다. 특히 국문판의 잡보 및 논설란에 실린 서사 자료들은 아무리 길어도 두 회 이상을 넘긴 적이 없다. 국한문판『대한매일신보』가 1906년 처음 소설란을 마련할 때에는 '잡보'와 '소설' 사이에 이 정도의 길이 구별조차도 없었다. 그러나 이후 국문판에서 '소설' 혹은 '신소설'란을 마련하기 시작하면서부터는,『대한매일신보』편집자에게 길이에 관한 의식이 분명히 존재했던 것으로 보인다. 어느 정도 길이를 갖춘 연재물만을 소설 혹은 신소설란에 싣게 되는 것이다. 이런 사례는『황성신문』·『만세보』·『대한민보』등 근대계몽기의 다른 신문에서도 확인할 수 있다.

『대한매일신보』소설란에는 번역 및 창작 서사물이 구분 없이 함께 실려 있다. 그런가 하면 과거부터 전래되어오던 야담계 소설 류의 작품에서부터 당시대의 문제를 첨예하게 다룬 작품들까지 그 소재도 광범위하다. 그러나 창작물이나 번역물의 차이, 또한 과거와 현재라는 커다란 소재의 차이에도 불구하고 이들이 계몽의 방편으로 서사를 활용하고 있다는 점에는 별반 차이가 없다.「청루의녀젼」처럼 과거의 이야기를 소재로 한 작품에서는 권선징악의 전통적 도덕이나 윤리를 강조하고,「거부오히」나「디구성미리몽」처럼 현재의 상황을 소재로 한 작품에서는 민족이 처한 상황을 경계하고 자주 독립의 의지를 강조한다.

신문에 작품을 연재하면서 신소설이라는 표기를 제일 먼저 사용한 것 역시『대한매일신보』였다. 하지만, 여기서 사용한 신소설이라는 용어의 의미가 소설과 구별되는 것은 아니었다. 신소설이 소설에 비해 양식상의 새로움을 의미하는 바는 전혀 없었던 것이다. 그런 점에서 근대계몽기 서사문학 자료를 연구하면서 신소설이라는 용어 표기에 집착했던 과거의 연구가 지닌 문제점과 한계가 무엇이었나를 새삼 확인할 수 있게 된다.

근대계몽기 소설은 한글을 주된 표현 문자로 선택했다. 근대계몽기 신문에 발표된 소설의 대다수는 한글로 쓰인 작품이다. 이 시기에는 심지어 국한문혼용을 기본으로 하던 신문들조차도 소설란에는 한글로 작품을 실었다. 『대한매일신보』의 편집진들은 소설의 독자를 전통적 지식인층보다는 한글 사용의 일반 대중 혹은 여성으로 생각했다. 『대한매일신보』 소설란에 실린 작품들은 단 한 편의 예외도 없이 모두 한글로 쓰였다. 다양한 서사문학 작품을 다루던 국한문판 『대한매일신보』의 경우도 소설란만은 한글로 채웠다. 신채호의 동일한 작품을 국한문혼용판과 국문판에 모두 수록하면서 국문판에만 '소설'이라는 표기를 한 것 역시 독자를 의식한 의도적인 편집이었다. 국문판 『대한매일신보』를 창간하면서 그 견본판에 여성 주인공의 활약상을 다룬 「라란부인전」을 연재하기 시작한 것 또한 이러한 맥락에서 이해할 수 있다. 이렇게 보면, 『대한매일신보』 '소설'란에 사용된 '한글'은 신문 편집진들의 일관된 계획과 의도의 산물이었다.

『대한매일신보』에 수록된 소설들에서 서사와 논설이 분리되지 않은 가장 중요한 이유는 소설의 사회적 기능에 대한 편집진들의 태도 때문이었다. 『대한매일신보』의 편집진들은 사회 변화는 대중들에 의해 일어나는 것이라는 생각 아래, 소설을 대중 교화의 주요 수단으로 인식하고 활용했다. 그들은 춘향전 등의 전래 작품을 음탕하고 허망한 것으로 판단하는 한편, 이인직 류의 작품을 상업주의의 집약으로 보고 비판했다. 이러한 그들의 입장이 현실성을 강조하는 토론체소설들과, 비상업적 공익성을 지향하는 역사·전기소설 류의 작품 창작으로 귀결되었던 것이다.

근대계몽기 '소설' 인식의 한 양상

『대한민보』의 경우

김재영

1. '소설'이라는 말

근대계몽기에 '소설'이라는 말이 매우 다양한 텍스트와 결부되어 있었다는 점은 이미 잘 알려진 일이다. 「외교담」[1]과 같은 논설 형식의 글에 부기되어 있는 '소설'은 편집상의 실수가 아니었을까 싶을 정도로 그 시기의 '소설' 용례에서도 예외적인 것으로 보인다. 하지만 「미국독립사」[2]와 같은 글이 '소설란'에 실려 있는 사실은 지금의 우리의 상식과는 좀 다르게 이 시기에 '소설'이라는 말이 사용되고 있음을 보여준다. 『대한매일신보』의 이러한 신문 편집이 실수가 아님은 분명한데, 이글은 일회적인 것이 아니라 장기간 연재된 것이었으며, 또 「서사건국지」

---

1) 한기준, 「외교담」, 『대한자강회월보』 11호, 1907.6, 68면.
2) 『대한매일신보』, 1909.9.11~1910.3.5.

와 같은 역사 서술이 이미 '정치소설'로 불린 선례 또한 있기 때문이다. 그런데 문제는 이 시기 유행한 이러한 역사 서술들이 모두 소설로 불리지 않았을 뿐만 아니라, 그 중 '소설'로 불린 글들이 그럴 만한 특별한 자질을 갖고 있는 것으로 보이지도 않는다는 점이다. 다시 말해 '소설'이라는 말이 별 원칙 없이 사용된다는 느낌을 주는 경우가 적지 않다는 것인데, 이러한 현상은 단지 역사 서술만의 문제는 아니었다.

『경향신문』 '소설'란에 실려 있는 야담이나 고담, 서양 우화의 번역물 등이 다른 매체들에서도 일관되게 '소설'로 일컬어졌다고 할 수는 없으며, 또 『경향신문』 내에서도 '고담'란에 실린 몇몇 글과 뚜렷이 구분되는 것도 아니다. 『제국신문』의 경우에도 '소설'란이 생기고 실린 글들이 이전의 '논설'란이나 '이어기담'란의 것들과 확연히 구분되는 것도 아닌 것이다. 이해조의 「자유종」에는 '토론소설'이라는 말이 부기되어 있지만, 「금수회의록」이나 「경세종」 등 토론·연설로 이루어진 글들이 모두 '소설'로 받아들여지고 있었던 것으로도 보이지 않는다.[3] 이렇듯 이 시기 '소설' 개념이 잘 정리되어 있지 않았으며, 특히 신문 매체의 경우에 잡보란이나 논설란에 실리는 글들과 소설란에 실리는 글들이 확연히 구분되지 못한 경우가 종종 있다는 점 등은 이미 논의된 사실이다.

그러나 그렇다고 하여 근대계몽기에 '소설'이라는 말을 사용하던 사람들이 자신이 사용하는 말을 아무렇게나 무원칙하게 사용했다고는 생각되지 않는다. 개인마다 또는 매체마다 조금씩 다른 이해를 갖고, 서로 다른 방식으로 사용했기에 전체적으로는 혼란하게 보인다고 보는 것이 사태에 대한 올바른 이해일 것이다. 그러므로 근대계몽기의 '소설'의 통일된, 또는 일반화된 개념 내용에 성급하게 도달하려고 하기보다는, 그

---

3) 1908년 발간된 「설중매」(회동서관) 뒤에 붙어 있는 중앙서관의 서적 광고에는 「귀의 성」은 '新小說鬼聲'으로 표기되어 있지만, 「금수회의록」은 그냥 '禽獸會議錄'이다. 또 1911년 발행된 「목단화」(광학서포) 뒤의 광학서포 서적 광고에서도 '(新小說) 自由 鐘', '(新小說) 血의淚', '(家庭小說) 牧丹花'와는 달리 「경세종」은 그냥 '警世鐘'일 뿐이다.

개인이나 매체별로 달리 사용되던 '소설'의 의미를 좀 더 차근차근 따져볼 필요가 있을 것이다. 그것들은 아마도 서로 보완하거나 경합하거나 갈등하고 있을 터인데, 바로 그 사태 자체를 묘사하는 것이 이 시기의 소설 개념에 다가가는 가장 좋은 길이라고 생각되기 때문이다. 이 글에서는 그러한 작업의 일환으로 『대한민보』의 '소설' 인식에 다가가보려 한다. 『대한민보』는 이 시기 신문 중 비교적 늦게 창간되어 식민지 전락 직전 1년여 정도밖에 존속하지 못했지만, 우리나라 신문 연재소설의 제도화에 가장 중요한 역할을 한 것으로 생각되기 때문이다. 이 글에서는 당대 여타 신문의 상황과 비교하면서 『대한민보』 '소설란'의 특성을 정리하고, 그 의미에 대해 생각해보려 한다.

2. 『대한민보』 '소설란'의 일반적 특성

1) 신문 연재소설의 정착

『대한민보』는 1909년 6월 2일 대한협회의 기관지 성격을 띠고 창간되었다. 대한협회는 1907년 11월 10일 권동진·남궁억·여병현·유근·이우영·오세창·윤효정·장지연·정운복·홍필조 등이 발기하여 설립된, 대한자강회를 계승한 단체였다. 하지만 사장 오세창, 발행 겸 편집인 장효근이라는 점에서 알 수 있듯이, 신문 발간의 직접적인 주체는 천도교 세력이었다.[4] 그러므로 오세창이 사장이었던 천도교 신문 『만세보』의 후속신문의 성격 또한 갖고 있다. 이 점은 『대한민보』의 소설란을 이야기할 때는 강조해도 좋은데, 적어도 소설란의 경우에는 『만세보』 발간에

---

4) 『대한민보』에 대한 일반적 사항은 정진석, 『한국 언론사』, 나남출판, 1990, 212면 참조.

서 쌓인 경험이 『대한민보』에 다양하게 계승되는 것으로 생각되기 때문이다. 잘 알려져 있듯이 『만세보』는 당대의 문제적 소설가 이인직이 활약했던 신문이었다. 그는 여기에 「혈의루」와 「귀의성」을 연재했을 뿐 아니라 이 신문의 주필이기도 했다. 그 때문이겠지만 『만세보』는 여러 가지 점에서 신문 소설란의 새로운 모습을 보여주고 있다. 이후의 논의에서 드러나겠지만 『대한민보』는 그 『만세보』의 새로움을 계승하여 정착시키고 있는 것이다.

『대한민보』는 1910년 8월 병합과 더불어 폐간되기에, 15개월 정도 발간되었는데, 모두 열두 편의 소설이 실려 있다. 창간호인 1909년 6월 1일자에 「화수(花愁)」라는 소설이 실린 후 종간 시까지 소설 게재가 지속되고 있다. 몇몇 특별한 경우를 제외하고는 소설을 모두 1면에 싣고 있어 '소설란'을 꽤 중시하고 있었던 것으로 보인다.5) 이러한 점은 소설을 싣지 못하는 날에는 항상 휴게 공고를 내고 있다는 데서도 확인되는 것이다. 『대한민보』에서 이런 휴게 공고는 오로지 소설란에서만 보이는 것이다. 여타의 지면에서는 빠졌다고 해서 공고를 하는 경우가 없었다. 일례로 1910년 6월 30일부터 7월 14일까지 11회에 걸쳐 「절옥투향(竊玉偸香)」이라는 연재 기사가 '휘보(彙報)'란에 실리는데, 7월 5일과 12일 양일에는 실리지 않는다. 하지만 연재 도중이었음에도 불구하고 이에 대해서는 아무런 해명이 없다. 반면에 소설의 경우에는 휴게 공고가 빠지는 경우가 거의 없다.6) 특히 특정 작품의 연재 중이 아니라, 한 작품의

---

5) 1909년 8월 10일 자에 실리는 「만인산」의 25회분부터 8월 18일 완결(31회)까지, 바로 이어서 8월 19일 시작되는 「병인간친회록」의 3회분(8월 21일자 신문)까지 3면으로 옮겨져 실려 있다. 하지만 8월 22일자 휴게 후 23일자부터는 다시 1면에 실린다. 이 외에는 1910년 6월 2일 창간기념일을 자축하는 단편소설 「상린서봉」만이 3면에 실렸다.
6) 공고의 내용이 구체적이었던 것은 아니다. 1909년의 경우에는 "本日小說은同記者가 未操觚ᄒ얏기 休揭홈", 1910년의 경우에는 "小說은本日休揭홈"이라는 공고문이 사용되었다. 발행 전기간에 걸쳐 소설이 실리지 않으면서, 휴게 공고가 실리지 않은 날짜는 1909년 9월 17~22일의 닷새뿐인 것 같다. 하지만 이때는 소설이 실리지 않는 9월 15일과 16일 이틀에 걸쳐, "小說記者가 未操觚ᄒ야 幾日間 休揭홈"이라는 공고

연재가 끝나고 다음 작품이 시작되기까지 소설을 싣지 못하는 경우에도 휴게 공고가 실리고 있다. 「절영신화」와 「오경월」 사이의 하루(1909.11.24)와 「소금강」과 「박정화」 사이의 이틀(1910.3.8~9), 「박정화」와 「상린서봉」 사이의 하루(1910.6.1), 그리고 「금수재판」과 「경중미인」 사이의 날들 중 신문이 발간된 하루(1910.8.26)에 모두 소설 휴게 공고를 내고 있다. 이는 『대한민보』가 '소설란'을 대단히 중요하게 생각했을 뿐만 아니라, 빠져서는 안 되는 필수 구성 요소로 인식하고 있음을 보여주는 것이라고 할 수 있다.

근대계몽기 신문에서 소설란이 우후죽순으로 등장하는 것은 1906년의 일이다.7) 1906년 2월 6일 『대한매일신보』의 「청류의녀전」을 필두로, 『황성신문』의 「신단공안」(1906.5.9), 『만세보』의 「단편」(1906.7.3),8) 『제국신문』의 제목 없는 글(1906.9.18), 『경향신문』의 「정소의 불긴」(1906.11.30)의 순서로 각 신문에 소설란이 등장하는 것이다. 『황성신문』이나 『대한매일신보』 국한문판과 같은 경우에는 단 두 편씩만을 소설란에 게재하고 말지만, 『만세보』와 『경향신문』, 『제국신문』 그리고 『대한매일신보』 국문판의 경우에는 일단 '소설란'을 만든 이후에는 상당히 지속적으로 소설을 게재하고 있다. 하지만 그 어느 경우도 『대한민보』처럼 소설이 실리지 않을 때마다 휴게를 알릴 정도로 필수적인 구성요소로 취급했다고는 할 수 없다.9) 그러므로 '소설란' 자체가 신문지면구성의 필수요소

가 이미 실렸다.

7) 우리나라의 신문에 소설란이 생기는 것은 1897년 『한성신보』에서 시작된다. 『한성신보』는 소설란 설치 이후 지속적으로 소설을 게재한 것으로 짐작되지만, 지금 남아 있는 자료만으로 확인할 수 있는 것은 1897년 1월 12일 처음 '소설'란이 생긴 이후 2월 15일까지 지속되었다는 것, 1902년 말부터 1903년 초에도 소설이 연재되고 있다는 것(목동애전), 1904년 10월에도 소설이 연재되고 있다는 것(경국미담) 정도이다. 그런데 이 『한성신보』는 일본인 발행 신문이라는 점에서 예외적인 경우였고, 1906년 이전 다른 신문에서는 '소설'란은 보이지 않는다. 『한성신보』 소설란의 의미에 대해서는 졸고, 「근대계몽기 소설 개념의 변화」, 『현대문학의 연구』 22집, 2004.2, 18~27면 참조.

8) 「단편」을 글의 제목으로 생각했을 것 같지는 않다. 하지만 편집상으로는 '소설'란에 '단편'이 제목인 글이 실린 형식으로 되어 있다. 편의상 제목으로 간주한다.

로서 자리 잡게 되는 것은 『대한민보』에서 이루어진다고 할 수 있다.10)
일단 그 소설란에 실린 글의 성격을 떠나서, '소설'이라는 말 자체가 근
대적 매체인 신문에 빠질 수 없는 한 부분이 됨으로써, 이제 '소설'은
아주 자연스럽게 근대적 일상 안에 자리 잡게 된다. 이렇듯 가장 대표
적인 대중 매체인 신문 안에 '소설'이 깊이 뿌리내리게 되는 것은 아주
짧은 기간 안에 급속하게 이루어진 일이었다. 그런데 이 시기에 이루어
지는 이러한 신문과 소설의 깊은 연관은 1980년대까지 존속되는 것으
로 생각된다. 총독부 기관지로서 10년간 독점적 지위를 누렸던 1910년
대의 유일한 우리말 신문 『매일신보』에서도, 1920년대에 시작되는 『동
아일보』・『조선일보』 등의 민간지에서도 신문과 소설의 결합은 굳건히
지속된다. 해방 이후에도 소설 없는 신문은 생각하기 힘들 정도로 연재
소설은 가장 대중적인 인쇄 매체였던 신문의 필수적인 구성요소로서
존속했던 것이다.

이른바 근대적 문학 장르로서의 '소설'의 위치는 1910년대 이후 물밀
듯이 들어오는 서구적 문학 이론의 뒷받침을 통해 더욱 분명해지는 것
이겠지만, 이미 '신문'과 확고하게 결합한 '소설'은 가장 안정적인 존재

---

9) 『대한민보』의 이런 소설 중시의 태도는 앞에서 언급했듯이 『만세보』를 계승한 것이
었다. 하지만 『만세보』의 소설란은 편집인이면서 작가였던 이인직에만 의존했기에, 아
마도 그의 형편에 따라 소설 연재가 결정되었던 듯하다. 「귀의성」 연재 이후 한 달여
만에 폐간되었기에 쉽게 짐작할 수는 없지만, 이 기간에는 전혀 소설이 실리지 않았
다. 또 『대한매일신보』도 국문판의 경우는 소설을 거의 상설화하고 있다. 하지만 「동
국에 메일 영걸 최도통전」과 「옥랑전」 사이의 3개월여는 소설 연재를 하지 않는 등,
『대한민보』만큼 필수적인 것으로 인식했다고는 할 수 없다.
10) 『대한민보』의 '소설란'이라는 말을 사용하고 있지만, 『대한민보』는 소설을 연재하면
서 그 글의 내용이나 형식적 특질을 드러내는 말을 덧붙여(골계소설・풍자소설・단편
소설) 그 난의 이름으로 사용하고 있기에 항상 '소설'란이 존재했다고 할 수는 없다.
하지만 소설이 실리지 않는 경우 항상 휴게 공고를 내면서도, 단편소설이 실린 날도
소설 휴게 공고가 실리지 않으며, 소설이 중복되어 게재되는 경우도 없는 등, 발간 주
체가 이 모두를 동일한 '란'을 점유하는 같은 종류의 글로 인식하고 있다고 할 수 있
다. 그를 일컫는 말은 '소설'일 수밖에 없다. 그런 의미에서 『대한민보』는 '소설란'을
제도화했다.

방식을 획득했던 것이라고 할 수 있다. 『대한민보』가 『만세보』나 『대한매일신보』 등과 더불어 보여주고 있는 것이 '신문'이라는 가장 대중적이고 근대적인 일상 안에 안정적으로 자리 잡은 '소설'의 모습인 것이다. 하지만 신문 연재소설이 이후 소설의 이론이나 개념의 형성에 긍정적인 영향을 미쳤다고는 할 수 없다. 오히려 대부분의 근대 문인들이 가치화하거나 의미화하려 했던 소설의 부정적인 대타항을 이루고 있었던 것이 신문 연재소설이기도 했다. 식민지시대에 이루어지는 김동인이나 이태준의 논의는 그러한 인식을 대표하는 것이다.[11] 그런 점을 고려한다면 그러한 문인이나 학자들의 소설관과 갈등하는 신문 발간 주체나 편집 주체들의 소설관에 대한 이야기도 가능할 것으로 보이지만, 신문 연재소설의 긴 역사에 대한 검토가 선행해야 할 것이다. 하여튼 일본 유학생을 중심으로 하는 신지식인층에 의해 서구적 소설론이 본격적으로 받아들여지기 이전에, 신문이라는 근대적 매체에 굳건히 뿌리내린 『대한민보』의 '소설란'은 그러한 매체로부터의 소설 인식의 원형을 형성하는 것이라고 할 수 있다.

2) 국한문 신문과 국문소설

『대한민보』 소설란의 또 다른 특징은 모든 소설이 '한글'로만 표기되었다는 점이다. '소설' 이외의 란은 광고까지 모두 국문과 한문을 혼용하는 지면이었기에, 국문으로만 표기되는 소설란은 다른 지면들과 선명하게 구분된다. 이 시기 신문의 표기 방식은 독자층의 선택과 연관된 중요한 문제였다. 국한문 표기를 선택했던 『황성신문』과 『대한매일신보』(국문

---

11) 김동인, 「신문소설은 어떻게 써야 하나―신문소설이라는 것은 보통 소설과 다르다」, 『김동인 전집』 16, 조선일보사, 1988, 192~195면; 이태준, 「조선의 소설들」, 『무서록』, 깊은샘, 1994, 65~69면 등 참조.

신문을 병행하게 되지만)와 국문 표기를 선택했던『경향신문』과『제국신문』은 주된 독자층을 달리 상정하고 있었다고 보는 것이 타당할 것이다.

그런데 국한문신문과 국문신문은 소설란의 운영에 있어 상당한 차이를 보이고 있다. 국한문 신문인『황성신문』과『대한매일신보』에는 각기 두 편씩 네 편의 소설만이 실려 있다.[12] 하지만 그 중 국한문으로 표기되어 있는 글은「신단공안」한 편뿐이다. 나머지 세 편은 모두 한글로만 표기되어 있는 것이다. 이러한 표기의 문제가 국한문 신문이었던 이 두 신문에 소설이 거의 실리지 않은 사실과 무관하다고는 할 수 없을 것이다. 반면에 한글전용 신문이었던『경향신문』과『제국신문』의 경우, 일단 등장한 이후에 '소설란'은 꾸준히 지속된다. 특히『대한매일신보』의 경우에도 국문판은 견본판에서부터 등장한 소설이 종간 시까지 거의 빠짐없이 지속되는 모습을 보여주는 것이다.

표기 문제에서 새로운 시도를 보여주었던『만세보』의 경우, 국한문을 주로 하며 부속국문 활자를 활용하는 독특한 지면을 보여주고 있는데, '소설란'도 이러한 표기 방식을 따르고 있다. 하지만 부속국문 활자라는 논란 많은 방식으로 표기된 이인직의「단편」이나「혈의루」의 경우, 실제 그것은 한글 문장이라고 할 수 있다.[13]「귀의성」을 연재하는 단계에서는 이미 소설에서는 부속국문의 활용을 포기하고, 괄호 안에 한자를 집어넣는 한글 위주 표기를 하고 있다. 그리고 결국『만세보』는 전체

---

12)『황성신문』의「신단공안」(1906.5.19~12.31)과「몽조」(반아 작, 1907.8.12~9.17),『대한매일신보』(국한문판)의「청류의녀젼」(1906.2.6~2.18)과「거부오히」(1906.2.20~3.7)가 그것이다.『대한매일신보』는「세계역사」(1910.6.3~8.28)라는 글의 첫 연재분에 '小說'이라 부기한 것이 한 번 더 보이지만, 2회부터는 '학계보(學界報)'라 수정하였다. 편집상의 실수로 생각되고, 때문에 일반적으로 소설 논의에서 취급되지 않지만, 하여튼 표기된 것만으로 본다면 이를 포함하여 다섯 편이라 할 수도 있다. 이 글은 국한문 표기로 이루어져 있다.

13) 김영민은 아래 논문에서,『만세보』의 부속국문 표기가 이중의 독자층을 겨냥한 실험이었다는 점에 바탕하여, 논란 많았던「혈의루」의 문체를 해명하고, 이 작품이 애초에 한글 문장으로 쓰인 것임을 논증했다. 김영민,「근대계몽기 신문의 문체와 한글소설의 정착과정」,『현대문학의 연구』22호, 2004.2.

지면에서 다른 모든 기사를 국한문으로 표기하면서, 소설만 한글로 표기하는 방향으로 표기 문제를 정리해가고 있다. 『대한민보』는 표기 문제에서 이러한 『만세보』의 결론에서 시작하고 있다. 그리고 이러한 표기 방식은 1910년대에 『매일신보』가 다시 선택함으로써 상당기간 신문의 표기체계로 정착된다. 초기에 국한문판과 국문판을 병행했던 『대한매일신보』의 노선을 채택했던 것으로 보이는 『매일신보』는 곧 국문판을 포기함으로써, 전체 어문 생활에 있어서 국한문체의 승리를 보여주는 듯하다. 하지만 소설에 있어서만은 역시 '소설은 한글, 기타 기사는 국한문'이라는 『만세보』와 『대한민보』의 선택을 추종했다.

결국 이러한 사실은 적어도 이 시기 신문 매체에서 사용된 '소설' 개념이 표기 문제와 깊이 연관되어 있음을 보여주는 것이다. 이를 좀 더 분명하게 드러내는 것이 국한문판에서는 '위인유적(偉人遺蹟)'란에 싣고 있는 「수군제일위인(水軍第一偉人) 이순신(李舜臣)」과 「동국거걸(東國巨傑) 최도통(崔都統)」을 번역하여, 「슈군의 뎨일 거록한 인물 리슌신젼」과 「동국에 뎨일 영걸 최도통젼」이라는 제목으로 국문판 신문에 실으면서, 이를 '소설'란에 수록하고 있는 『대한매일신보』의 경우이다. 같은 글을 표기의 다름에 따라[14] 달리 분류한다는 생각은 쉽게 이해되지 않는다. 이는 신문 편집 주체들이 '소설' 개념 자체를 '한글로 표기된 글'이라는 관점에서 이해하고 있었음을 보여준다고 생각된다.[15] 그리고 이러한 이해는 표기와 독자 문제를 연결하여 사고하였던 당시 신문 편집인들이

---

14) 물론 단순히 표기가 달라진 것이 아니라, 국한문 문장이 번역되어 새로운 한글 문장이 되어 있다. 하지만 같은 글의 번역임은 분명하다.

15) 조금 다른 이해 방식도 가능하다. '위인유적'이라는 분류 명칭에서 드러나듯, 이 시기 신문의 지면 분류가 곧 글의 장르에 대한 인식에서 이루어졌다거나, 엄격하게 배타적인 분류 항목들에 바탕하고 있다고는 할 수 없기 때문이다. 다시 말해 신문의 편집자에게 이 글들은 '위인유적'으로 분류되면서 또 한편으로는 '소설'일 수도 있는 글이었다고도 할 수 있을 것이다. 단지 그들은 '국문판'에서는 '소설'을 적극적으로 내세움에 반하여, '국한문판'에서는 그럴 필요를 느끼지 않았다고도 볼 수 있다. 하지만 결국 중요한 것은 그들이 국문판에서만 '소설'이라는 명칭을 사용하고 있다는 바로 그 점이다.

소설의 독자로서 어떠한 사람들을 상정하고 있었는지를 보여주기도 하는 것이다.

이 시기 신문의 표기체계와 독자의 관련에 대해서는 보다 면밀한 검토가 필요할 것이라고 생각되지만, 국한문＝지식층, 국문＝여성 등의 비지식 대중이라는 일반적 이해에 기대어 본다면 적어도 이 시기 신문이라는 매체에서 파악하는 '소설'이라는 글은 그 자체로 대중적이거나 통속적인 성격을 갖는 것이었다고 이해해도 좋을 것이다. 『만세보』에서 시작하여 『대한민보』를 거쳐 『매일신보』에서 정착되는, '국한문판 신문 안의 국문소설'이라는 편집 방침 또한 그러한 '소설'에 대한 인식을 표출하고 있는 것이라고 할 수 있을 것이다.

물론 잡지의 경우에는 신문과는 좀 사정이 달랐다. 순한글 표기가 오히려 예외적이라고 할 정도로 '소설'란에도 국한문이 많이 쓰이고 있다. 이는 아마도 훨씬 제한된 지식인 독자들을 설정하고 있었기 때문일 터인데, 대부분이 학회지의 성격을 갖고 있었던 잡지의 발간과 유통, 소비는 국내외의 근대적 교육 기관에서 교육받은 새로운 지식층 내부에서 이루어졌다고 할 수 있다. 이 지식층 내부에서 '소설'에 접근하는 방식이 대중적 매체인 신문과 어떻게 달랐는가는 각 개별 잡지에 대한 면밀한 검토 속에서 드러나겠지만, 이 시기 잡지 '소설'란을 채우는 글들은 논설에서부터 고전 번역, 역사, 고담에 이르기까지 신문보다 더 혼란스런 양상을 보여준다.16) 이를 볼 때 지식층 내부라고 해서 잘 정리된 소설 개념을 갖고 있었던 것으로는 보이지 않는다.

이러한 혼란상이 정리되는 것은 1910년 이후로 급증하는 일본 유학생 계층이 잡지 '소설'에 적극적으로 참여하게 되면서이다. 그런데 이들 지식인들의 소설 개념이 정리되어 가는 과정은 한 편으로는 소설의 표기 문제가 방향을 잡아 나가는 과정이기도 했다. 특히 표기 문제에 있

---

16) 그 혼란상에 대해서는 권보드래의 『한국 근대소설의 기원』, 소명출판, 2000, 103~110면 참조.

어서는 『청춘』의 현상 응모에서 요구했던 '한자 약간 섞인 시문체(時文體)'가 이후 잡지소설뿐만 아니라, 유학생들이 주도하는 이른바 '근대소설'의 주된 문체가 되어 갔다고 할 수 있다. 이러한 문체는 직접적으로는 최남선의 선행 잡지 『소년』에서부터 준비된 것이었다. 특히 톨스토이 소설의 번역이나 이광수의 「어린희생」·「헌신자」 등의 소설 문장의 영향은 절대적이었던 것으로 보인다.17)

그런데 이 『소년』에서 『청춘』으로 이어지는 '시문체'는 국한문으로 표기되지만, 몇몇 단어를 한자로 표기하는 한글 문장이라고 할 수 있는 것이었다. 실은 국한문체라는 말은 아주 다양한 종류의 글을 통칭하는 것이다. 이 말은 단순히 표기 방식만을 드러내고 있어서, 그 말 뒤에 숨어 있는 엄청난 차이를 드러내지 못하고 있다. 당대에 국문과 한문이 혼용되어 쓰이는 국한문체는 한문 문장에 한글로 토를 달아놓는 정도의 '현토한문 문장'에서부터 단어 정도만 한자로 표기하는 '한자 표기 한글 문장'까지의 사이에, 아주 다층의 국한문 혼용 문장들을 아우르고 있었다. 그런 층위를 세분화해서 본다면 가령 이광수가 1910년이라는 같은 해에 「문학의 가치」라는 논문에서 사용하는 국한문체와 「어린 희생」이나 「무정」에 사용한 국한문체도 같은 문체라고는 할 수 없다.

그런 점에서 표기에 있어서의 국문과 국한문의 구별이 그대로 한글 지향과 한문 지향의 대립이라는 상황을 반영해내는 것은 아니라고 할 수 있다. 국문 표기는 대부분 한글 지향을 드러내는 것이었지만, 국한문 표기의 경우에는 단순히 표기 방식만으로는 실제 어떤 글을 지향하고 있는지를 분간할 수 없는 것이었다. 그런데 소설은 이 시기 글쓰기 양식 중에서 가장 대표적으로 한글 지향을 실현하고 있었다. 이는 이른바 『청춘』의 '시문체'에 이르게 되는 국한문 표기 소설에도 해당되는 것이다. 그런 점에서 표기의 차이에도 불구하고 근대계몽기 신문 '소설'의 한

---

17) 잡지 『소년』에서 이루어지는 문체 변화에 대해서는 정선태, 「번역과 근대소설 문체의 발견─잡지 『少年』을 중심으로」, 『대동문화연구』 48집, 2004 참조.

글 문체와 『청춘』의 '시문체'는 아주 가까이 있었다. '표기 방식'이 아닌 문장이라는 차원에서 본다면, 『소년』에서 『청춘』으로 이어지는 새로운 소설 문체는 신문 잡지의 기사나 논설 등을 통하여 발전되어오던 국한문체 문장보다 계몽기 신문의 소설 문장과 훨씬 밀접하게 연관된다고 할 수 있는 것이다. 결국 근대계몽기 신문소설과 잡지소설은 표기 문제나 그 바탕에 놓여 있는 독자층 등에 있어서 매우 단절되어 있는 것으로 보이지만, 유학생 중심의 신지식층이 이루어내는 새로운 소설 문장 또한 계몽기 신문소설에서 발전하는 한글 문장 없이는 불가능했던 것이다. 『대한민보』가 일관되게 유지했던 표기체계는 '국한문 표기'가 대세가 되어나가면서도, 한글 문장이 '소설'을 통해서 발전하고 있는 모습을 잘 보여주는 사례가 될 것이다.

3) 소설 작자에 대한 인식

『대한민보』 소설의 특이함 중의 또 하나는 지은이가 모두 표기되어 있다는 점, 또 그 표기가 실명이 아닌 필명으로 이루어져 있다는 점이다. 신문에 실린 글이 특별히 지은이가 드러나 있는 경우는 드물었는데, '소설' 또한 마찬가지였다. '소설란'에 실린 글들 중에서 가장 먼저 이름이 표기된 작품은 '국초(菊初)'라는 이름이 부기된 『만세보』의 '단편(短篇)'(1906.7.3~4)이었다. 이후 『황성신문』의 「몽조(夢潮)」(1907.8.12~9.17)에 '반아(槃阿)'가, 『제국신문』의 「혈(血)의루(淚) 하편(下篇)」(1907.5.17~6.1)에 '국초(菊初)'가, 『대한매일신보』의 「슈군의 데일 거록 인물 리슌신젼」(1908.6.11~10.24)에 '금협산인'이 부기된다. 이후 『만세보』는 「혈의루」·「귀의성」 등에 계속 '국초'라는 필명을, 『제국신문』은 「고목화」·「빈상설」에 '동농(東儂)'이라는 필명을 표기하고 있다. 『대한매일신보』의 경우에는 「슈군의 데일 거록 인물 리슌신젼」과 「동국에 데일 영걸 최도통젼」에 '금협산인'을 붙인 것 이외에는 변안소설이었던 「매국노」라는 작품에 '덕국 소덕몽'이라는 이름을 부기한 것뿐이다. 『경향신문』의 경우에는 '소설란'의 어떤 글에도 지은이가 표기되어 있지 않다.

이렇듯 다른 신문들의 경우 이름이 부기되어 있을 경우, 그것은 국초나 동농처럼 개인의 호와 같은 것이었고, 작자가 누구인지를 실제로 드러내는 것이었다. 하지만 『대한민보』의 경우에는 「상린서봉」 하나만을 제외하고는 단편소설까지 모두 저자를 부기하고 있으면서도, 어느 하나도 그것만으로 실제 지은이를 지시하고 있지 않다.[18] '소설'의 경우에는 저자의 '이름'을 붙인다.[19] 하지만 그 이름은 특정한 실제 인물과 직접 연결되지 않는다. 왜 『대한민보』는 이러한 방식의 이름 붙이기를 시도했을까?

우선 작자를 군이 부기한 이유 중의 하나는 아마도 『대한민보』의 소설들이 새롭게 지어진 것임을 밝힌다는 의미를 갖는다고 생각된다. 다시 말해 소설이 특정한 지은이가 있는 글쓰기, 누군가가 새롭게 만들어내는, 창작하는 글쓰기라는 자각을 보여주는 것으로 생각되는 것이다. 그런 점에서 전혀 작가에 대한 표기가 없는 '무서명'과 실명이 아니지만 서명은 되어 있는 '비실명 서명'은 글의 작자에 대한 의식에 있어 상당한 차이를 노정하는 것이라고 할 것이다.

그렇다면 다시 왜 그 지은이를 정확히 지시해주지 않았는가라는 문

18) 현재 『대한민보』의 소설들 중 작자가 분명히 밝혀져 있는 것은 「박정화」 한 편이다. 이 소설은 이해조 자신이 「화의혈」 서문에서 자기 저작으로 언급함으로써 이해조의 작품임이 분명히 드러나 있다. 최원식은 「현미경」도 이해조의 작품목록에 추가했는데, 그 이유를 명확히 밝히지 않았다(『한국 근대소설사론』, 창작사, 1986, 31~32면). 아마도 여기에 부기된 '신안자(神眼子)'라는 필명이 『매일신보』에 「구의산」을 연재할 때의 필명 '신안생(神眼生)'과 흡사하다는 점 때문이었겠지만, 그 정도로 이해조의 작품으로 단정할 수는 없을 것이다.

19) 『대한민보』의 경우 특히 '풍림'란은 투고에 의해서 이루어지는 난이었고, 창간호부터 실린 '풍림'란 모집 광고에서 "著作人의 住址와 姓名을 詳記홈을 要호대 本報에 揭不揭는 本人의 志願을 隨홈"이라 하고 있어, 저작자가 드러난 글을 예상케 하나, 이상하게도 풍림란에 실리는 어떤 글에도 작자가 부기되어 있지 않다.

제에 부닥치는데, 이는 이러한 『대한민보』의 저자 표기를 그대로 이어받고 있는 『매일신보』의 '신소설'란이 이해의 단초를 제공해주는 것으로 보인다. 알려져 있듯이 초기 『매일신보』의 '신소설'란은 오직 한 사람, 이해조에 의해서 채워졌다. 무려 9편의 '신소설'을 그 혼자 계속 연재하였고, 또 판소리를 정리한 네 작품을 그와 동시에 연재하고 있다. 이해조는 이 시기 각 소설에 각기 다른 필명을 붙이고 있는데, 이러한 필명 붙이기는 아마도, 당대나 이후의 잡지에서 동일한 인물이 여러 편의 글을 게재하면서, 서로 다른 필명을 이용하는 것과 비슷한 효과를 의도했던 것이 아닐까 생각된다. 동일한 작자의 글이 너무 반복된다는 인상을 주는 것을 피하고자 했다는 것이다. 그렇다면 『대한민보』의 소설들 또한 한 둘의 작자에 의해 쓰여졌기에, 오히려 작자가 명확히 드러나는 것을 피해보고자 하는 의도에서 이러한 이름 표기가 행해졌는지도 모르겠다.

하지만 이는 단지 추측에 불과한 것이고, 실제로 중요한 것은 『대한민보』는 '소설'을 작자 표기가 필요한 글로 인식하고 있었다는 점이다. 이러한 작자 표기는 분명히 소설의 창작적 성격에 대한 이해가 높아졌음을 보여준다고 생각되는데, 이는 『대한민보』 소설의 실상을 좀 더 자세히 살펴보는 것에서 확인될 것이다.

3. 『대한민보』 '소설'의 특성

1) 창작된 이야기로서의 소설

글의 양식이라는 점에서 본다면 『대한민보』의 소설란에 실린 글은 세 종류로 구분될 수 있다.

하나는 단편소설로 표기된 세 편의 짧은 글들, 「화수」·「화세계」·「상린서봉」이다.

또 하나는 대화·토의·재판 등의 말하기 방식을 이용하고 있는, 「병인간친회록」·「절영신화」·「금수재판」의 세 편의 소설이다.

그리고 마지막은 이야기의 성격이 강한 「현미경」·「만인산」·「오경월」·「소금강」·「박정화」 등의 다섯 편의 글이다.[20]

이러한 『대한민보』의 소설들을 여타 신문의 '소설란'에 실린 글들과 비교해볼 때 우선 주목되는 점은 모두가 새로이 창작된 작품들이라는 점이다. 『대한매일신보』의 첫 소설 「청루의녀전」만 하여도 중국을 배경으로 하고 있으며, 전기(傳奇)적 요소가 보이는 등, 고소설 또는 중국 전기의 재수록이나 개작 작품으로 생각된다. 또 국문판에 실린 「보응」이나 「옥랑전」 같은 작품도 고소설의 잔영을 많이 보여준다는 점에서 전해져오는 작품일 가능성이 있다. 또 「라란부인전」과 「국치전」·「매국노」·「미국독립사」 등은 번역물이었다. 신채호의 두 작품 또한 먼저 창작된 국한문본의 번역물이다. 그러고 보면 이 신문 게재를 위해 창작된 작품은 「디구셩미리몽」 하나일 수도 있다. 『황성신문』의 「몽조」는 창작물이 분명하지만, 「신단공안」은 기존의 공안 이야기를 모아놓은 듯하다. 『제국신문』 소설란 창설 이후 실렸던 짤막한 글들 또한 대부분 야담 등의 오락성 강한 이야기를 옮겨 실은 것이었다. 『경향신문』의 소설란에 실렸던 짧은 서사물들도 야담이나 프랑스의 라퐁텐 우화 등의 번안이 대부분[21]이었다.

---

20) 「경중미인」 또한 한 회분의 글로 보아 여기에 속하겠지만, 일 회분만으로는 논의에 적당치 않으므로 제외한다. 이들 『대한민보』 소재 소설 작품에 대한 전반적인 논의와 서지 정리는 다음 글 참조. 신지영, 「『대한민보』 연재소설의 담론적 특성과 수사학적 배치」, 연세대 석사논문, 2003.6.

21) 『경향신문』의 많은 소설이 라퐁텐 우화의 번역임은 박수미, 「개화기 신문소설 연구」, 성균관대 박사논문, 2005.4, 214~229면 참조.

반면에 『대한민보』의 소설란에는 그러한 야담이나 옛이야기, 고소설의 재수록이라고 할 만한 작품은 보이지 않는다. 「화수」를 제외한 두 편의 단편소설은 신년과 창간기념일을 축하하는 특별한 의도에서 창작된 것이었다. 또 두 번째의 토론·대화체의 소설들 또한 우화의 방식으로 당대 현실을 비판한다는 점에서 제재 자체가 당대성이 강할 수밖에 없다. 마지막의 사건 중심의 이야기성 강한 소설들도 현실성 강한 제재를 새로운 형식과 연결시켜 내었다는 평가를 받고 있다. 「박정화」의 경우, 최원식은 "이시종과 강릉집의 짧고 뜨거운 불륜과 그 파탄을", "중편으로서의 내용과 형식을 이미 갖추고" 초점이 분명하게 그려내고 있으며, 구원자나 개과천선의 상투성에서도 벗어나 있는 작품으로 평가하고 있다.22) 또 "산문적 생활로부터 해방되려는 강한 욕구를 가진 강릉집"23)이라는 인물의 현대성을 높이 평가하고 있기도 하다. 양문규는 "봉건적 세계에 억눌려 있는 여성의 애욕의 해방을 드러내고 있는" 강릉집으로 대표되는 개성적인 인물들, 시정인들의 감각과 언어로 사실적으로 형상화되는 도시 세태 등이 "근대 사실주의 소설로 나아가는 제 계기와 그로 향한 추동성"을 부분적으로 드러내고 있다고 평가하고 있다.24) 또 한기형은 이 작품의 주인물인 이시종을 당대 부유층 자제들의 실제 행각과 연관시킴으로써 이 작품의 당대성·현실성이 일반적인 의미의 소설의 현실성을 넘어서 있음을 보여주고 있기도 하다.25)

「만인산」의 경우 엽관배와 매관매직하는 탐관오리를 직접적으로 풍자함으로써, 당대 신문에 자주 등장하던 문제적 현실을 실감나게 그려주고 있다. 또 "의병과 일본 헌병 사이에 끼여 수난당하는 민중의 참상을 그린"26) 「오경월」이나 개화파 지식인에서 의적으로 변모하는 독특

22) 최원식, 『한국 근대소설사론』, 창작사, 1986, 112면.
23) 최원식, 위의 책, 113면.
24) 양문규, 『한국 근대소설사연구』, 국학자료원, 1994, 93~101면 참조.
25) 한기형, 『한국 근대소설사의 시각』, 소명출판, 1999, 157~195면 참조.
26) 김재용·이상경·하정일·오성호, 『한국 근대민족문학사』, 한길사, 1993, 104면.

한 행적을 보여주는 인물을 그려 "한일합방이 박두한 시점에서 이 소설만큼 정면으로 반봉건·반외세의 문제를 진지하게 고민한 소설은 없다"[27]는 평가를 받는 「소금강」 등은 모두 흔히 '신소설'로 일컬어지는 당대의 이야기성 강한 소설들 중에서도 그 독창성과 현실성이 남다른 소설이라고 할 수 있는 것이다. 이렇듯 『대한민보』 소설들이 당대 현실에 밀착되어 있으며, 현실성 있는 제재를 독창적인 형식 속에서 담아내고 있음은 당대의 어떤 신문보다도 대한민보의 편집 주체들이 소설의 독창성이나 창작성을 중요하게 인식하고 있었음을 보여주는 것으로 생각된다.

2) 대화·토론체 글쓰기와 소설

글의 형식의 독특함이라는 점에서 『대한민보』 소설란에 수록된 글들 중 먼저 주목되는 것은 대화·토론체소설이라고 할 만한 것들이다. 문답·토론·대화·연설·재판 등 2인 이상의 사람들이 말을 주고받는 상황을 만들어, 계몽적 주장을 녹여내는 이야기 방식은 근대계몽기에 특히 유행했던 것으로 보인다. 신문이나 잡지의 여기저기에서 가장 흔히 보이는 글쓰기 방식인 것이다. 그런데 이러한 방식의 글이 '소설'로 불려진 경우는 그리 많지 않았다. 책 자체에 '신소설 자유종' 또는 '토론소설 자유종'이라 표기되어 있었던 「자유종」은 늘 소설로 취급되었던 듯하지만, 「금수회의록」이나 「경세종」처럼 회의나 연설 상황을 이용하는 양식도, 또 「몽견제갈량」이나 「몽배금태조」처럼 몽유와 문답을 결합한 양식도 별로 소설로 칭해지지 않았으며, 신문과 잡지에 산견되어 있는 짧막한 문답이나 대화 형식의 글들은 말할 것도 없었다.

---

27) 김재용·이상경·하정일·오성호, 『한국 근대민족문학사』, 한길사, 1993, 106면.

『대한매일신보』의 경우에도 이러한 대화・토론체 형식의 글을 계몽에 적극 활용하고 있다. 특히 국문판을 내기 이전에 국한문판에서 국문체로 표기된 많은 글이 이러한 대화・토론체 형식이다. 이러한 점은 이글들이 소설과 마찬가지의 독자를 대상으로 하고 있음을 드러낸다. 하지만『대한매일신보』는 이러한 종류의 글들을 소설로 부르고 있지 않다. 「향긱담화」, 「소경과 안즘방이 문답」, 「향로방문의싱이라」, 「거부오희」, 「시사문답」 등의 글 중 오직 「거부오희」에만 그것도 연재 첫 회에만 '소설'이 표기되어 있을 뿐이다. 이 「거부오희」에 붙어 있는 '소설' 표기는 직전까지 연재되었던 「청루의녀전」의 편집 관습에서 유래된 실수인 것으로 보인다.[28] 이 「거부오희」에 붙어 있는 '소설'이 실수에 의한 것이든, 아니면 한 번의 시도 이후에 철회된 것이든『대한매일신보』가 이 글을 결국 소설로 받아들이지 않았음을 보여준다. 반면에『대한매일신보』소설란은 전기(傳記)적 편향이 뚜렷하다.[29] 국한문본의 「청루의녀전」도 그러하지만, 국문본의 「라란부인젼 근세 뎨일 녀즁 영웅」, 「국치젼」, 「슈군의 뎨일 거룩흔 인물 리슌신젼」, 「동국에 뎨일 영걸 최도통젼」, 「옥랑젼」 등은 모두 글의 제목에서부터 전기적 글쓰기임을 보여주고 있다. 그중 세 편(라란부인전・이순신전・최도통전)은 모두 실존인물의 전기임에도 불구하고 '소설'로 끌어들여져 있는 것이다.『대한매일신보』편집진이 지향한 소설이 어디에 있는가를 잘 드러내는 특징이라고 할 것이다.

반면에『대한민보』에는 '전'이라는 제목이 붙은 소설이 없다. 당연히 실존 인물의 전기와 같은 것이 소설란으로 들어올 일도 없었다고 할 것

---

28) 이러한 견해는 박수미(앞의 글, 120~121면)가 주장했다.

29)『대한매일신보』소설란에 대화・토론체소설이 없었던 것은 아니다. 「디구셩미려몽」이 이 신문의 유일한 대화・토론체소설이라고 할 수 있다. 이 글은 우세자와 원장법사의 문답이 주가 되고 있지만, 그 문답의 상황이 구체적일 뿐만 아니라 이야기의 전개가 이루어진다. 특히 옥경 방문 시에는 상당한 묘사 또한 보이고 있다. 단지 '모처'에서의 우연한 만남에서 바로 문답이나 대화로 들어갔던 앞의 글들과는 그런 점에서 상당한 차이를 보이고 있다. 그러한 형상화나 서사성의 강화 때문에 '소설란'에 실린 것으로 보이는데, 이 점은『대한민보』의 대화・토론체소설과 마찬가지이다.

이다.30) 하지만 『대한민보』는 대화 · 토론체 형식의 글을 적극적으로 소설란으로 끌어들이고 있다. 물론 이러한 형식의 글을 모두 '소설란'에 싣고 있는 것은 아니다. '풍림(諷林)'란은 독자들의 투고를 싣는 지면이었는데, 이에는 다양한 형식과 문체의 풍자적 글들이 실려 있다. 그 중에는 대화체의 형식을 빈 것들 또한 적지 않다. 또 '인뢰(人籟)'란은 『대한민보』 편집진의 당대 현상에 대한 풍자와 야유가 주로 실리는 곳이었는데, 기본적으로 대화 상황을 전제한 방식의 글쓰기가 이루어지고 있다. 하지만 그 어느 것도 '소설'과 혼동되지는 않는 것으로 보이는데, 이들 란에 실리는 글들은 우선 아주 짤막한 것이었다. 또 결정적인 차이는 이들 글들은 당시 현상이나 사실에 대한 직접적인 언급이었다는 점이다.

반면에 소설란에 실린 세 편의 글은 '간친회'라든가, '재판'이라는 상황 자체의 생생한 재현을 위해 상당히 공을 들이고 있다. 「절영신화」는 상황에 대한 서술자의 개입 없이, 오직 대화 안에서 상황에 대한 설명까지 모두 해결되는 방식을 취하고 있다. 하지만 대화 상황을 짐작하는 데 부족함이 없을 정도의 형상화가 이루어지는 것으로 생각된다. 그리고 모두 한 달 이상 연재될 정도의 길이를 갖고 있다. 그러므로 『대한민보』는 대화 · 토론체 형식의 글들 중 가공의 상황을 만들어 대화나 토론을 길게 진행하는 특별한 자질을 갖는 글들은 소설로 적극적으로 끌어들이고 있는 것으로 보인다.

이는 '소설'을 놓고 『대한민보』와 『대한매일신보』가 뚜렷하게 보여주는 대조라고 할 수 있다. 『대한민보』와 『대한매일신보』가 각기 '소설'로 끌어들이고자 했던 대화 · 토론 양식과 전기 양식은 우리 근대계몽기를 특징짓는 글쓰기 양식들이었다. 두 양식 모두 한문학의 오랜 전통

---

30) 『대한민보』에는 소설란 이외에도 그러한 전기 형식의 글이 별로 보이지 않는다. 단지 사건의 내막을 길게 서술하는 연재 기사로, 「金容達小傳」(1910.3.13~3.18), 「竊玉偸香」(1910.6.30~7.14) 정도가 보인다.

에서 길어 올린 것이었지만,[31] 당대 현실에 대한 적극적인 개입이라는 가장 현실적인 필요에 부응하는 것이었다. 그러므로 이 글쓰기 양식들을 소설의 가능성과 연결시키고자 했던 두 신문의 시도는 아마도 서구 리얼리즘과는 좀 다른 '현실성'을 실현하는 '소설'을 지향하고 있었다고 할 수 있다. 하지만 이 두 양식의 글쓰기는 식민지 전락과 더불어 급속히 몰락하는 것으로 보이는데, 이에는 식민지 권력의 검열 강화와 같은 외부적 요인이 크게 작용하고 있다. 게다가 곧이어 바로 이광수 등이 소개하는 서구적 소설 개념(노블의 번역어로서 소설)이 주도권을 장악해나가게 되면서, 이러한 종류의 글들은 더 이상 '소설'과 연관될 계기를 상실하게 된다. 망명객 신채호는 그러한 가능성에 대한 시험을 지속했던 것으로 보이지만, 그것은 식민지에서 진행된 소설의 전개에 별 영향을 미칠 수 있는 위치에 있지 않았다. 하지만 소설 개념을 적극적으로 전유하고자 했던 『대한매일신보』나 『대한민보』의 실험은 아직도 유효하다고 생각되는데, 여전히 '소설'은 '노블'이 아니기 때문이다.

3) '단편소설' 개념의 정착

『대한민보』에서 소설란의 표제어로 사용하고 있는 분류 항목들이 체계적이라고는 할 수 없다. 골계소설이나 풍자소설은 글의 특성을 고려한 소설의 하위 분류항으로서 기능할 수 있을 것이고, 단편소설은 그 이후의 개념 사용이 보여주듯이 일단 소설의 길이에 따른 하위 분류항이 될 수 있다. 그리고 좀 문제적인 것으로 '신소설'이라는 표제가 있다. 이 시기 사용되고 있는 '신소설'이라는 말이 특정한 양식적 특성을 갖고 있

---

31) 이 두 양식과 한문 전통과의 연관에 대해서는 다음 책들 참조. 김찬기, 『한국 근대 소설의 형성과 전(傳)』, 소명출판, 2004; 이강엽, 『토의문학의 전통과 우리소설』, 태학사, 1997.

는 글을 가리키고 있지 않음은 이미 충분히 지적되었다.32) 『대한민보』의 표제를 따르면, 「현미경」·「만인산」·「오경월」은 '소설'이고, 「소금강」·「박정화」·「금수재판」·「경중미인」은 '신소설'이다. 이 중 「금수재판」은 앞서 이야기했던 대화·토론 양식이라는 독특함을 갖고 있지만, 그것은 「병인간친회록」이나 「절영신화」와 함께 공유하는 특성이므로 그 때문에 '신소설'로 불렸을 리는 없다. 그렇다면 「현미경」·「만인산」·「오경월」 등과 구분되는 「소금강」·「박정화」의 특질이 있는 것일까 라는 점이 문제일 터인데, 필자가 보기에 이들 작품들은 양식적으로 구분될 만한 것이 아니다. 그러므로 '신소설'이라는 표제는 글의 차이를 드러내기 위해서 붙여진 것이라기보다는 단순히 편집 방침의 변경을 드러내는 것이다. '신소설'이라는 표제는 1910년 1월 5일에 시작되는 「소금강」부터 시작되는데, 중간에 「상린서봉」이라는 '단편소설'을 제외하고 이후의 모든 소설에 붙여진 표제이다. 그러므로 글의 특성에 따라 '소설'과 '신소설'을 구분했다기보다는 이전에 '소설'이라고 했던 것을 이때부터 '신소설'로 바꿔 붙이고 있을 뿐이다.

이러한 변경의 원인이 무엇인지는 알 수 없지만, 아마도 『대한민보』 소설들의 창작적 특성을 강조하고자 하는 것이 아니었을까 짐작된다.33) 그런데 『대한민보』가 1910년에 들어와 채택하는 '신소설'과 '단편소설'이라는 소설 분류법은 그대로 『매일신보』로 이어진다. 『매일신보』는 조중환이 등장하기 전까지 '단편소설'과 '신소설'이라는 두 표제 하에서 소설을 게재하고 있다. 이때의 단편소설이라는 표제어는 『만세보』에서 단 한번 선보였던 것이었다. 『대한민보』는 이를 받아들여 길이가 짧은 소설 세 편에 예외 없이 이 표제를 사용함으로써, 일반적인 분류 항목

---

32) 김영민, 『한국 근대소설사』, 솔, 1997, 123~146면.

33) 앞의 소설 휴게 공고문의 문구도 1910년으로 해가 바뀌면서 변경된 것이었다. 1909년 10월 26일자에는 편집 겸 발행인이 장효근에서 최영목으로 변경된다는 '사원경질' 공고가 실리고, 실제로 '발행 겸 편집인'의 이름이 변경되어 발간되고 있는데, 새 편집인의 편집 방침이 해가 바뀌면서 실행되는 것일지도 모르겠다.

으로 만들고 있다. 소설을 길이에 따라 구분한다는 생각은 이 시기 다른 신문들에서는 보여주지 않는 의식이라는 점에서 이 또한 『만세보』에서 시도하고 『대한민보』에서 정착되는 개념이라고 할 수 있을 것이다.

『대한민보』의 단편소설에는 아주 성격이 다른 두 종류의 글이 포함되어 있다.[34] 「화세계」와 「상린서봉」은 모두 신년과 창간기념일을 경축하며, 한 편으로 계몽하기도 한다는 점에서 비슷한 성격을 갖고 있다. 초기의 『매일신보』 또한 같은 종류의 단편소설 두 편을 싣고 있다. 1911년 1월 1일의 「재봉춘」과 1912년 1월 1일의 「해몽선생」이 그것이다. 논설과 서사를 결합시키던 글쓰기 관습의 잔재와 같은 것으로서, 축하나 광고의 의도 등을 잘 실현하고 있지만, 소설의 가능성으로서 논의할 만한 것은 아니라고 생각된다.

하지만 창간호에 실리고 있는 「화수」는 이와는 전혀 다른 종류의 글이다. 아무런 계몽적 의도도 드러내지 않은 채, 인생의 한 단면을, 그것도 비애의 한 단면을 반전을 동반하여 그려 보여주고 있는 글이라는 점에서 형식적으로라도 계몽적 의도를 덧붙이는 이 시기의 글쓰기 관습과는 많이 어긋나 있는 글인 것이다. 아마 비슷한 종류의 글로는 『만세보』에 실린 「단편」과 「백옥신년」 그리고 『매일신보』에 실린 「빈선랑의 일미인」(1912.3.1) 정도를 들 수 있을 것이다. 공교롭게도 「백옥신년」은 『대한민보』 이전에 유일하게 '단편소설'이라는 표제를 달고 있었던 글이다. 그리고 「단편」과 「빈선랑의 일미인」은 모두 이인직의 호 국초가 부기되어 있다. 이 글들 또한 모두 이야기의 매듭이 지어졌다는 느낌이 들지 않을 정도로 그냥 삶의 한 순간을 그려 보여준다. 이전에는 보이지 않던 새로운 글쓰기라는 점에서 이 시기 서사물이 준비하고 있던 '소설'의 또 다른 가능성이라고도 할 수 있을 것이다.

---

34) 『대한민보』의 세 편의 단편소설에 대한 상세한 논의는 이유미, 「근대계몽기 短篇小說의 위상 연구-『대한민보』 소설란을 중심으로」, 『근대계몽기 단형 서사문학 연구』, 소명출판, 2005 참조.

그런데 이 네 편의 글은 모두 이 시기 신문에 등장하는 '단편소설'이라는 표제와 연관되어 있다.[35] 앞서 논의한 행사성 짙은 글쓰기와 더불어 이 시기 신문 '단편소설'의 내용을 형성하는 것이다. 유학생 중심의 신지식인층이 소개하고 창작하는 서구적 소설과 함께 놓고 비교해볼 만하지만, 그들 지식인들에 의해 주도되는 소설 논의에서 언급될 만한 것은 아니었을 것이다. 하지만 김동인에 이르러서는 시대를 대표하는 소설 양식을 가리키는 말이 되는 '단편소설'이라는 말 자체가 이 두 종류의 신문소설에서 시작되어 정착된 것임은 분명하다.

4. 『대한민보』 '소설란'의 영향

『대한민보』는 근대계몽기의 그 어떤 신문보다도 '소설'을 지면구성의 필수적인 요소로 받아들였다. 여기서 정착된 것으로 생각되는 신문 연재소설은 그 이후 아주 오랜 기간 지속된다. 신문 연재소설은 작가들이나 학자들에 의해서는 경시되곤 했지만, 우리 근대소설의 가장 큰 줄기라고 할 수 있을 정도로 뚜렷한 흔적을 남기고 있다. 신문 발행 주체들이 가지고 있었던 '소설'에 대한 인식이나 기대는, 서구 소설론의 정착 과정이라고도 할 근대소설에 대한 이론적인 논의의 추이와는 거리가 있었던 것으로 생각된다. 일본 유학생을 중심으로 하는 신지식인층에 의해 서구적 소설론이 본격적으로 받아들이기 이전에, 신문이라는

---

35) 시기적으로 가장 빠른 『만세보』의 「단편」(1906.7.3~4)은 '小說'이라는 게재란에 '短篇'이라는 제목을 갖는 형식으로 실려 있다. '단편'이 글의 제목으로는 잘 생각되지 않는다는 점에서, 특정한 제목이 없는 '소설단편' 또는 '단편소설'이라는 의식을 드러내는 것이 아닌가 생각된다.

근대적 매체에 굳건히 뿌리내린 『대한민보』의 '소설란'은 그러한 매체로부터의 소설 인식의 원형을 형성한다는 의미가 있다.

『대한민보』 발간 주체들은 고전소설이나 야담·민담 등을 '소설'란에 재수록하지 않았다. 당연한 이야기인 듯하지만, 당대 다른 신문 소설란과 비교한다면, 이 또한 『대한민보』 소설란의 특성이라 할 수 있다. 게다가 실린 작품들은 모두 당대 현실과의 연관이 긴밀하다. 또 한 편을 제외하고는 소설란에 수록된 모든 글에 작자의 이름을 부기하고 있는데, 이 또한 다른 신문들과 대비되는 점이다. 이러한 특성들은 모두 『대한민보』 발간 주체들이 소설의 '창작성'에 대한 남다른 인식을 갖고 있었음을 보여주는 것으로 생각된다. 소설을 특정한 지은이에 의해 창작된 이야기, 그런 의미에서 저작자가 있는 이야기로서 인식하고 있음을 드러내는 것이다.

또, 다른 신문이나 당대의 소설 개념 사용의 일반적인 용례에 비추어 볼 때, 『대한민보』 소설란의 특색 중 하나는 대화·토론체 양식의 글을 적극적으로 수용하고 있다는 점이다. 이는 전기 양식에 대한 편향을 보여주는 『대한매일신보』의 경우와 좋은 대조가 되는 특색이라고 할 수 있다. 둘 모두 우리 근대계몽기를 특징짓는 글쓰기 양식이라는 점에서, 당시기가 우리 소설에 마련해준 가능성을 보여주는 것이라 생각된다. 그 가능성은 충분히 실현되지는 못했지만, '소설' 개념을 적극적으로 전유하려는 당대인들의 모습을 보여주고 있는 것이다.

또 『대한민보』는 『만세보』에서 시작된 '단편소설' 개념을 소설란에 실린 짧은 글에 예외 없이 적용함으로써 일반화시킨다. 그리고 '소설은 한글, 기타 기사는 국한문'이라는 한동안 지속되었던 신문의 표기체계를 정착시키는 등 『대한민보』 소설란이 한국 '소설'과 그 개념에 미치고 있는 영향은 적지 않다.

'신대한'과 '대조선'의 사이(1)

『소년』지 시(가)의 근대성

최현식

1. 『소년』지 시(가)의 근대성을 읽는 하나의 방식

'바다'에서 '산'으로. 근대시 연구자라면 누구나 들어봤음직한 정한모의 이 말은 『소년』지 시(가)[1]의 추이와 성격을 대변하는 명제와도 같은

---

1) '시(가)'라는 용어는 이 글에서 다루는 신시(창가·신체시·자유시·산문시)와 시조(국풍)를 한 데 아우르기 위한 것이다. 시와 노래의 결합/분리라는 관점으로 따진다면, 창가와 시조가 함께 묶여야 될 것이다. 그러나 『소년』지의 시조와 창가는 다른 매체에서 그러했듯이 노래가 아니라 읽기의 대상으로 존재했다. 가령 임화는 창가를 '신시의 선구'로 규정하는데, 그가 노래하는 창가만큼이나 중요시여긴 것은 노래되지 않는 창가였다. 이것은 대체로 "신사조의 계몽이나 정치사상의 선전이나 국민적 자각을 고취하기 위하여" 쓰였다(임규찬 외편, 『임화 신문학사』, 한길사, 1993, 149~155면 참조). 악보가 유일하게 첨부된 「단군절」을 제외한 『소년』지의 창가 역시 이에 해당한다. 그리고 시조의 경우, 최남선은 그것을 노래보다는 읽을거리로 여긴 듯한 인상이 짙다. 그는 개성의 풍경과 그에 따른 흥취를 시조로 지으면서 다음과 같이 말한다. "母論 格도 본 것 아니오 調에도 맞추지 아닌 것이라 하믈며 聲律에 석길 理가 잇스리오마는

것이다. 여기에는 소재의 변동 말고도, 일종의 율격의 실험장이라 할 수 있는『소년』의 운문이 신시에서 시조로 굳어간다는 형식적·장르적 퇴행현상에 대한 부정적 소회가 함께 담겨 있다. 물론 이 감각은『소년』지 시(가) 전체라기보다는『소년』의 주재자이자 집필자였던 최남선의 그것을 향한 것이겠다.

이런 설정은 그러나『소년』지 시(가)의 최남선에의 귀속성과 이념적 동일성에 비추어보면 별 의미가 없을지도 모르겠다. 한시와 번역시, 이광수의 시 등은 모두 합쳐야 10여 편 남짓이지만, 신시(창가·신체시·자유시·산문시)와 시조(국풍)를 부지런히 오가며 최남선이 창작한 시는 무려 60여 편에 달한다. 그리고 그것들은 근대적 의미의 심미 취향을 목적하기보다는, 비록 추상적이기는 해도 자아 또는 시대가 요구하는 바의 계몽성과 그것의 구현에 필요한 덕목의 요구와 예찬에 바쳐지고 있다. 이런 요소들은『소년』지 시(가)와 최남선의 그것을 동일시하는 효과를 낳았고, 이에 따라 최남선 시(가), 특히 신시의 성취와 한계는『소년』지의 그것으로 그대로 이월되었다.

물론 '근대 자유시'라는 잣대는 점차 오늘날로 올수록 최남선을 신시의 선구자에서 자유시 형성의 걸림돌로 평가하는 시각을 증대시키고 있다.2) 그의 신시를 '새로운 정형시의 창조'로까지 보는 어떤 시각은 근대자유시의 이념형, 즉 모든 외재적 격식으로부터 해방되어 근대적 이념과 시인의 미적 개성을 자유롭게 구현한다는 명제의 가장 충실한 이행에서나온 것이라 할 수 있다. 굳이 '근대 자유시'를 들먹거리지 않더라도, 최남선의 시인으로서의 자의식3)이나 쉽사리 감응되지 않는 고착된 형태의

詩를 만일 노래할 것과 닑을 것 둘에 난홀 수가 잇다하면 닑을 것 편에 석거 닑어주시기를 바라노이다"(『소년』제2년 10권, 1909.11, 37면) 창가의 신시로의 편입은 앞서 본바 그것이 가진 장르의 근대성을 고려하여 이루어진 것이다.
2) 현재까지의『소년』지 또는 최남선의 신시 연구 동향에 대한 자세한 정리는 서영채, 「최남선 시가의 근대성에 관한 연구」,『민족문학사연구』13호(민족문학사학회 편), 1998 및 박정선, 「『소년』지 시와 새로움의 인식」, 고려대 석사논문, 1999 참조.

정서와 감각은 그의 시(歌)에 대한 회의를 별로 감하지 않는다.

그러나 과연『소년』지 시(歌)의 연구를 근대 자유시에 근거한 새로움 (근대성)의 한계와 시조로의 자발적 후퇴라는 장르적 퇴행성을 짚어내는 것으로 그칠 수 있을까. '시(歌)'의 근대성과 미학성만을 고찰하는 태도에서 벗어나,『소년』의 목적과 성격, 진행 방향 등과 어떻게 맞물려 있는지, 또한 그에 따른 계몽의 성격과 장르의 변화는 어떻게 이루어지는가를 면밀히 검토한다면 어떨까.

『소년』이 근대에 대한 열망과 그것을 실현할 가치와 덕목에 대한 계몽의 열정으로 넘쳐나고 있음은 주지의 사실이다. 그런데 정작 중요한 것은 근대 지향 자체가 아니라 그것이 '나라만들기'나 '민족지키기'의 기획으로 수행된다는 사실이다. 이를 주목한다면, '바다에서 산으로'를 "'신대한'에서 '대조선'으로' 바꾸어 그 의미를 따져볼 수 있다.『소년』의 존속기(1908.11~1911.5)는 근대 국민국가 건설의 열정이 무르익기보다는 제국주의, 특히 일제에 의해 그 꿈이 좌절, 와해되어간 시기에 해당된다.『소년』의 '신대한', 곧 국민국가에 대한 비전이 지나치게 추상적이며 낙관적인 것으로 보이는 것은 저와 같은 당대 현실을 괄호치고 있기 때문이다.

하지만 최남선이『소년』을 '신대한'에의 열정에 변함없이 바친 것은 아니다. 1909년 말에 이르면, 대황조(단군)와 태백범 · 태백산 등과 함께, 이 항목을 율문화하는 주요 장르로서 국풍(시조)이 본격적으로 등장하기 시작한다. 이런 변화의 근본 목적은 '대조선 정신'[4]의 앙양, 곧 '신대한'

---

3) 최남선은 자신의 천품이 시인이 아니지만 시세와 자신의 처지가 '소원 아닌 시인'을 만들었다고 고백한다(『소년』제2년 4권, 1909.4, 3면 참조). 최남선에게 시(歌)가 심미성의 추구와는 거의 무관한 계몽의 도구였음은 대체로 인정되는 사실이다. 이에 따른 집단 주체의 과잉은 서정적 자아의 자율성 획득에 상당한 제한을 가져왔음은 물론,『소년』이후 신시로부터 아주 이탈하는 촉매제 역할을 하게 된다. 보다 자세한 내용은 서영채, 위의 글, 265~269면 참조.

4) 최남선,「大朝鮮精神」,『소년』제3년 8권, 1910.8, 40면.

의 건설이 불가능해지는 상황에 맞서 민족 구성원들의 동일성을 유지, 보존할 수 있는 공동감각을 형성, 전파하는 데 있었다. 말하자면 근대적 공동체의 향방을 실현 불가능한 국민국가에서 특히 문화 담론을 통해 그 활로를 개척할 수 있는 민족으로 전환한 것이다. 그런 의미에서, 목표하는 공동체의 명칭을 '신대한'에서 '대조선'으로, 그리고 그것의 정체성을 드러내는 운문 형식을 신시에서 시조로 바꿔간 최남선의 노력은 조선이란 국가가 망한 자리를, 또는 근대국가의 가능성을 민족으로 대신하고, '국수(國粹)'를 '족수(族粹)'로 대체하기5) 위한 것으로 이해된다.

　이런 현실 변화에 대한 대처 감각과 능력은 『소년』이 단순히 다양한 근대 지식의 전시장이 아니라 나라만들기와 민족지키기에 필요한 효용적 지식의 경연장으로 그 성격을 유지할 수 있던 까닭을 엿보게 한다. 최남선은 혼자 집필과 편집을 담당하면서도 그 목적을 달성하기 위한 지식의 선택과 배제의 원리를 꾸준히 적용한다. 서구의 근대지(近代知)만을 일방적으로 제시하는 대신 그것과 유사성을 갖는 민족지(民族知)를 나란히 제시한다든가, 이를테면 '바다'와 '노동역작(勞動力作)' 같은 주제를 다룰 때 산문과 시(가) 모두에서 그와 관련된 지식 담론을 연계, 배치하는 태도는 몇몇 경우를 제외하곤 폐간 때까지 지속된다.

　시(가)의 경우, 『소년』의 목적에 맞게 배치되는 지식 담론으로서의 성격은 다음의 예에서 비교적 선명하게 드러난다. 시(가)는, 창작시든 번역시든 대체로 권두시나 산문 내의 삽입시, 그리고 독립시의 세 가지 형태로 게재된다. 하지만 이런 표면적 게재 형태보다 중요한 것이 있으니, 그것은 해당호의 계몽 및 지식의 내용을 대리 표상하거나 부연한다든가(권두시 · 독립시), 산문의 핵심을 요약하는 성격을 지닌다는(삽입시) 것이다. 이런 차원에서 『소년』의 시(가)는 계몽의 담론이지, 개아의 자유로운 영혼을 개성적 형식으로 표현하는 심미물이 아니다. 권두시를 검토하는

5) 정우택, 『한국 근대 자유시의 이념과 형성』, 소명출판, 2004, 109면. 여기서 '국수(國粹)'는 '한 나라의 고유한 역사 · 문화 · 국민성의 장점'을 의미한다.

것만으로『소년』이 거머쥔 계몽성의 변화 추이를 어렵잖게 인식할 수 있는 것은 그것이 지닌 '율문적 지식'6)의 성격 때문이다. 여기서『소년』지 시(가)를 보다 풍부하게 이해하기 위해서는 여타의 지식 담론과 겹쳐 읽을 필요가 있다는 논리가 자연스럽게 성립된다.

앞서 잠깐 얘기했지만,『소년』에서 시조의 출현은 우연히 이루어진 것이 아니다. 그것은 무엇보다 '대조선 정신'을 앙양하고 민족의 시원과 영광을 상징하는 존재로서 '대황조'와 '태백' 등을 찬양하기 위한 문화적 정수였다. 최남선의 시조 역시 재도지문(載道之文)의 성격을 띠고는 있으나, 성리학 이념의 표출에 충실했던 조선시대의 시조와는 그 성격이 달랐다. 그는 시조를『시경』1편의 제목을 빌어 '국풍'으로 부른다. 여기에는 그것이 덕화(德化)가 미치고 올바른 질서가 유지되는 시대의 노래를 뜻하는 정풍(正風)으로 작용하길 바라는 마음이 깃들어 있을 것이다. 왜냐하면 그의 시조는 자연은 물론 광활한 우주를 넘나들면서, 대황조, 태백 등 형이상학적인 역사와 국토를 예찬하고 있기 때문이다.7)

영웅적이며 시원적인 과거를 발굴, 재현하거나 재창조함으로써 민족을 심미화하고, 그것을 근대문명을 초극하는 매개체로 동원하는 일은 근대 이후 문화적 민족주의의 전형적인 패러다임에 해당한다. 최남선의 '국풍'에의 관심이 그렇다는 것은 보편적 계몽의 덕목을 대황조 이래의 민족적 전통으로 급작스레 전유하는 장면에서 뚜렷이 확인된다.8) 1920

---

6) '율문적 지식'이란 최남선이 율문적 언어 형식을 근대 지식 전달 매개체로 활용했다는 의미를 나타내기 위한 말이다. 최남선의 '지식의 율문화'에 대한 논의로는, 한기형, 「최남선의 잡지 발간과 초기 근대문학의 재편」,『대동문화연구』45집(대동문화연구원 편), 2004, 226~227면 참조.

7) 이것은 그의 시조가 진보성과 현실성을 갉아먹는 복고적 퇴행성으로 비판받는 주요한 원인이다. 이에 대해서는 고미숙, 「애국계몽기 시조의 제 특질과 그 역사적 의의」,『18세기에서 20세기 초 한국시가사의 구도』, 소명출판, 1998, 338~340면 참조.

8) 이를테면 「少年時言」(『소년』제3권 5권, 1910.5)의 國民思行의 標準 항목은 조선 국민이 '정의의 수호자'와 '지선(至善)의 노력자'가 되기 위해서 순결·광명·강건·화락·진실 등의 10가지 덕목을 지킬 것을 권고한다. 그러면서 "우리 朝鮮國民의 思와 行의 표준은 오즉 거룩하신 大皇祖끠오서 처음 나라를 세우시던 그 精神과 그 抱

년대에 이르면, 최남선은 불함문화론 및 단군론의 설파, 백두산·금강산 등 민족 명소의 주유와 기행문 작성, 민족문화와 성스런 국토에 담긴 조선 정신과 조선적인 것의 형상화 기제로서 시조의 부흥을 동시에 추진한다. 이런 삼위일체의 문화 민족주의 기획은 이미 『소년』에서 그 단초를 보였으며, 『소년』 이후의 〈조선광문회〉 활동이나 『청춘』의 「계고지존(稽古箭存)」(『청춘』14, 1918.6) 등을 통해 구체화되어 간다. 말하자면 최남선은 국가 부재의 식민지 상황에서 민족의 자기 보존은 역사를 공유하고 그것을 성스러운 기억으로 간직함으로써 가능할 수 있다는 사실을 영민하게 간파하고,[9] 이를 최고이자 최후의 문학적 과제로 밀고 나갔던 것이다.

이 글은 이런 사실을 유념하면서, 『소년』지 시(가)를 같이 수록된, 또는 담론의 연관이 뚜렷한 산문들과 겹쳐 읽음으로써 그것의 근대성을 다시 헤아려보려 한다. 물론 가장 주목하는 지점은 '나라만들기'와 '민족지키기'라는 절박한 명제에 시(가)가 어떻게 부응했고 또 변모해갔는가 하는 문제이다. 필자는 이를 위해 시(가)를 그 성격과 주제에 따라 세 항목으로 나누고, 두 차례에 걸쳐 살펴볼 예정이다. 1부에서는 국가와 민족 주체로 상정되는 '소년'과 '조선 남아'의 표상과 성격, 그리고 그들에게 요구된 보편적 덕목들과 그 변화의 추이를 살펴본다. 본고가 이에 해당한다. 그리고 다른 글로 준비될 2부를 통해, 첫째, 근대 국민국가 '신대한'에 대한 열망과 그것을 향한 계몽적 열정의 실체와 실질성이, 둘째, 국가의 원망(願望)을 대치한 '대조선'과 그것의 핵심을 이루는 '태백'·'대황조'란 표상의 본질과 성격, 그리고 문화 민족주의로서 그것의 역할과 효과가 짚어질 것이다.

負라"는 부연 설명을 덧붙이고 있다. 그러나 저 덕목들은 『소년』이 창간 이래 근대국민이 되기 위해 필요한 보편적 가치로 줄곧 강조해온 항목들이었다.

9) 서영채, 「기원의 신화를 향해 가는 길」, 『한국 근대문학과 민족−국가 담론』(서울시립대 인문과학연구소 편), 소명출판, 2005, 123면.

2. '신대한 소년'과 '조선 남아' 되기―그 사행(思行)의 덕목

1) '신대한 소년'에서 '조선 남아'로 넘어가는 길

『소년』이 호출한 주체를 꼽는다면, '신대한 소년'과 '조선 남아'를 들어야 할 것이다. 전자가 '신대한'에 호응하는 '국민' 주체라면, 후자는 '대조선'에 호응하는 '민족' 주체이다. 그러나 그 차이에 관계없이, 그들은 '신민'에서 멀리 벗어나 제국의 흥성을 이끌고 민족의 영광을 재현하는 근대적 주체로 요구되었다. 현실의 변화에 따라 강조 지점이 약간 달라지지만, 『소년』은 이 남성 주체들이 저 목적에 걸맞은 '쾌남아'이자 자기 수양과 직분에 철저한 청년이 되어야 함을 지속적으로 강조하였다. 아마도 이런 주체의 겹침과 동일성은 현재 좌절된 국가와 민족의 일치를 미구에 닥칠 가능성으로 상상케 하는 활력이 되었을 것이다. 다음 두 글은 그에 대한 적절한 실례이자 『소년』이 이상하는 주체의 본질과 성격을 간명히 요약한다.

① 今에 我帝國은 우리 少年의 智力을 資하야 我國 歷史에 大光彩를 添하고 世界文化에 大貢獻을 爲코녀 하나니 그 任은 重 하고 그 責은 大한디라 本誌는 此 責任을 克當할만한 活動的 進取的 發明的 大國民을 育成하기 爲하야 出來한 明星이라 新大韓의 少年은 須臾라도 可離티 못할디라[10]

② 『少年』의 目的을 簡短히 말하자면 新大韓의 少年으로 깨달은 사람이 되고 생각하난 사람이 되고 아난 사람이 되야 하난 사람이 되야서 혼자 억개에 진 무거운 짐을 勘當케 하도록 敎導함이라[11]

---

10) 『소년』 창간호, 1908.11. 시(가)를 제외한 산문의 띄어쓰기는 현대 어법에 맞게 고쳤음. 이하 마찬가지임.
11) 「少年時言―『少年』의 旣往과 및 將來」, 『소년』 제3년 6권, 1910.6, 18면.

'소년'은 현재의 생물학적 연령 구분과는 비교적 무관한, 새 시대를 책임질 '청년'을 표상한다. 이는 『소년』에서 '소년'과 '청년'이 명확한 구분 없이 혼용되고 있거니와, 후기에는 '조선 남아'가 그것을 대치하고 있다는 점에서 충분히 확인된다. 사실 그들은 단순히 젊은 세대가 아니라 '신대한'의 건설과 팽창에 크게 기여할 정치적 주체, 즉 "활동적 진취적 발명적 대국민"의 잠재태인 것이다. 이들은 '신대한'의 원심력이자 구심력으로 동시에 기대된다.

  먼저 '삼면환해국(三面環海國) 소년'은 "泰東의 뎌大陸 넓은 벌판"과 "太平의 뎌大洋 크나큰물", 그리고 "볏발이 곳쏘난 赤道 아래"[12]를 '우리의 운동장' 삼아 뛰놀 존재다. 이들은 패퇴 없이 오로지 전진하는 '쾌남아'가 됨과 동시에, '신대한'을 근대문명의 중심지로 부상시킬 권리와 의무를 지고 있다. 이런 발상은 세계문화에 대한 공헌의 바람을 넘어 당시의 세계 질서였던 우승열패의 논리를 내면화한 결과물이다. 사회진화론에 기댄 우승열패의 국가 질서를 수용한다는 것은 약육강식의 제국주의 논리를 인정한다는 것과 다르지 않다. 그런 까닭에 『소년』은 '신대한'이 반도의 지리적 · 문화적 이점을 살려 근대의 강국으로 끊임없이 팽창하길 바라며, 이와 연관된 지식 담론들을 공들여 지속적으로 제공하는 것이다.[13]

  그러나 이런 욕망은 상상이 아니라 그것을 실현할 근대성과 근대적 제도를 완미하게 갖출 때야 현실화될 수 있다. 더군다나 이미 일제의 보호국이었던 당시 조선을 생각한다면, 팽창의 상상은 식민지로의 전락

---

  12) 최남선, 「우리의 運動場」, 『소년』 제1년 2권, 1908.12, 32면.
  13) 「우리의 運動場」에는 다음 구절이 시의 앞뒤에 병기되어 있다. "우리 三面環海國 少年아 너의는 瞬時라도 夢寐에라도 너의 天惠偏厚한 世界的 處地를 잇디 말디어라", "目今 世界文運의 大中心은 太平大洋과 泰東大陸에 잇난데 우리 大韓은 左右로 이 兩處를 控制함을 생각하라." 최남선은 창간호부터 공들여 연재한 「海上大韓史」에서 반도의 처지를 근대문명국으로 올라서는 천혜의 조건으로 줄곧 규정짓고 있기도 하다.

을 피하기 위한 역설적 자유의 감각이랄 수 있다. 과연 『소년』에는 팽창의 욕망만큼이나 국민의 자강과 국가의 독립, 자유의 확보 등을 주창하는 시와 산문이 다수 게재된다. 특이한 것은 이런 담론이 주로 미국의 독립과, 미국을 신흥 강국으로 부상하는 데 기여한 근대적 가치, 이를테면 독립과 자유·평등·공명심·인류애·지식 등과 아울러 워싱턴·링컨과 같은 지도자들에 대한 소개나 칭송으로 이루어진다는 사실이다.14) 여기서 우리는 영국의 식민지에서 독립해 현재는 신흥 문명국으로 부상한 미국을 모방함으로써 반개(半開)의 조선을 고도의 문명개화국 '신대한'으로 세우겠다는 낙관적인 정치적 상상력을 엿본다.

그것이 '신대한'의 외부로의 팽창이든 내적인 자강의 도모든 간에, 좀 더 완미한 근대적 주체, 즉 문명국의 국민이 되기 위해서는 외적 표상으로서 '쾌남아'를 보지하고 성숙시킬 만한 보편적 덕목의 내면화가 더욱 절실해진다. 그렇지 않고서는 '활동적 진취적 발명적 대국민'이란 '소년'의 미래상은 허상이며, 그것에 대한 간절한 욕망 역시 공염불에 그칠 수밖에 없다.

가령 『소년』이 창간된 지 2년 반 가량이 지난 즈음 쓰인 2)에 나타난 『소년』의 창간 목적과 기대되는 '소년'의 표준을 보라. '신대한'의 국민 주체를 예비한다는 목적은 같지만, '소년'의 표준이 창간 당시에 비해 보편적이면서도 내면적인 인간형으로 정립되어 있다는 점에서 1)의 '쾌남아' 이미지와 꽤 다르다. "깨달은 사람이 되고 생각하난 사람이 되고 아난 사람이 되야 하난 사람이 되"라. ①의 '소년'이 현실을 뛰어넘어 미래로 돌진하는 모험가적 면모를 다분히 띠고 있다면, ②의 '소년'에서는 자아의 끊임없는 수련과 수양을 통해 자신의 직분과 처지에 충실한,

---

14) 미국 국가를 번역한 「아메리카」(『소년』 제1년 2권), 번역시 「大國民의 기백」(『소년』 제2년 2권), 「靑年의 所願」(『소년』 제2년 3권), 링컨을 찬양하는 창작시 「아브라함 린컨」(제3년 1권) 등이 대표적이다. 미국이 근대국가 및 국민이 지녀야 할 표준과 덕목을 제공하고 있는 셈인데, 이는 실재하지 않는 경험을 공유하려는, 그래서 국가의 독립과 문명을 정당화하려는 계몽적 사유의 소산으로 보인다.

완전한 인격체를 갖춘 교양인 – 실천가의 면모가 두드러진다. 이런 변화는 식민지로의 전락이 거의 뚜렷해진 형편에서 '소년'의 임무와 역할을 재설정하고 재배치함으로써 '소년'의 또 다른 가능성을 살려내려는 의도의 산물일 수 있다.

그러나 너무 일반적이어서 추상적으로 느껴지는 이 소년상은 최남선이 보편타당하며 참조할 만한 것으로 여겨지는 가치와 윤리, 덕목 따위를 전근대와 근대, 동서양을 막론하고 접합함으로써 탄생한 듯 보인다. 이를테면 최남선은 「소년훈」과 「소년시언」, 「현대소년의 신호흡」(두 번째 연재부터 '신시대 청년의 신호흡'으로 개제) 등을 통해, '소년'이 갖추어야 할 보편적 윤리와 덕목들을 지속적으로 설파한다.

그가 사회진화론으로 무장한 근대적 인간형을 넘어, 시대와 장소를 막론하고 통용 가능한 교양형 인간형의 추구로 점차 기울어졌다는 사실은, 『산수격몽요결』의 편찬과 선전에서 잘 드러난다. 이 책은 율곡 이이의 『격몽요결』을 번역하면서 그 원문에 적합한 서양의 경구나 격언을 첨부함으로써 『격몽요결』을 보편화 · 현대화했으며, 또한 조선에 근대인의 수신 방법과 태도를 미리 일러준 후쿠자와 유키치(福澤諭吉)의 『수신요령』을 부록으로 첨부했다.[15] 이런 편집 전략은 『산수격몽요결』을 언제 어디서나 통용되는 "신시대 소년의 덕육(德育)상 보감(寶鑑)을 작(作)하"기 위해 취해졌다.

그러나 이는 '문명'에 대한 최남선의 인식 변화가 일정하게 반영된 결과물이기도 하다. 가령 최남선은 『산수격몽요결』의 광고에서 "문명이란 하(何)오 전등만도 아니오 철도만도 아니오 화학의 응용만도 아니오 물성(物性)의 구명만도 아니라 개인에도 재(在)하야던지 사회에 재하야던

---

15) 이이의 『격몽요결』은 「新時代 靑年의 新呼吸(六) – 栗谷李珥先生自警文 – 七則」(『소년』 제2년 8권, 1909.9)에서, 후쿠자와 유키치의 『수신요령』은 「現代少年의 新呼吸(一) – 修身要領」(『소년』 제2년 2권, 1909.2)에서 번역 · 소개되고 있다. 『산수격몽요결』은 이런 작업의 결과물이다.

지 덕·체·지 삼건사(三件事)가 평균하게 발달됨을 위함이라"고 말한다.[16] 근대의 물질문명에 대한 일정한 비판에 더해, '덕·체·지'를 고루 발전시키는 전인적 교육의 필요성을 강조하는 대목이 아닐 수 없다.

여기서 『논어』와 『시경』 그리고 『격몽요결』을 버리는 행위가 진흙탕에 옥돌(璞玉)을 버리는 것과 다를 바 없다는 시각의 변동이 싹트는 것이다. 물질문명에 대한 정신문화의 우위를 강조한다는 느낌이 자연스레 전해지는 발언이다. 이것이 우승열패를 합리화하는 근대문명의 야만성을 전인적 교양으로 무장된 정신문화를 통해 극복하고 치유하겠다는 문화주의의 한 발로이자 양상임은 비교적 분명해 보인다. 따라서 민족의 기원과 영광을 기억하고 재현함으로써 현재의 위기를 넘어서는 동시에 바람직한 '상상의 공동체'를 미리 설정하는 『소년』지 후기의 문화민족주의 담론은 이로부터 그 근거와 자양분을 획득한다고 보아도 좋을 것이다.

2) 정의의 수호자, 지선의 노력자 그리고 대황조의 후예

① 이제 이런 흐름이 『소년』지 시(가)에서는 어떤 주장과 표현을 얻고 있는지 살펴볼 차례이다. 물론 흐름을 주목하다 보면 서술의 중심은 계몽성의 변주에 놓일 것이다. 그러나 『소년』에 표현된 문명과 문화의 대립은 그것이 완연해지는 1920년대만큼 확실하지도 심각하지도 않다. 그둘은 오히려 뒤섞여 있는 경우가 많은데, 후기로 갈수록 대립의 경계선

---

16) 이상의 인용은, 『산수격몽요결』 광고, 『소년』 제3년 1권(1910.1) 참조. "덕·체·지 삼건사(三件事)가 평균하게 발달됨을 위함"이란 모토는 최남선이 깊숙하게 관여했던 〈청년학우회〉의 그것이기도 했다. "本會는 大韓의 懃實·力行으로 生命을 作하난 靑年學友를 團合하야 情誼를 敦修하며 아울너 德·體·智 三育을 硏究코 쪼 그 好美한 者를 踐履하야 健全한 人物을 作成하기로 目的함"(「청년학우회보」, 『소년』 제2년 8권, 1909.9, 15면)

이 점차 가시화된다. '민족'이 '국가'를 서서히 대체해가는 시대 현실이
반영된 현상이라 하겠다.

> 全部의誠心 다드려힘기르고
> 全部의精神 다써智識느려서
> 우리는 將次누를爲해무삼일
> 하랴하나냐
> 弱한놈 어린놈을 도올양으로
> 强한놈 넘어쩌려『最後勝捷은
> 正義로 도러간다』ㄴ밝은理致를
> 보이려함이아니냐
> 올타올타果然그러타
> 新大韓의少年은
> 이러하니라.

―「新大韓少年」(『소년』 제2년 1권, 1909.1) 부분

"우리의 胸宇에 그득한것은 限업난 動力으로 거칠것업시 나가난 汽
車와 갓흔 前進心이로다."[17] 『소년』은 '기차와 같은 전진심'으로 '소년'
이 '신대한'을 건설하고 근대문명을 성취하길 바랐다. '기차'는 단순히
힘을 상징하지 않는다. 어디에도 비할 바 없는 근대의 우월성과 발전
가능성을 함축하고 있다. '성신'(星辰)을 관찰하면서 "하난수만잇스면 電
話도매고 / 空中으로鐵道도길게노아서 / 네곳짜지이르러親히보리라"[18]
고 진술하는 장면은 근대라는 '멋진 신세계'에의 매혹을 숨김없이 드러
낸다. 이것은 낭만적 관념이 아니라 진보와 과학의 합리성을 구현하는
근대문명에 대한 학습과 경험에서 획득한, 발전 가능성에 대한 믿음의
구현체이다. '신대한 소년'은 이 '믿음'을 내면화할 때만이 '활동적 진취

---

17) 최남선, 「쓰거운 피」, 『소년』 제3년 3권, 1910.3, 2면.
18) 최남선, 「星辰」, 『소년』 창간호, 1908.11, 58면. 이 시는 「鳳吉伊地理工夫」를 여는
역할을 하고 있다.

적 발명적 대국민'으로 성숙할 수 있으며, 「신대한소년」이 제시하는 바의 국민적 표준과 덕목을 실현할 수 있을 터이다.

'신대한 소년'의 진취성과 품성은, 바다에의 도전이나 극지의 탐험 등을 이야기할 때는 '용기'를 향하지만, 보통은 「신대한소년」에서처럼 근면과 성실, 지식 함양, 정의, 사해동포주의, 진보에의 전력을 향해 나아간다. 이런 덕목들은 개인의 완미한 품성, 이를테면 "성실한 심지와 각고(刻苦)하난 공부와 영혜(穎慧)한 천품"19)을 계발·고양시키는 데 먼저 필요하다고 보아 무방하다. 하지만 이런 자질을 구비한 '소년'의 성장과 국민, 곧 정치적 주체로의 진입은 근대국가의 발전과 안정에 직접적으로 기여한다는 점에서 그것은 이미 국민의 기획을 내장하고 있다.20) 미국의 건국에 혁혁한 공헌을 세운 벤자민 플랭크린의 좌우명이 「신대한소년」에 제시된 덕목을 거의 가지고 있으며, 또한 그 좌우명이 오로지 정의와 공명심으로 현실을 극복하고 미래를 개척하는 소년상을 조형하는 「구작삼편」에 바로 이어져 있음을 무심히 지나칠 수 없는 까닭이 여기에 있다.

우리는아모것도가진것업소,
칼이나륙혈포나——
그러나 무서움업네,
鐵杖갓흔形勢라도
우리는 웃지못하네.
우리는올흔것짐을지고

19) 「新時代 靑年의 新呼吸(三)－아메리카 名人 프랭클닌 座右銘」, 『소년』 제2년 4권, 1909.4, 5면. 여기서 제시된 프랭클린의 13덕은 "절제·침묵·규율·과감·검약·근면·성실·정의·중용·정결·평정·정조·겸손"이다.

20) 이런 입론의 타당성은 이전 호인 『소년』 제2년 3권(1909.3)이 국민을 호명하는 소년의 규범으로서 루스벨트 대통령의 8가지 좌우명과 몽고메리의 시 「靑年의 所願」, 그리고 워싱턴 대통령의 좌우명을 잡지의 첫머리부터 잇달아 게재하고 있는 사실에서도 얼마간 확인된다.

큰길을거러가난者ㅣ뎌일세.

— 「舊作三篇」(『소년』 제2년 4권, 1909.4) 부분

　「구작삼편」은 계몽의 내용을 짐작케 하는 제목을 지닌 여타의 신시와
달리 제목이 없다. 1907년(정미년) 무렵 지어 보관 중이던 최초의 시이자
신시였던 세 작품을 이제야 발표한 탓이리라.21) 2년 전 최남선이 보던
'우리'는 무력과 재물로 대표되는 권력이 없는 지극히 평범한 청년들이
다. 그렇다고 '우리'는 무기력하지만은 않아서, "철장(鐵杖)갓흔 형세",
"면류관의 힘", "세사(細砂)갓흔 재물"로도 얻을 수 없는 올곧은 주체들
이다. 이것은 '우리'가 오로지 "올흔것짐을지고" '큰길'을 걷고 다스리고
지켜보는 공명정대한 자이기 때문에 가능하다. 이처럼 『소년』에서 각성
된 자의 본분은 '정의의 옹호자'로 흔히 표상된다. 그것은 물론 개아(個
我)보다는 국가의 성립과 발전에 기여하는 덕목으로 신뢰된다. 가령 몽
고메리 원작 「청년의 소원」은 각성된 정치 주체 '청년'의 덕목으로 공명
심과 지식·인류애를 제시하는데, 이것은 "부정불의를 토멸"하는 '대한
소년'의 제일 임무에 반드시 필요한 정신적 토대일 터이다.22)

　쾌남아로서의 '소년', 그는 모험심으로 충만한 '용소년'(勇少年)이자
불요불굴의 '정의의 옹호자'로 호명되었다. '소년'이 그렇게 지속적으로
가치화된다는 것은 '신대한'에의 욕망이 그만큼 집요함을 의미한다. 그
러나 욕망 자체가 실현 가능성을 선뜻 보장하지는 않는다. 오히려 그것
이 현실에서는 불가능하며 바람직한 미래상으로 지연됨을 뜻하는 경우
가 더 많은데, 당시 '신대한'의 기획은 그런 운명에 처해 있었다. 그것의
정당성에 대한 지원을 특히 미국의 독립과 근대국가로의 모범적 성장

---

21) 「구작삼편」의 후기에 따르면, 이 시는 최남선이 처음 지은 시인 동시에 "우리 국어
　　로 신시의 형식을 시험하던 시초"라고 한다.
22) 최남선, 「大韓少年行」, 『소년』 제2년 9권, 1909.10, 2면. 3연에는 '대한소년 의용대'
　　가 승전 후 천사의 환영을 받으며 '하나님'께 직접 훈장을 받는다는 내용이 나온다. 성
　　서 모티프가 가장 뚜렷한 시에 해당한다.

을 다룬 시와 산문에서 얻는다는 것은 그만큼 현실의 '신대한'이 공허하다는 경험적 진실을 반영한다. 그런 점에서 근대문명의 일방적 강조와 찬양은 근대로부터 자꾸 뒤처지는 현실을 암암리에 인정하는 것이라 할 수 있는데, 식민지로의 전락은 근대에의 상상적 욕망조차도 제한하는 현실원리가 된다.

②이로부터 근대성 또는 근대국가로 협착되지 않는 보편적 덕목의 습득과 내면화가 한결 중요해진다. 시공간을 초월하여 어디서나 통용되는 인간형의 창조는 그것이 가장 구체화된 형식이다. '지선(至善)의 노력자'는 이 인간형을 대표한다. 그에게는 무엇보다 자기 직분에 충실할 것과 쉼 없이 무실역행의 태도를 취할 것이 강조되었다. 가령 『소년』 제2년 6권은 이전의 "대국민 육성…"을 대신하여 "向上精進은 新大韓 少年의 人文 開發에 從事하난 精神이오 勞動力作은 新大韓 少年의 天命 僕從에 努力하난 道理니라"를 표제글로 내세운다.[23] '향상정진'과 '노동역작'은 이전처럼 나라만들기와 국민 되기의 원리로 크게 강조되지 않는다. 집단 주체를 사상한 개아의 원리가 설파되는 것도 물론 아니다. 그렇지만 계몽의 주안점은 국가를 향한 문명의 진보에서 그것의 폐해와 한계를 초극하거나 비껴갈 수 있는 자수자양(自修自養)적 인간의 창조로 서서히 선회해간다.[24] 개인을 훈육하고 규율하는 내면 원리에 강조점을 두는 이런 인간형의 창조는 근대국가의 자명성과 그 좌절로서 식민지 전락이라는 현실의 어긋난 짝패를 견디면서, 그것을 대

---

23) 같은 회(『소년』 제2년 6권)에는 「新時代 靑年의 新呼吸(四)―톨스토이 先生의 敎示(勞動力作의 福音)」도 실려 있다. 표제글은 그런 점에서 최남선이 『소년』에서 가장 존경을 표시했던 '노동역작'의 전도사 톨스토이와 '무실역행'의 설파자 안창호의 사상을 동시에 합친 것이자, 그들에 대한 헌사(獻辭)이기도 하다.

24) 소영현은 이 시기 '청년' 담론의 중층성과 전개 과정을 '신대한 건설'을 목표로 구성된 영웅적 인간형이 개인의 내면을 규율하는 원리를 통해 인격 완성을 도모하는 '새로운 인간형'으로 전환되는 것으로 정리한다(소영현, 「미적 청년의 탄생」, 연세대 박사논문, 2005, 58~64면 참조).

체할 새로운 원리를 찾아가는 데 유력한 원군이 된다.

"정의의 옹호자가 되랴하고 지선의 노력자가 되랴할진댄"[25]이라는 구절에서 보듯이, 두 덕목은 순차적으로 추구된 가치가 아니다. 그보다는 새 시대의 주체이자 일꾼인 '소년'이 올바르게 진군하기 위해 갖추어야 할 좌우의 날개라 할 수 있다. 그러나 양 날개는 항상 균등하게 펼쳐진 것이 아니라 시대의 파고와 격랑에 따라 그 펼침의 각도와 비중이 달라졌다. 가령 『소년』 초기의 '지선의 노력자' 상(像)은 보편적·긍정적 덕목보다는 무사안일과 게으름 같은 부정성에 대한 경계와 질책을 통해 견인된다. 부지런한 '벌'을 통해 게으른 사람의 무용성을 비판하는 신시 「벌(蜂)」[26]은 그나마 얌전한 편이다. 다음에 오는 「밥버레」에서는 게으른 자에 대한 비판이 아주 호된데, 이를 통해 최남선의 게으름에 대한 혐오감과 죄악시 하는 태도가 적나라하게 표방된다.

> 너의는 개剝匠은 되야도
> 『밥버레』는 되려하지마러라
> 너의는 거름장산 되야도
> 『鸚鵡쇠』는 되려하지마러라
> (…중략…)
> 먹기도 적게하고 말까지
> 만히하지 아니할것이로대
> 할 수가 잇난대로 손과발
> 놀니기는 쉬지아니하야서
> 주먹힘 튼튼하게 만커던
> 地球라도 짜려부서바리고
> 발ㅅ길질 쌧쌧하게 잘커던
> 月中桂 도 보기조케것어차
> 앗가운 一平生을 空然히

---

25) 「少年時言－國民思行의 標準」, 『소년』 제3년 5권(1910.5), 15면.
26) 최남선, 『소년』 제1년 2권(1908.12), 153~154면.

옷밥씨름 하난데쓰지마라

—「밥버레」(『소년』 제2년 1권, 1909.1) 부분

하늘이 인간에게 "입한아 주시면서 / 손발은 둘식주신理致"는 입은 과묵히 하고 손발을 부지런히 놀리라는 데 있다. 이를 어기는 게으름군 은 '밥버레'·'앵무쇠'·'옷밥씨름꾼'에 지나지 않으며, 그럴 바에는 '거름장사'나 '개박장'(剝匠)이 되는 편이 낫다는 것이다. 게으름은 그 무용성과 부도덕성 탓만으로 타매되지 않는다. 신세계 개척과 국가 건설로 대표되는, 근대로의 진보에 역행하기 때문에 문제인 것이다. 자연을 정복하거나 신비세계를 개발하는 대신 젊은 예기와 어린 열혈로 담배씨에 뒤웅을 파는 자는 '신대한 소년'이 아니다. 그는 이미 미래를 박탈당한 가련한 '심리적 노인'에 불과하며, 그래서 '구대한'의 이름과 함께 역사란 광중(壙中)에 매몰되어야 할 퇴물인 것이다.[27] 말하자면 '게으름'은 그 자체보다는 진보에의 의지를 무력화하는 '공공의 적'이기 때문에 시급히 청산되어야 할 악덕이다. 따라서 이즈음 '게으름'에 반대되는 덕목을 세우라면, 근면과 성실의 연관체보다는 진보의 열정을 추동하는 모험심과 용기, 진취성 등을 들어야할 지도 모른다.

그렇다면 진보와 굳게 결부되지 않더라도 '지선의 노력자'라면 응당 그러해야 할 부지런함의 덕목으로 『소년』은 무엇을 제시하는가. 번역시 「노작(勞作)」[28]에서 "하날노서주신바 사람權利中, / 가장 高貴한것"으로 표현된 그것은 '일', 구체적으로 말해 자기의 직분에 따라 '노동역작'과 '무실역행'을 실천하는 것이다. 그런데 『소년』에는 「노작」을 제외하고는 두 덕목을 계몽하거나 찬양하는 창작시(가)가 없다. 그래도 가까운 「흑구자(黑軀子)의 노리(二)」의 경우도 "勞役긋헨 / 큰갑흠이 잇난게라" 정도로 노동에의 근면·성실함을 권면하는 정도다. 이런 의도된 창작의 빈곤은

---

27) 「快男兒의 消遣法—最新南極探險家」, 『소년』 제2권 6권, 1909.7, 56~57면.
28) C. Orne, 최남선 역, 「노작(勞作)」, 『소년』 제2권 6권, 1909.7, 19~20면.

아무래도 최남선이 존경해마지 않던 톨스토이와 안창호의 문학과 산문에 두 덕목의 계몽을 의탁한 때문이 아닐까 한다.

톨스토이는 『소년』에서 두 차례의 특집과 후기 단편 6편의 번역 소개, 일상생활의 계율 소개 등을 통해 꼭 따라야 할 스승으로 추앙되었다. 그는 근대문학의 모범이기도 했지만, 당대의 척박한 현실에서 인류를 구원할 메시지를 전하는 '대도사(大導師)'로 먼저 인식되었다. 최남선은 톨스토이의 '노동역작'과 '선'사상에 깊은 감화를 받고, 이를 '신대한의 소년'이 반드시 갖추어야 할 덕목으로 강조한다.[29] 톨스토이에 따르면, 인류 본연의 이성과 양심의 권위가 선(善)이며, 이것은 노동역작에 의해 만들어진다. '노동역작'이 도덕적 자기완성의 길일 수 있는 까닭은 자본주의 문명의 폐해, 즉 분업과 사회적·정신적·기능적 불평등, 불의와 착취를 조장하는 '문명'을 극복하고 하느님의 법이 지배하는 공동체사회를 이루게 하기 때문이다. 이와 같은 혁명성 때문에 톨스토이의 후기 사상은 흔히 기독교적 아나키즘으로 불리며, 짜르 정권에 의해 지속적인 견제와 탄압을 받게 된다.

하지만 최남선은 톨스토이의 반문명·반국가주의는 접어둔 채,[30] 오로지 '노동역작'만을 강조하고 있다. '노동'이 곧 '선'이란 논리는 그것이 인간의 거역할 수 없는 윤리적 직분이라는 말과 다르지 않다. 따라서 그것은 문명한 '신대한의 소년'이 갖추어야 할 최고의 덕목이 된다. 그들 개개인의 근면한 노동은 곧 '신대한' 건설의 견인차가 되며, 그들이 통합된 전체를 이룰 때 위기에 처한 '민족'은 '갱생의 도'(道)를 찾게 되는 것이다.[31] 톨스토이의 '노동역작'이 인류의 자유와 평등을 위해

---

29) 「新時代靑年의 新呼吸(四)—톨스토이 先生의 敎示」, 『소년』 제2년 6권, 1909.7 참조.
30) "선생의 현대문명의 비평과 국가사회의 논단은 아직 소년에게 필요치 아니할 듯하기로 다 그만두고……", 위의 글, 10면.
31) 최현식, 「1910년대 번역·번안 서사물과 국민국가의 상상력」, 『한국 근대 서사양식의 발생 및 전개와 매체의 역할』(김영민 외), 소명출판, 2005, 229면. 『소년』에 실린 톨스토이의 문학과 사상을 검토한 다른 글로는, 권보드래, 「최남선의 톨스토이 취향」, 『최

제출된 보편적 계몽의 덕목이기는 하지만, 최남선이 그것을 국가와 민족의 범주로 굴절시켜 전유한 까닭이 여기에 있다.[32]

거론되는 정도를 따진다면 안창호의 비중은 톨스토이에 비해 약한 편이다. 안창호가 모란봉에서 취재한 평양 풍경을 통해 우국지정을 토로하는 「평양모단봉가(平壤牡丹峯歌)」가 실리고, 최남선이 도쿄에서 안창호를 사모하고 염려하던 정을 담아 지은 「태백산시집」(총5편)이 게재되고 있을 뿐이다. 이 시들에서는 안창호의 '무실역행'에 대한 강조와 계몽을 엿보기 힘들다. 그렇다면 일종의 사제지간이라 불러도 좋을 정도로 연과 친분이 두터운 두 사람의 관계와 '무실역행'의 계몽은 어디서 엿볼 수 있는가.

잘 알려진 대로, 두 사람의 인연은 실력 양성과 국민의 새로운 창조를 목적하는 〈신민회〉 활동에서 본격화된다. 신민회의 주요한 사업 가운데 하나가 언론과 출판을 통해 계몽운동을 수행하는 것이었는바, 문화계몽을 담당한 것이 『소년』이었다. 이런 관계는 『소년』에 〈신민회〉의 외곽 단체인 〈청년학우회〉의 「청년학우회보」가 연재되었으며, 최남선이 〈청년학우회〉의 발기인이었고 「청년학우회보」의 기사와 논설 등을 집필했다는 사실에서 대개 증명된다.[33] 이것은 '무실역행'의 계몽을 위해

남선, 전통의 발명」(한국근대문학회 편, 한국근대문학회 제12회 학술대회 자료집, 2005)과 정선태, 「번역과 근대소설 문체의 발견」, 『근대의 어둠을 응시하는 고양이의 시선』, 소명출판, 2006 참조.

32) 톨스토이의 죽음을 추모하기 위해 마련된 「톨쓰토이先生下世紀念」(『소년』 제3년 9권, 1910.12)에서는 '노동역작'이 특권적으로 강조되지 않는다. 여기서는 그의 생애와 문학, 사회사상에 대한 전반적인 서술이 이루어지며, 톨스토이 후기 사상의 핵심으로서 반국가・반문명론도 얼마간 소개된다. 이와 같은 변화는, 무엇보다 추모의 정이 반영된 결과이겠지만, 이미 식민지로 전락된 상황에서 '신대한' 건설의 주장이나 '조선정신'의 설파가 취해지기 어렵다는 현실논리가 작용된 결과일 것이다. 실제로 톨스토이 하세 기념호는 『소년』이 제3년 8권(1910.8)의 문제(국풍 「대조선 정신」과 단군을 시조로 하여 민족사를 기술한 금협산인(신채호)의 「國史私論」 등 일제를 자극할 만한 글들이 수 편 게재되어 있다)로 정간당한 후 넉 달 만에 복간된 것이다.

33) 박정선, 「『소년』지 시와 새로움의 의식」, 고려대 석사논문, 1999, 13~14면.

시(가)와 산문 등의 창작 및 게재를 굳이 따로 하지 않아도 되었음을 뜻
한다. 「청년학우회보」가 그것을 수행하고 있기 때문이다.

시(가)에 한정해서 본다면, 「청년학우회보」에는 세 차례에 걸쳐 '청년'
의 임무와 역할을 설파하는 가곡(歌曲)이 실린다.34) '청년학우회'는 "무
실·역행으로 생명을 작(作)하난 청년학우를 단합하야 …… 건전한 인물
을 작성하"는 것을 목표로 하는 바, 그 가곡들은 이를 효과적으로 요약
하여 '청년'이 '지선의 노력자'이자 문화 계몽의 주체로 거듭나도록 고
무했다.35) 가령 「청년학우회가」는 "무실역행 燈쑬밝고"로 시작하여 "至
善으로 일으랴고 努力하난精神은/ 自彊,忠實, 勤勉整齊 용감이로세"
로 끝난다. 최남선이 「청년학우회보」의 논설로 집필한 '청년학우회의
주지'는 창가에 담긴 학우회의 목적을 구체화한 글이라 할 수 있다. 그
는 청년이 무실역행의 실천을 통해 '신대한 건설의 용사─대황조의 이
상을 실현하는 역군'으로 성숙하라는 것을 거듭 역설한다. 여기서 특이
한 점이 있다면, 청년이 대황조의 이상을 계승, 실현하는 주체로 설정된
다는 점이다. 이것은 〈청년학우회〉 결성 당시 존재하지 않던 모토였다.
거기서는 무실역행이 신대한 문명의 기초라는 명제가 오로지 강조되고
있다.

그렇다면 '대황조의 이상'을 필두로 하는 민족사의 전유가 왜 〈청년
학우회〉의 중요한 과제 가운데 하나로 떠오른 것일까. 최남선에 따르면,
그것은 청년이 처한 내·외적 현실 때문이다. 청년은 준비기에 있는, 미
완성의 존재이며, 또한 가치 있는 가까운 과거와 현재가 거의 전무하기

---

34) 「靑年學友會歌」·「靑年學友會行步歌」·「靑年學友會夏期休學歌」가 그것이다. 이
것들이 세 차례에 걸쳐 한 곡씩 소개되는 동안 최남선의 논설 「靑年學友會의 主旨」
역시 세 번으로 나뉘어 분재되고 있다(『소년』 제3년 4권~6권, 1910.4~6 참조).
35) 청년학우회가 바라는 청년상은 「우리님」(『소년』 제2년 7권, 1909.8)에서도 엿볼 수
있다. 이 시는 '우리님'의 외양과 지혜, 그리고 재물 사용의 긍·부정성을 대조함으로
써 바람직한 청년의 삶을 계몽한다. '우리님'은 찬양할 가치가 있는 특정 대상을 지시
하는 말이 아니라 미래가 기대되는 '청년' 일반을 높여 부르는 호칭이라 하겠다.

때문에 미래밖에 가진 것이 없는 존재이다. 이런 지적만을 본다면, 오히려 강조되어야 할 것은 문명의 진보에의 욕망이다. 하지만 식민지로 전락함으로써 진보와 근대국가의 타자가 되어 버린 현실에서 그것이 또다른 완미한 세계를 향한 최고의 동력 장치가 될 수는 없다. 근대의 보편타당한 지점을 짚어내는 동시에, 그것을 민족 고유의 사상과 연계하는 상상력은 그래서 필요하다.

'대황조 이래의 국민적 이상을 가슴에 품은 자'라는 말이 지시하듯이, '국민적 이상'은 더 이상 서구에서 들여온 박래품이 아니라 조선민족이 먼 과거로부터 추구해온 보편적 가치이다. 최남선은 그러나 '국민적 이상'의 본질과 내용을 따로 언급하지 않는데, 이는 그것이 설명이 필요 없을 정도로 자명한 명제임을 뜻할 수 있다. 대황조가 단군의 별칭임을 감안할 때, 그것은 '널리 인간을 이롭게 한다'는 홍익인간사상으로 이해되어 무방하다. 당시의 현실을 생각한다면, 이것만큼 보편타당한 삶의 미학과 미래의 정치학은 달리 없었을 것이다. 이제 과거는 한낱 흘러간 무용한 시공간이 아니라 현재를 위무하고 미래를 기획하는 가장 유력한 참조항으로 끊임없이 밀려들기 시작한다. 그런 점에서 「청년학우회 주지」는 최남선의 '국가'에서 '민족'으로의 대치가 특수를 보편으로, 과거를 미래로 일거에 전유하는 민족적 주관화를 통해 실행되고 있음을 보여주는 유력한 물증 가운데 하나이다.36)

일개 회원 자격으로 「청년학우회 주지」에 대황조의 이상을 계승할 권리와 의무를 적시한 최남선이고 보면, 자신이 주재하는 『소년』에 다음처럼 적는 것은 하등 이상할 것 없다.

---

36) 한기형은 이런 양상을 민족적 주관화를 객관적 외피로 포장하는 근대 내셔널리즘의 극단화된 형태로 설명한다. 그러면서 최남선이 「海上大韓史(11)」(『소년』 제3년 3권, 1910.3)에서 단군 신화와 백제 역사 속에서 국민과 입헌제, 공화제를 읽어내는 것을 대표적인 사례로 꼽는다(한기형, 「근대 잡지와 근대문학 형성의 제도적 연관」, 『대동문화연구』 48집(대동문화연구원 편), 2004, 46~48면 참조).

正義의 擁護者가 되랴하고 至善의 努力者가 되랴할진댄 純潔하여야 하며 光明하여야 하며 剛健하여야 하며 和樂하여야 하며 眞實하여야 하며 誠忠하여야 하며 勤勉하여여야 하며 正義로와야 하며 美麗로와야 하며 整齊로와야 하나니 곳 善美를 조와하고 活動을 일삼아 恒常 위를 向하야 힘써 올으며 압흘 向하야 힘써 나아가야 하난지라 참으로 祖上에 對하야 孝하고 그리하야 攝理에게 對하야 忠코자 할진댄 이를 직히기에 나를 克制하며 이를 爲하야 나를 發展할지어다.37)

열 가지 덕목은 '정의의 수호자'와 '지선의 노력자'가 되기 위한 자수자양(自修自養)의 항목, 다시 말해 국민의 사유와 행동의 표준 가치들이다. 우리는 이 덕목들에서 문명 진보에의 욕망보다는 자기 수양을 통해 현실을 초극하고 미래의 발전을 도모하는 전인적 주체에의 이상을 본다. 사실 이 덕목들은 근대 특유의 소산이라기보다는, 예전부터 완전한 인격체에 다다르기 위해 제시된 보편적 가치들이라 할 수 있다. 『소년』 초기의 계몽의 덕목들은, 정의, 자유, 지식 함양, 인류애 등에서 보듯이 근대국가의 비전 제시에 보다 가까웠다. 그러나 그것의 좌절은 우승열패의 세계 질서를 넘어서는 한편, 미래를 위한 향상전진을 견인하는 보편적 덕목의 출현을 서둘러 이끌게 된다. 여기서의 경쟁은 오직 승리만을 미덕으로 여기는 힘의 원리가 더 이상 아니다. 자수자양을 수행하는 개인의 됨됨이와 그것을 보좌하고 수용할 수 있는 문화적 장(場)의 여부가 그 야만의 원리를 대치한다.

이 덕목들이 시공을 초월한 보편적 가치로 제시되는 대신, 민족적 주관화를 통해 보편성을 획득한다는 사실은 그래서 중요하다. 즉 저 덕목의 실현자로서 '정의의 수호자'와 '지선의 노력자'는 조선 국민의 사(思)와 행(行)의 표준인 바, 그것은 "거룩하신 大皇祖끠오서 처음 나라를 세우시던 그 정신과 그 포부"에서 성립된 것이다. 향상전진의 노력이 조

---

37) 「少年時言─國民思行의 標準」, 『소년』 제3년 5권, 1910.5, 15면.

상에 대한 효이고, 섭리에 대한 충인 까닭이 여기에 있다. 따라서 청년에게 필요한 것은 대황조의 이상을 현재화·현실화하는 일이자, 그것이 실현된 섭리들을 찾아 배우는 일이다.[38]

③이즈음의 「해상대한사」에서 단군 신화를 실재로 규정하고 단군체제의 성립이 예비된 국민에 의해 가능했다는 주장은 근대 역사학이 자랑하는 실증의 담론을 통해 대황조를 사실화하고 보편화하려는 욕망의 소산이다. 시(가)는 사실의 차원보다는 당위적인 섭리를 자연의 비유를 통해 예찬하는 한편, 그것을 대황조의 은총 및 이상과 동일화하는 방법을 취한다. 시공을 초월한 자연의 순환성과 동일성은 대황조의 정체성 역시 그렇게 함으로써 대황조의 영원성과 보편성을 단숨에 획득하게 한다. 기대고 배울 '아비'와 보호받을 처소가 존재하지 않던 '소년'들에게 근대 체제의 투사와 자연의 동일화를 통해 대과거의 영웅적 '아비'는 이처럼 실체화되며, '소년'을 단련하고 수양시키는 훈육 교사로 우뚝 솟아오른다. 적어도 시(가)의 경우, '십덕'의 설파에서 '소년'이 직접적인 청자로 등장하는 경우가 현격히 줄어들고, 또한 자연이 '십덕'의 구현체로 이상화되는 것도 '대황조' 세계에의 서사시적 충동 때문에 그러한 것이다.

---

38) 『소년』에서 민족사의 시원이자 영광된 과거로서 '대황조'의 세계가 본격적으로 전유되는 시점은 「태백산시집」이 발표되는 제3년 2권(1910.2) 무렵부터이다. 번역시를 제외하고는 '바다'를 소재로 한 창작시(가)는 더 이상 게재되지 않으며, '태백' 예찬과, 자연의 섭리를 통해 대황조의 은혜 및 청년의 도리를 설파하는 시(가)가 중심을 이루게 된다. 민족 주체의 자격을 '대황조'로부터 불러들이는 사고는 이광수의 "조선에 나고 자라고 흰옷님은 젊은 사람이라고 다 '朝鮮ㅅ사람인 靑年'일 것은 아니라. (…중략…) 大皇祖로부터의 큰 抱負를 바다지고, 이를 成就하려난이에게야 비로소 '朝鮮ㅅ사람인 靑年'이라난 貴重한 稱號를 줄 수 잇나려라"는 발언에서도 엿볼 수 있다. 이광수는 이 말을 하면서 '육신의 혈통'보다 '정신의 혈통'이 더욱 중요하다고 덧붙이는데, 이로부터 식민지로 전락하는 현실에서 민족이 어떻게 발견되고 구성되고 있는가를 엿볼 수 있다(孤舟, 「朝鮮ㅅ사람인 靑年들에게」, 『소년』 제3년 8권, 1910.8, 32면 참조).

①公平도 좃타, 밋븜도 좃타, 참스럽도 좃타, 가장 貴하고 놉흔 道德的生命을 우리손에 거치게하니 이것만으로도 우리는 너를 讚頌하지 아니치못할지로다.

하믈며 너의는 우리의 몸과 마음이 生活의 疲勞와 迷惑의 苦惱와 밋 自我 實現에서 생긴 몸살을 알을재에 金剛石보담 고웁고 「라듸움」보담 貴한 힘의 敎訓을 줌이에리오

너는 어엿부다, 外貌에와 갓히 內心도 그러하면 願하건댄 너의 公平으로 써 너의 가진 참 힘을 우리사람에게 골고로 빌녀주렴으나.

　　　　　　　　—「花神을 讚頌하노라고」(『소년』제3년 5권, 1910.5) 부분

②꼿피엿다 닙피엿다 압山뒷들에
　　나무가지 가지마다 철자랑이다
　　열매맷고 씨품겨서 職分다하랴
　　그의活動 하난모양 눈이씌우네
　　아아우리 少年들아 가서親하라
　　그는우리 益友로다 본쓸지로다

　　　　　　　　　　—「들구경」(『소년』제3년 5권, 1910.5) 부분

③太白에 꼿이피니 富貴가 雙全이라,
　　大國民의 저런歷史 永遠토록 한갈갓다,
　　太皇祖 크신힘은 萬年無量이로다.

　　　　　　　　　　—「太白에」(『소년』제3년 5권, 1910.5) 부분

　세 편의 시(가)는 「소년시언─국민사행의 표준」과 같은 호에 실려 있다. 잠시 일별해도 시(가)와 산문 사이의 농도 짙은 상호 텍스트성을 엿볼 수 있다. 시(가)의 형식은 차례로 산문시・창가・시조(국풍)인데, 장르적 속성에 맞게 주제가 배분되고 계몽의 언설이 구사되고 있다.39) '꽃'

---

39) 최남선은 『소년』제3년 5권~제3년 8권(1910.5~1910.8)에서 시・창가・국풍으로 장르를 삼분하여 시를 수록하고 있다. 권오만은 이를 두고 '시'와 '가'의 미분 상태를 극복하려는 의지로 파악한다. 그러나 삼분법체계는 4개월만 존속한 뒤 갑자기 사라지는데, 이와 같은 실패는 특히 산문시에 두드러지는 근대적 포에지의 결여 때문으로 파악된다. 보다 자세한 내용은, 권오만, 『개화기 시가연구』, 새문사, 1989, 215~232면 참조.

은 '십덕'이 피워내는 도덕적 생명과 직분을 다하는 활동 때문에 '소년'의 역할 모델로 자리매김 된다. 그간 『소년』에서 '꽃'은, 「꽂두고」나 「봄마지」에서 보듯이, 아름다움보다는 열매 맺음 때문에 찬양과 모방의 대상이 되었다. 「들구경」이 그 맥에 직접 닿아 있는 셈이다. 이 시(가)들에서 '열매'는 정해진 목표를 성실히 완수하는 것 이외에, 풀과 나무 같은 자기 집단의 "튼튼無窮"을 영속화하기 때문에 가치를 부여받는다.

직분의 완수는 이처럼 개인과 집단을 조화롭게 통합하고 그것을 미래의 힘으로 선취한다는 데 무엇보다 의미가 있다. 개인의 자수자양이 자아의 완성보다는 여전히 국가만들기와 민족지키기에 공헌되기를 요구받던 현실에서 이런 통합성만큼 개인을 집단 주체로 이끌어갈 명분은 흔치 않았을 것이다. '꽃'의 '도덕적 생명'으로의 성화는 어쩌면 그것이 발산하는 보편적 미덕 자체보다는 척박한 오늘을 견디고 풍성한 내일을 예비하는 통합과 미래에의 의지에서 발원된 것일지도 모른다.[40] 이것은 '꽃'의 찬양이 결국은 대황조의 그것으로 수렴되는 이유이기도 하다. 대황조의 세계는 꽃의 미덕이 삶과 시대의 원리로 작동하는 이미 완결된 서사시적 대과거에 해당한다. 말하자면, '꽃'의 미덕이 상징하는 전인적 인격체에의 의지는 외부에서 주입된 것이 아니라, 만세의 혈통을 이어 내려오면서 겨울 지나 봄이 오듯이 "「타임」(때)",[41] 곧 섭리에 맞춰 발현된 것이다.

자연의 보편성은 삶을 구속하고 타자화하는 원리, 즉 시대와 장소, 국가와 인종, 힘의 유무에 따라 인간을 서열화하는 야만성을 초월한다.

---

40) '꽃'이 주는 힘의 교훈은 무엇보다 다음과 같은 삶의 의지에 있다. "짜가난 열을 알므로 미리 스물을 準備하며 썩거가난 한아를 알므로 애초에 열을 準備함을 내가 봄일세라. / 살아야 한다! 늘어야한다! 어려운中 고로운中 이리하랴면 必要오 업지 못할 만흔 犧牲을 앗기지 아니하난 너의 勇氣를 사랑하노라"(「花神을 贊頌하노라고」) 이 구절은 식민지로 전락해가는 당대 현실에 대한 알레고리로 읽힌다. 공평과 신뢰, 진리, 도덕적 생명 등은 '꽃'이 보여주는 삶과 견인의 의지에서 추상화한 덕목들이다. 이것의 수신자는 당연히도 '우리사람', 곧 조선의 청년들이다.

41) 최남선, 「봄마지」, 『소년』 제3년 4권, 1910.4, 45면.

최남선은 유추의 상상력을 통해 자연의 보편성을 전유하는 동시에, 그
것을 향토화, 다시 말해 민족화함으로써 보편적 인류애의 감각을 놓치
지 않으면서 민족의 우월성을 틀어쥐게 된다.[42] 물론 역사 기행물의 성
격을 지닌 몇몇 '국풍'에는 역사와 현실의 차이가 제공하는 무상감과
한탄이 적잖이 묻어나온다. 그러나 자연과의 동일성을 추구하는 시들은
줄곧 낙관적이고 긍정적인 미래상을 유지하며 '조선 남아'의 건강성을
자연의 힘에 비유해 드러낸다. 이런 감각이 보편적 자연의 민족화와 긴
밀히 연관되어 있음은 거의 확실해 보이는데, 이를테면 다음 시를 보라.

> 天動ㅅ소리압뒷山에 들들울니고
> 一瞬千里번갯불이 눈에 지나며
> 큰소낙이한줄기가 쏘다져오면
> 山에는沙汰나고 물은넘쳐서
> 모든것이弱하게도 敗해쓸어져
> 간곳마다自然力의 威勢表로다
> 오래길은朝鮮少年 精力쏟치면
> 그의압헤이世界가 저러리로다
>
> ——「녀름의 自然」(『소년』 제3년 7권, 1910.7) 부분

'여름'은 자연의 완전성과 힘이 온전히 구현되는 때인데, 그래서 본
받아 마땅한 계절을 대표하게 된다. 하위 범주로서 '여름 구름'은 자유
자재하며, '젊은아희'들이 현실을 견디고 미래를 꿈꿀 수 있도록 "다정
스런 知心之友"의 역할을 한다는 점에서 의미롭다.[43] 여름의 긍정적

---

42) 「花神을 讚頌하노라고」 뒤에는 E. Elliot의 「正말 建設者」가 번역되어 실려 있다. 이
   시는 순환하는 자연의 미덕을 노래하면서, 동시에 인간 역사의 긍정성과 부정성을 함
   께 진술한다. 허위와 폭력은 부정성을 대표하며, 진리와 자비, 지식, 정의는 영원히 전
   복되지 않고 인류를 구원해왔고 또 구원할 진정한 가치이다.
43) 최남선, 「녀름ㅅ구름」, 『소년』 제3년 7권, 1910.7, 2~10면. 소년들의 여름은 "豪壯한
   男兒귀운 發揚"하는 장이자, "남아니간境域도 探險"하며 몸과 마음을 수련하고 지식
   을 넓히는 무대이다(「少年의 녀름」, 『소년』 제3년 6권, 1910.6, 25면). 진취성과 용기를

전유는 물론 그것이 "오래길은 朝鮮少年 精力"과 "만히싸흔 朝鮮男兒 銳氣"처럼 세계를 좌우하는 힘을 가지고 있다고 상상되었기 때문이다. '꽃'과 비교할 때, '여름'에서는 힘의 가치가 훨씬 강조되고 있으나, 현실에 대한 위기의식은 그리 심화되어 있지 않다. '조선 남아'의 꾸준하고도 오랜 수양과 수련을 통해 힘의 우위를 재탈환할 수 있다는 주관적·낭만적 상상력이 압도하고 있기 때문이다.

당시의 매서운 검열 체제를 감안한다 하더라도, 나라와 민족에 대한 구체적인 인식과 기획이 미미한 상황 속에서 주장되는 힘의 열망은 별다른 성과 없는 무모한 열정이 되기 십상이다. 자아의 자존을 확보함으로써 현실의 역경을 낙관적으로 견딜 것을 재차 강조하거나[44] 어떠한 자연 상황에서도 '대조선 정신'을 읽어내려는 의지는, 그런 맹점을 막고, 나아가 민족 구성원들에게 고유한 정체성과 '우리'라는 공동 감각을 부여하기 위한 문학적 책략이라 하겠다.

> 火鏡갓흔 저눈보라 뫼를등진 범이로다,
> 안연듯 배를나려 제갈길가는 저行人아,
> 보리라 大朝鮮精神 이中에도.
>
> 개아미 적다마라 苦생이라 안避터라,
> 바람비의 얼음(威脅)에도 맛흔職分 다코마니,
> 보리라 大朝鮮精神 이中에도.
> ―「大朝鮮精神」(『소년』 제3년 8권, 1910.8) 부분

이 시는 『소년』 제3년 8권(1910.8)에 게재되고 있다. 『소년』이 정기 간행물임을 감안한다면, 이번 호는 사실상의 종간, 아니 폐간호나 다름없

독려하는 시편이지만, 신대한 건설과 문명의 진보를 중심에 놓던 『소년』의 초기에서와는 달리, 개인의 자수자양에 초점이 가 있다.
44) 최남선, 「썩긴솔나무」, 『소년』 제3년 6권, 1910.6, 2~4면.

었다. 앞서 얘기한대로, 조선 복속이 거리의 진실로 빠르게 유포되는 상황에서 일제를 자극할만한 '조선주의' 담론이 이번 호에 다수 게재되었으며, 이로 인해 『소년』은 4개월을 정간 당한다. 같은 해 12월 제3년 9권을 내지만 또 다섯 달을 내지 못한 끝에 1911년 5월 제4년 2권을 내고 『소년』은 영원히 종지부를 찍는다.

이번 호에서 '조선 남아'의 길은, 산문에서 이광수가, 시(歌)에서 최남선이 나누어 제시한다. 이광수의 표현을 빌린다면, '朝鮮ㅅ사람인 靑年이 되난 조건'이 계몽의 핵심이랄 수 있겠다. 이광수는 애국주의와 지식의 함양 및 천재(장기)의 발휘, 생(生)의 보지·발전을 위한 윤리의 설정을 조선 청년의 주요 임무로 내세운다. '신대한 건설'은 이것들과 연계되어 있기는 하지만, 제일의 목표는 아니다. 그보다는 "大皇祖檀君"의 이상과 포부가 담긴 '조선민족'을 현재화하며, 윤리의 표준이자 절대가치로서 '생'을 자아 완성, 즉 '조선 청년됨'의 제일 조건으로 자각하는 일이 먼저이다.

이로써 '신대한'과 '소년'은 미래발(發) 상상의 공동체를 지시하는 대체 표상이기를 거의 그쳤다. "조선민족이란 사자(四字)는 정의를 표상하고, 자유를 표상하고, 강의(剛毅)를 표상하고, 희망을 표상하고, 광명을 표상"한다는 말에서 보듯이, '조선'이 그간 『소년』이 열심히 전파해온 보편적 덕목의 시발체이자 수렴체로 뚜렷이 부각된다. 생을 유지·발전시키는 윤리 감각 역시 전적으로 개인의 완성을 지향한다기보다, '조선민족'의 서사시적 과거를 재현하고 오늘날의 쇠락을 갱신하는 일로 그 무게가 쏠렸을 것이란 짐작은 그래서 가능하다.[45]

최남선의 시(歌)는 이런 경향의 운문적 구체화라고 할 수 있다. 시(歌)는 홍명희가 번역한 「사랑」을 포함해서 총 7편이 게재되는데, 이것들은 애국주의 또는 조선주의에 대한 뚜렷한 지향을 보인다는 공통점을 지

---

45) 이상의 인용과 설명은, 孤舟, 「소년논단」(『소년』 제3년 8권)의 '余의 自刻한 人生', '天才', '朝鮮ㅅ사람인 靑年들에게'를 따른 것이다.

니고 있다. 가령 유일한 산문시 「천주당(天主堂)의 층층대(層層臺)」를 보자. 이 시는 한 시골노인이 종현(鍾峴) 성당을 유람하면서 서구적 근대의 위풍에 제압당하기는커녕 오히려 이물감 때문에 불쾌감을 일으키고, 종국에는 "앗가는 보지 못하던" "長安城內 西편 北편의 光景이 「파노라마」처럼 眼界에 들어"오는 에피파니(epiphany) 체험을 그리고 있다. '천주당'으로 상징되는 서구의 정신문화와 물질문명이 찬탄과 경이는커녕 불쾌감의 진원지가 되고, 그로 인해 전근대와 구질서의 상징 북촌(北村)이 새로운 가치를 얻게 되는 시각의 전도와 역전은 『소년』에서 거의 처음 등장하는 것이다. 중인 계급 출신으로서 조선의 구태와 타락을 앞장서 비판하던 최남선이고 보면, 저와 같은 '북촌'의 느닷없는 발견과 가치 체험은 체제의 시효가 만료된 당대 조선을 향한 것은 분명 아닐 터이다.

실제로 「조상(祖上)을 위(爲)해」(창가), 「대조선 정신(大朝鮮精神)」 「째의 불의지짐」 「더위치기」(이상 국풍)는 조선주의의 진작과 미래의 예비를 소리 높여 설파하고 있다. 조선의 식민지 전락과 그에 따른 신대한 건설의 파국이 서구적 근대의 휘황찬란한 휘장을 걷어내기도 했지만, 근대 문명에 가려 있던 대황조의 이상과 조선민족의 완결성을 재발견, 아니 재구성하게끔 추동했던 것이다.

위에 제시한 「대조선 정신」은 그런 전이된 감각이 자연을 대상으로 수행되는 면모를 집약하여 보여준다. 자연은 보편적 덕목의 담지체이기도 하지만, '대조선 정신'의 편재처이기도 하다. 그런 까닭에 '자연'은 일반적인 심신 수련과 배움의 장을 훌쩍 뛰어넘어 자아와 민족의 정신적 기원으로 가치화된다. 그럼으로써 '자연'은 객관적인 물자체이기를 그치고, 민족의 성스런 시원과 영원성을 이야기하고 그것의 재탈환을 끊임없이 욕망케 하는 민족 신화의 이미지를 덧입게 된다. 물론 객관적 논리의 외피까지는 못 입었지만, 이것은 '자연'이 국가가 소멸되는 상황에서 민족성을 유지하고 활성화하는 데 도움이 되는 상징체계로 적극 고안되고 가치화되기 시작했음을 뜻한다.46) 이후 민족의 역사와 정신이 담긴 땅이란 의미의 '국토' 관념이 탄생되고, 국토 순례와 국토의 심미화가 유행을 뛰어넘어 하나의 의무처럼 행해지게 되는 사태는 자연에 대한 이런 민족적 징발과 전유에서 비롯된 것일 터이다.

그런 의미에서 '대조선 정신'이 휘황하게 굽이치는『소년』제3년 8권은 더 이상 종간호의 성격을 띠지 않는다. 오히려 '대황조세계'를 더욱 신화화하는 동시에 현재화함으로써 민족의 미래를 선취하고 '조선 남아'의 완성을 기도하는 '조선주의'가 본격적으로 가동되기 시작하는 문화민족주의의 창간호에 해당한다.『소년』은 보통 근대문명과 지식 담론의 수신처이자 선전체로서 그 가치를 인정받는다. 하지만 발행인 최남선의 이후 행보와 변모를 염두에 둔다면, 그 특유의 '조선주의'의 시발점이란 점에『소년』의 또 다른 가치가 존재할 것이다.

---

46) 최남선은 1920년대 들어 문학과 역사를 민족의 시원 탐구 및 민족성 유지와 발현을 위한 최고의 자리에 위치시킨다. 그 주요 항목으로 민족사의 기원과 문화 형성 원리를 탐구하는 불함문화론, 단군을 신화에서 역사적 실재로 끌어올리는 단군론, 그리고 대황조의 이상이 펼쳐진 성스러운 강역으로서 국토의 순례와 그것의 심미화, 마지막으로 '조선정신'을 배경으로 '조선적인 것'을 형상화하는 장르로서 시조부활운동을 들 수 있다. 특히 이때 시조는 조선시대의 그것이 아니라, "조선국토, 조선인, 조선심, 조선음률을 통하야 표현한 필연적 일 양식"(최남선, 「朝鮮國民文學으로의 時調」, 『조선문단』, 1926.5, 4면)이란 말에서 보듯이, 조선민족 고유의 국민문학으로 가치화된 양식이다. 이를 위해 최남선은 시조의 연원을 고조선의 '노래가락'에서 찾는다. 시조의 출현과 향유의 고대로의 소급은 그것을 원래부터 존재하던 국민문학으로 자연화하며, 고유한 민족성을 발현하는 유일한 조선문학으로 전통화한다(국민문학으로서 시조의 보편성과 특수성에 대한 자세한 논의로는 차승기, 「근대문학에서의 전통 형식 재생의 문제」, 『상허학보』 17집(상허학회 편), 2006 참조).『소년』이 재발견·재구성하기 시작한 대황조의 세계(고조선)는 이렇게 하여 민족사 및 문화의 유일한 기원으로 매끄럽게 완성된다.

3. 민족의 보편성에 과잉 투자된 『소년』발 덕목들의 운명

『소년』지 시(가)의 계몽성은 '신대한 건설'에서 점차 '대조선 정신'의 발현과 함양으로 나아갔다. 이것은 최초에 추구되던 국가와 민족의 일치가 불가능해지는 현실에 대한 맞대응, 다시 말해 국가가 부재한 상황에서 민족성을 유지하기 위해 취해진 문학적 전략이랄 수 있다. 이 과정에서 국가와 민족의 주체로 기대된 '소년'과 '조선 남아'에게는 '정의의 수호자'이자 '지선의 노력자'로 성장하기 위한 보편적 덕목들이 끊임없이 요구되었다.

'신대한 건설'이 주창되던 초기 시(가)에서는 정의의 수호와 관련된 덕목들이 많이 등장하는데, 대개는 근대적 가치와 윤리들이 강조되었다. 한편으로는 근대문명에의 진취적 도전을 위한 모험심과 용기를, 다른 한편으로는 근대국가의 국민으로서 필요한 자유와 평등, 인류애, 정의감, 지식 함양, 공명심 등을 고취하였다. 그러나 근대국가와 관련된 이런 덕목들은 점차 식민지의 나락으로 빠져들던 조선에서 실현되기 어려웠다. 그래서인지 그것은 미국 등과 같은 선진 제국에 대한 담론 속에서 주로 채취되었고, 종국에는 그들을 모범 삼아 국가의 팽창을 욕망하는 허위의식의 지지대가 되는 아이러니가 연출되기도 한다.

'소년'의 당위적 목표로서 '지선의 노력자'는, '신대한 건설'과 연계되어 있기는 했지만, 근본적으로는 개인의 자수자양을 통한 전인적 인격체로의 성숙을 지향했다. 이를 위해 '노동역작'과 '무실역행'이 무엇보다 강조되었고, 순결·광명·화락·진실 등의 열 가지 덕목이 국민의 사유와 행위의 표준으로 제시되었다. 이것들은 당시 세계를 지배하던 우승열패의 논리를 무력화하는 원리, 즉 인간이라면 누구나 갖추어야할 보편적 덕목으로 제기되었으며, 그럼으로써 물질문명을 초극하는 정신문화로 일거에 가치화된다. 그런데 더욱 중요한 것은 그것이 『소년』

의 목표를 근대문명에 긴박된 '국가만들기'보다 시공을 초월한 절대체계로 상상되는 '민족지키기'로 전환해가는 윤리적·심리적 토대가 되어갔다는 사실이다.

이런 전환은 이른바 보편적 덕목의 민족화에 의해 수행되는데, 대표적인 사례로 '십덕'을 대황조의 이상에 결부시키고 그것의 현재화에 필요한 전통사상으로 전유하는 태도를 들 수 있다. 결국 『소년』에서 민족의 시원이자 영광으로서 대황조세계의 보편화와 신성화는 보편적 덕목을 자연의 미덕으로 투사하는 자연과의 동일화 전략을 통해 수행되고 완성된다. 이때 이제 '신대한 소년'에서 '조선 남아'로 그 호명이 변경된 청년들에게 가장 요구되는 일은 심상한 자연에서 '대조선 정신'을 읽고 배우라는 것이다. 『소년』은 그럼으로써 조선의 미래는 근대문명의 모방보다는 대황조세계라는 '오래된 미래'의 상상과 현실화에 달려 있음을 널리 표명했던 것이다.

이를 통해 본다면, 『소년』지 시(가)의 근대성은 단순히 자유시와 계몽성의 성취와 한계 차원에서만 논해질 성질의 것이 아님이 분명해진다. 우리는 『소년』지에서 시(가)만으로도 근대문명과 근대국가의 타자가 되어가는 시점에서 민족성 유지와 발현의 전략으로서 '조선주의'를 어떻게 호명하고 내면화해갔는가를 큰 어려움 없이 읽어낸다. 말하자면 『소년』의 시(가)는, 불가능한 근대국가를 초극하는 '민족'이 어떻게 발견되고 재구성되는가, 그리고 '우리'라는 공동감각과 동일성을 보장하는 민족성의 불어넣음이 어떻게 가능한가를 자명한 세계의 전유를 통해 모범적으로 제시했던 것이다.

'대황조의 이상'과 '대조선 정신'의 내면화를 통해 건축되는 '조선주의'는 그러나 문명과 문화의 가치 역전을 통해 자민족의 우월성과 영원함을 조형하는 문화 민족주의의 전형에 해당한다. 이때의 문제는 민족의 신성화와 이상화에 있지 않다. 이것은 민족 공동체를 유지하고 앙양하기 위한 심리적 기저물이라 할 수 있다. 오히려 그보다는 민족주의를 유일성의 체계로 절대화하고, 그것을 보편타당한 것으로 만들어가는 가운데 발생하는 허위적 가상과 의식이 무섭다.

이를테면 최남선의 '조선주의'는 대황조 시대를 신화에서 역사적 실재로 끌어올리기 위해 단군론과 불함문화론에 의거해 기원의 서사를 획정하는 한편, 그것에 세계적 보편성을 부여하는 데 전력을 기울였다.[47] 그는 이 작업이 국권을 빼앗긴 민족에게 새로운 정체성을 부여함과 동시에, 조선민족의 당위적 존재감을 세계에 알리는 것이 되기를 소망했을 터이다. 그러나 신화와 역사를 낭만적으로 역전시키며 모든 대상을 민족화하고 그럼으로써 민족을 보편화하는 동일성의 논리는 대황조의 세계와 이상을 조선의 것에서 조선의 것을 넘어서는 것으로 일반화하는 이상한 사태를 불러온다. 이 속에서 현실역사와 세계 속에 내재한 모든 차이나 불연속성은 그것의 고유한 의미를 거세당한 채, 민족을 구성하고 가치화하는 하위범주로 재편된다. 우리는 『소년』지 시(가)가 추구한 덕목과 그것의 지향성 변화에서 벌써 그것을 체험했던 것이다.

---

47) 이에 대한 자세한 논의는 최남선의 『백두산근참기』를 중심으로 그의 '조선주의'가 지닌 이데올로기성과 비논리성을 비판적으로 검토한 서영채의 「기원의 신화를 향해 가는 길」(서울시립대 인문과학연구소 편, 『한국 근대문학과 민족−국가 담론』, 소명출판, 2005)을 참조할 것.

1900년대 지식인의 현실인식과 글쓰기 방식의 상관성 연구

1900년대 잡지 소재 단편 서사를 중심으로

이유미

1. 1900년대 지식인의 시대의식과 모색

1900년대 한국 지식인들은 일본의 침략으로부터 국가와 민족을 수호하고 근대적인 국가를 수립해야 하는 역사적인 과제를 부여받았다. 그들은 당시의 세계 질서, 즉 제국주의의 대두와 그에 따른 약소민족의 위기 상황을 올바로 인식해야 했다. 1905년, 일본은 러일전쟁의 승세를 몰아 영국·미국 등의 양해 아래 한국을 보호국으로 만들었다. 대한제국이 일본의 '보호국' 처지로 전락한 현실 앞에서 지식인들은 어떻게 하면 국권을 회복할 수 있을 것인가 하는 고뇌에 싸이지 않을 수 없었다.

한국 지식인들의 실천 방향은 두 가지로 나뉘어 나타났다. 그 하나는 보호국으로의 전락을 현실로 받아들이고, 그러한 현실이 초래된 근본적인 이유가 대한제국의 무력함에서 비롯된 것이므로 먼저 실력을 길러

장차 국권을 회복해야 한다는 주장이었다. 반면에 다른 하나는 대한제국의 보호국화라는 현실 자체를 받아들일 수 없다는 입장에서 일본에 대해 즉각적인 무력 항쟁을 전개하여 침략 세력을 물리쳐야 한다는 주장이었다. 전자의 자강운동 계열은 이전의 독립협회 혹은 『황성신문』 등을 통해 지속적으로 국민 계몽에 앞장서왔던 인물들과 국내외에서 신교육을 받은 이들로 구성된다. 이들은 당시의 국제사회를 사회진화론에 입각해서 약육강식·생존경쟁의 법칙이 지배하는 사회로 파악하고, 한국이 보호국으로 전락한 것은 그러한 국제사회에서 실력을 갖추지 못했기 때문이라고 생각했다. 이로써 국권 회복을 위한 방안으로 각종 정치 단체, 학회 등을 결성하고 신문과 잡지를 발간했으며 연설회를 통해 '교육주의'를 설파했다.

본 논문은 이 같은 자강운동의 일환으로 발행된 1900년대 학회 잡지를 중심으로 지식인들의 현실인식 태도와 글쓰기의 상관관계를 규명해보고자 한다. 그간 1900년대 소설 연구는 1910년대 신지식층소설의 전사로서 일본 유학생 잡지에 발표된 단편 서사를 대상으로 한 경우가 지배적이었다. 일본에서 서구 문예 사조를 접한 유학생 지식인들의 소설들이 근대적 소설 개념에 얼마나 가까이 근접했는가 하는 점이 기존 연구의 초점이었다. 그 과정에서 1900년대 단편 서사가 당시 국문으로 쓰였던 신소설과 같은 범주에서 논의되거나 전대 소설에 비해 진일보한 점이 무엇인가를 집중적으로 밝혀왔다. 그러나 이 글에서는 소설사의 연구 핵심이 서사문학의 진화 경로 과정만을 추적하는 데에 있지 않다는 문제의식을 갖고 연구 대상에 접근하려 한다.

이러한 시도의 첫 단계로 글쓰기의 생산 주체였던 1900년대 지식인의 현실인식과 글쓰기 방식의 상관관계를 규명해보고자 한다. 따라서 연구 텍스트는 지식인 계층의 당대 현실에 대한 시각과 전망을 엿볼 수 있는 1900년대 국내와 일본의 자강운동 단체의 학회 잡지를 대상으로 한다.1) 신문의 독자층이 일반 대중이라면 근대 초기의 잡지들은 대중보다는 동일한 이데올로기를 공유하는 지식인 집단 내부에서 근대 지식을 소통하는 성격을 갖는다.

1900년대 잡지에 게재된 단편 서사들의 유형은 같은 시기, 다른 공간에서 나름의 독자성을 지니고 당대 현실의 모순과 만난다. 각각의 글쓰기 방식은 지식인 작가가 현실을 인식하고 방향을 모색하는 과정에서 표출된 산물일 뿐, 서로의 비교 우위를 가늠하는 것이 불가능하다.

2. 국권 회복 열망과 우연적 글쓰기

러일전쟁을 승리로 이끈 일본의 행보와 민영환의 자결이라는 강렬한 상징으로 대표되는 을사조약 등의 국가적 위기의식이 팽배한 1905년 이후, '국권 회복'은 선명한 목적으로 부상했다. '우부우부와 ᄋ동주졸, 인민, 무식한 로동쟈들, 심샹한 부인녀ᄌ와 시졍무식비'까지도 계몽하기 위해 주력했던 지식인들은 '자강'치 못해서 국권을 상실했다는 자가반성적인 입장에서 출발해 본격적으로 지식인 주축의 각종 학회를 설립하기 시작한다. 그리고 이때 근대 잡지의 초기 형태로서의 각종 잡지, 학회지가 활발하게 발행된다. 1906년 6월, 최초의 종합 잡지라 할 수 있는 『조양보』2)를 필두로 해서 같은 해 7월과 12월에는 『대한자강회월보

---

1) 본 논문의 연구 대상은 1900년대 학회운동의 일환으로 발간된 잡지에 한정하기로 한다. 1898년에 창간된 『황성신문』도 지식인 독자층을 위한 신문이었지만, 근대 초기 잡지의 서사 연구가 아직까지 미비하다는 판단 때문이다. 대신 본 논문에서 『황성신문』과 관련 있는 부분은 간략히 언급될 것이며, 더 깊이 있는 논의는 이후 논문에서 진행시키고자 한다.
2) 잡지 『조양보』에 대한 연구는 이유미, 「1900년대 근대적 잡지의 출현과 문명담론」, 『현대소설연구』 26호, 2005 참조.

』와『서우』와 같은 단체 기관지가 속속 발간된다.[3]

1906년은 각종 언론 매체에 소설란이 고정적으로 배치되어 자리를 잡아가던 때였다. 논설이나 잡보란에 실리던 이야기문학 자료들이 새롭게 자리 잡은 소설란에 게재되고, 그와 함께 논설에서는 서사적 요소가 사라진다. 일반 대중을 독자로 한『대한매일신보』국문판과『제국신문』등의 신문 소설란은 독자 확보라는 중요한 역할을 맡게 되었다. 한편, 잡지의 경우에도, "小說갓튼 것도 滋味잇게 지여셔 寄送하시면 記載"[4]하겠다는 광고를 통해 '소설'을 '재미'와 연결지은 흔적을 엿볼 수 있다. 그러나 실제 그 게재 여부는 국가의 위기 앞에서 독자를 각성시킬 수 있는가에 달려 있었다. 따라서 1900년대 잡지 편집진에게 '재미'의 요소란 독자가 편집자의 직설적인 논조를 어떻게 이야기처럼 읽게 할 수 있는가 하는 점이었다. 특히 각종 자강운동 단체들인 대한자강회・서북학회・태극학회・대한유학생회・기호학회 등이 주요 회원의 기반과 활동 공간에 따라 조금씩 차이를 보였다 해도 공통적으로 주창하는 이념은 '교육주의'였다. 이들 단체에서 발간하던 잡지에서 "小說은 智識增進ᄒᄂ는 好材料"[5]로서의 의미를 가졌다. 1900년대에 '소설'이라는 표제를 달고 행해진 글쓰기는 오늘날 소설로 지칭되는 글쓰기보다 그 폭이 훨씬 넓었다. 그리고 앞서 언급한 '재미'의 요소에 따라 일명 '소설'로 포섭되는 단편 서사는 각 잡지에서 잡조(雜俎)・담총(談叢)・가담(街談)・항설(巷說)・문예와 같이 직설적인 논설과 배치되는 다양한 이름의 난(欄)

---

3) 자강 단체 학회지의 발간 연도와 단체 기반은 다음과 같다. 1906년 7월 :『대한자강회월보』(대한자강회−전국); 1906년 8월 :『태극학보』(태극학회−일본 유학생); 1906년 12월 :『서우』(서우학회−평안도・황해도); 1907년 3월 :『대한유학생학보』(대한유학생학회−일본 유학생); 1908년 2월 :『대한학회월보』(대한학회−일본 유학생); 1908년 4월 :『대한협회회보』(대한협회−전국); 1908년 6월 :『서북학회월보』(서북학회−평안도・황해도); 1908년 6월 :『호남학보』(호남학회−전라도); 1908년 8월 :『기호흥학회보』(기호흥학회−경기도・충청도); 1909년 3월 :『대한흥학보』(대한흥학회−일본유학생)

4) 注意,『조양보』 2~11, 1906.7~1906.12.25.

5)『대한자강회월보』특별광고.

에서 접할 수 있다.

『대한자강회월보』·『서우』·『태극학보』·『대한학회월보』등 일련의 자강운동 단체 발간 잡지들은 국민 계몽을 그 목적으로 삼았지만, 주 독자층은 유학이나 한문에 익숙한 지식인 계층과 중등학교 이상의 교육을 받고 있는 학생들이었다.6) 따라서 이런 잡지들에는 기존의 문학 관습에 익숙한 집필자와 독자층의 성향에 따라 우언의 방식이 사용된 단편 서사물이 많이 등장한다. 물론 근대 초기의 서사물에서 보이는 우언의 방식은 명확한 목적의식으로 인해 이전 시기 우언보다 직설적인 면이 강하지만, 여전히 글쓴이의 이념적 환상을 펼쳐내는 몽유나 동물 등의 보조 장치를 통해 현실을 드러낸다.

1907년 7월 한국 정부는 광무신문지법을 제정하고 이어서 1908년 4월 신문지 규칙을 반포했다. 그리고 1908년 8월 학회령을 공포하여 "학회는 政事에 關涉함을 得치 못함"7)이라고 못박아 학회의 정치문제 개입을 차단했다. 이러한 언론 출판 활동의 억제는 일본법의 통제 아래 있는 유학생 단체의 학회지에는 더욱 강하게 적용되었다. 1908년에 일본에서 발간된『대한학회월보』는 월보 발행의 편집 원칙과 범위를 규정하고 있는데 그 중 주목되는 항은 다음과 같다.

本報는 發行地 國法 勢力下에 在한 故로 間接 譬辭로나 혹 小說的으로 記

---

6) 다음의 인용을 통해 당시 중등학교 이상에 재학 중인 학생층의 한문 실력을 짐작할 수 있고, 각 잡지가 한문체보다 좀 더 대중적인 국한문체를 지향하고 있었음을 알 수 있다. "高等科에는 國漢文 算術 日語稍解者로 檢定許入호되 年齡 十五歲 以上으로 二十歲된 者까지 許入홈"(「사립학교규칙」,『기호흥학회월보』7호, 1909.2), "本報는 普及多衆하기 위하야 我教育界 先進의 主唱하는 論을 倣하야 漢文體를 捨하고 漢字만을 取하되 아모쪼록 難字 僻句를 鏟去하고 國漢文近易字義로 全般을 體裁함"(「報說」,『대한학회월보』6호, 1908.7). 또한 당시 잡지가 설정한 독자 범위는 다음의 인용으로 짐작할 수 있다. "本報는 帝國中同胞 在內外호 有志士와 各 團體와 各 學校와 義捐金 三元以上 贊成員과 本會 會員의게는 無代金 進呈홈."(『대한학회월보』특별광고) (강조는 인용자)
7)『舊韓國官報』19, 940~941면.

載하기 외에는 直接으로 政治 또는 國際上 時事를 公揭하기란 到底히 不能에 屬함.[8] (강조는 인용자)

이같이 정치 문제를 직접적으로 언급하는 것이 불가능하고 간접 비유를 들거나 '소설적'으로 글을 써서 발표해야 했던 당시 지식인들에게 우언은 효과적인 글쓰기 전략이었다. 우언은 화자가 개인의 이야기보다 다른 사람, 다른 것을 끌어들여 자신의 이상을 설득시키는 수단으로 사용되었고, 전통적으로 동아시아의 한문 문명권에서 유력한 글쓰기 수사 방식이었다.[9] 우언은 변란과 동요가 극심한 난세인 춘추전국시대에 권세가의 비위를 거슬리는 정언(正言)의 위험에서 이탈하려는 사회적 심리와, 불신시대의 청자·독자의 심리를 이용한 시대적 산물이었다. 우언의 성격은 고사(故事)의 체제를 써서 도덕적인 교훈이나 풍자, 이치를 암시하는 비유를 내포한다. 이러한 표현법은 직설적인 글보다 훨씬 감흥을 일으킬 뿐 아니라 우의하여 상대방이 깨닫도록 다른 이야기를 지어내어 직언처럼 화를 자초하는 강변이 아니었다. 따라서 우언은 난세의 글쓰기로 많이 쓰였다.[10] 당대 한국 상황을 춘추전국시대와 같은 양상으로 이해하고 있었던[11] 근대 초기 유교 지식인들에게 우언적 글쓰기는 현실 모순을 비판하고 개조하려는 실천 의지의 산물이었다.

1900년대 집필진과 독자에게는 당시의 암울한 시기를 돌파할 출구가

---

8) 「報說」, 『대한학회월보』 6호, 1908.7.

9) 윤주필, 「우언 글쓰기의 원리와 적용 자료의 범위 연구」, 『한국 한문학연구』 28집, 2001, 8면.

10) 안병설, 「우언의 문학적 수용에 대하여」, 『논문집』 12, 국민대, 1978, 102~104면 참조.

11) 박규수는 김윤식 등 자기 제자들에게 다음과 같이 탄식하며 말했다고 한다. "오늘의 세계정세가 날로 변하여 동서 열강들이 서로 맞서니 지난날의 춘추열국의 때와 같이 서로 회맹(會盟) 정벌하여 장차 크게 어지럽게 될 것이다. 우리나라가 비록 작으나 동양의 중심에 자리 잡고 있어 내치외교가 제대로 이루어진다면 나라를 보존할 수 있으나 그렇지 못한다면 나라를 보존키 어려울 것은 하늘의 이치이니 누구를 원망하랴." 박찬승, 「근대적 지식인의 출현과 민족사적 과제」, 『역사비평』, 1992년 가을, 251면 재인용. (강조는 인용자)

필요했다. 모순된 현실 속에서 안주하지 못하는 인간은 새로운 세계의 체험을 기원한다. 그리고 그때의 필자들은 작중 인물들의 몽중 체험을 통해 현실에서 할 수 없었던 것을 맘껏 향유하고자 했다. 이러한 몽중 체험은 때로 몽유담 전체의 구조 속에서 그 자체가 목적이기보다는 오히려 새롭게 각성된 의식에 도달하기 위한 하나의 과정과 단계로서 기능화 된다.12) 전대의 몽유록 작가들과 마찬가지로 근대계몽기 지식인들 또한 현실의 암담함을 꿈이라는 화소를 중심으로 이 상황이 꿈만 같기를, 아니면 꿈에서와 같이 변하기를 기원한다. 1900년대 잡지에서 보이는 몽유우언13)에서는 몽유자가 몽중 인물을 만나 당면한 역사적 현실을 두고 벌이는 토론이 중요하게 다루어진다. 몽중 인물은 주로 신선이나 '을지문덕' 같은 신령하거나 공을 세운 인물이 대부분이다.

『서북학회월보』 16호의 「몽배을지장군기」(1908.3)에서 꿈속의 을지문덕은 '금일 대한민족에게 필요한 것은 교육이며 한 마음으로 단체를 양성하면 청년자제 중에 무수한 을지문덕이 나와 국권을 회복하리라' 하며 '국성국혈지강무적(國性國血至强無敵)'이라 적힌 종이를 준다. 또한 『태극학보』 21호에 실린 포우생(抱宇生)의 「장원방령」(1908.5)에서 몽유자가 꿈속에서 만난 신령스런 노인은 한국의 위란을 구제할 방책으로 '전국교육기관을 통일할 것, 교육자의 자질, 외국에서 공부하는 유지인사와의 연계' 등을 제시한다. 작가는 몽중 체험을 통해 현실의 위기를 생성시킨 요인들을 비판하고, 위기 극복의 방책을 제시함으로써 현실 모순을 타파하려고 했다.

---

12) 정학성, 「몽유담의 우의적 전통과 개화기 몽유록」, 『관악어문연구』 3집, 1978, 433~434면 참조.

13) 몽유록을 우언으로 볼 것인가에 대해서는 몽유우언의 전통이 몽유기를 거쳐 몽유록으로 이루어진다고 보았던 윤주필의 견해를 따르기로 한다. 또한 원호의 『관란유고』를 보면, 「원생몽유록」을 이야기하면서 우언이라 말하고 있으며, 남효온의 『추강집』에서도 우언이라 말하고 있어서 전대부터 몽유록을 우언으로 인식하고 있었던 것 같다. 조상우, 「애국계몽기의 우언에 표출된 계몽의식」, 『동양학』 34집, 2003, 61~62면 참조.

한편, 동물우언은 1900년대 잡지 문예면에 실린 단편 서사 중에서도 많은 비중을 차지한다. 특히 양계초의 「동물담」은 1900년대에 발행된 잡지에서 동물우언이 유행하는 데 지대한 영향을 미쳤다. 1896년 중국 신문 『시무보』에 발표되었던 이 글은 양계초가 네 사람의 경험담을 듣고 기록하는 방식으로 진행된다. 갑은 일본 북해도에서 덩치는 크지만 지각이 없어 자기 살점 떨어지는 줄 모르는 고래를 보았고, 을은 이태리에서 막힌 호수 안에서 살던 눈 먼 고기가 그 경계가 열리면서 들어온 정상적인 고기들과의 생존 경쟁에 져서 멸종 위기인 것을 보았고, 병은 프랑스 파리에서 곧 죽는다는 것도 모른 채 전기 기계로 줄지어 들어가는 양을 보았고, 정은 영국 런던 박물원에서 작동 기계가 낡아 잠만 자고 있는 무서운 사자 모형을 보았다. 이야기를 모두 들은 작자는 중국의 현실을 보는 듯하다며 개탄한다. 이야기에서 묘사된 각각의 동물은, 서구 열강이 그 세력을 떨치는 세계정세를 파악하지 못한 채 둔감하게 대응하는 중국 정부와 국민을 풍자한 것이었다. 『황성신문』 1900년 6월 16일자 논설란에서는 이 글의 일부인 눈 먼 고기 이야기[14]를 볼 수 있고, 1906년 10월에는 글 전문이 국한문으로 번역되어 『조양보』 소설란에 실린다. 그 이후 「동물담」은 『제국신문』[15]·『서우』[16]·『대한협회회보』[17] 등 각종 매체에서 '소설'이라는 표제 아래 지속적으로 소개된다. 그만큼 이 글은 당대 지식인에게 친숙하면서도 강렬한 인상을 주고 창작 전범으로서의 영향력을 가졌던 것으로 보인다.

『서북학회월보』 9호의 「봉국(蜂國)의 문명관」(1909.2)은 한 탐험객이 각종 동물 나라를 시찰하고 품평한 이야기를 기록한 글이다. 이 글은 동서양 각국의 문명을 직접 거론하지 않고 동물의 생태를 현실세계에 끌

---

14) 논설 「유안자□□맹어」, 『황성신문』, 1900.6.16.
15) 「잡보」, 『제국신문』, 1907.11.20~21.
16) 「문원」, 『서우』 3호, 1907.2.
17) 「소설」, 『대한협회회보』 1호, 1908.4.

어들여 논리를 전개시키고 있다. 수족(獸族)의 왕은 호랑이인데, 무력은 최강이나 약한 동물에게 해를 입히니 국운이 오래 가지 못할 것이고, 어족(魚族)의 왕은 용인데, 법률과 인의가 없는 야만국이며, 금족(禽族)의 왕은 기러기인데 그 생태가 유목시대의 부락 제도를 면하지 못했다. 그런데 충족(虫族)의 왕은 벌로서, 군신 간에 질서가 있고 상벌에 믿음이 있으며, 단합성과 근면성은 인간사회도 미치지 못할 정도니 문명한 나라라는 것이다. 미미한 곤충에 불과한 벌도 단합성과 근면성이 뛰어난데, 이는 다름 아닌 맹렬한 성질이 있기 때문이다. 작자는 문명이란 바로 단합성과 근면성을 바탕으로 이룩되는 것이며, 맹렬한 성질, 즉 진취적인 정신이 그 성패를 좌우한다고 본다. 이는 암울한 시대적 상황에 움츠려 들고 소극적인 국민들에게 적극적인 정신을 통해 혼란한 시국을 극복해야 함을 호소한 것이다.

『대한자강회월보』 13호에 실린 장지연의 「부산구(釜山狗)」(1907.7)도 이와 비슷한 맥락에서 국민의 단합을 강조하고 있는 작품이다. 필자는 부산에 갔다가 어떤 가게의 사나운 개를 둘러싼 사건을 접한다. 그 개는 너무 사나워 사람이건 같은 개이건 근접을 못할 정도인데 어느 날 '이복(異服)을 한 사람이 나막신을 신고' 개를 끌고 가게 앞을 지나다가 개끼리 싸움이 붙는다. 자기 개를 보호하려고 '이복인(異服人)'이 몽둥이로 가게 개를 무참하게 때리는데 가게 주인을 비롯한 주변 사람들은 겁을 내며 지켜보기만 한다. 그때 평소에 가게 개에게 늘 당하기만 하던 동네의 다른 개가 합세하여 상대 개를 물어뜯어 죽인다. 그 광경을 본 사람들은 저 어리석은 동물도 개인적인 서운함을 잊고 동족의 위기에 목숨을 걸고 싸우는데, 우리는 동포·동족이 도탄에 빠져도 뒷걸음질 치고 물러서기만 하니 창피하다며 통곡한다. 여기서 나막신을 신은 이복인(異服人)은 일본인이고 싸움이 붙은 개들은 일본과 한국의 정세이며, 지켜보던 주변인들은 위기 앞에서 쭈뼛거리는 한국인들의 모습이다. 장지연은 현실의 위기 상황을 개들의 싸움에 빗댄 이 글에서 국권 회복을 위해서 계층 간, 세대 간의 통합이 무엇보다 절실함을 역설하고 있다.

1900년대 잡지에 게재된 몽유와 동물우언의 단편 서사물은 표기상으로 대부분 한주국종(漢主國從)의 국한문체이다. 당시의 국한문체는 한문에 익숙한 지식인들이 일반 대중과 소통하기 위해 '한문체를 버리고, 한자만을 취함'으로써 『황성신문』과 학회지를 비롯한 각종 잡지에서 가장 성행하던 문체였다. 그러나 "국한문을 作흠에도 한문作法에 의하는"18) 것이 현실이었다. 몽유와 동물우언은 이러한 기존의 문(文) 관념에 익숙했던 잡지 편집진과 주요 독자층의 성향에 가장 부합하면서도 국권 회복의 열망과 위기 극복의 의지를 표출할 수 있었던 글쓰기 방식이었다.

3. 민중 담화의 포착과 세인형 문답체

1900년대 잡지에 실린 단편 서사물의 유형 중 자주 등장하는 또 하나의 글쓰기 방식이 대화·문답체이다. 이 유형은 '기자(記者)의 목소리'인가 '세인(世人)의 목소리'인가에 따라서 크게 두 가지로 나뉜다. 전자의 경우는 논자가 허구적인 인물을 내세워 현실 문제의 비판과 아울러 경세적인 정론을 피력하는 글이다. 이는 단체의 유지와 확장을 위해 불가결한 요소였던, 연설이나 토론과 같은 말하기 방식이 녹아든 수사 방식으로, 당대의 공통 관심사인 교육의 필요성을 역설하는 내용이 다수를 이룬다. 그런데 본 논문에서 좀 더 문제적으로 바라보는 것은 후자의 경우이다.

---

18) 최재학, 『실지응용작문법』, 휘문관, 1909, 1~2면 참조.

‘세인(世人)’의 목소리를 통해 현실 문제를 들려주는 가담(街談)·항설(巷說) 형식은 맞닥뜨린 현실 문제를 생활인의 눈으로 보고 그 느낌을 피력하므로 세상 사람들의 투박하면서도 생동감이 넘치는 어휘들이 자유자재로 구사된다. 가담과 항설은 ‘기자(記者)’가 술집에 가거나 길을 걷다가 그곳에서 수작(酬酌)하는 사람들의 대화를 듣게 되고, 그 대화를 들은 기자의 평으로 마무리를 하는 서술 구조를 이룬다. 이 같은 글쓰기는 이미 1900년대 초반부터 『황성신문』 논설란에서 접할 수 있다. 1901년 4월 18일자 『황성신문』 논설은 “내가 남교(南郊)를 걷다가 쉬려고 들른 야점(野店)에서 우연히 본 일이 가히 참조할 만하니 돌아와 기(記)하노라”[19]라는 서두로 시작하여 수삼 인이 술집에서 수작하는 내용을 그대로 기록한 글이다. 이 글에서는 세인들이 개화에 대한 소박한 자신의 견해를 말하면서 개화의 문제점을 그들의 생활 속에서 날카롭게 포착하여 비판하고 있다. 그런데 그들의 대화를 기재한 부분은 국한문 신문인 『황성신문』의 다른 논설들에 비해 순국문의 표현이 자주 쓰인다.

  “開明인지 大明인지 近十年을 目睹ᄒ되 한 일 ᄒ 거 무어신가 시벽달 보자고 初昏부터 기다림일세 孟浪ᄒ 일이 아닌가.”
  “西洋國法을 밤낫 模倣ᄒ다 ᄒ니 황시거름을 따르면 뱁시 다리가 찌어지ᄂ니 億年을 追逐ᄒ여도 어지간히야 무어슬 허지 한츰 쉬어라.”
  “大國所聞 들엇나 西洋國人이 開戶에 萬國公法을 前陪로 ᄂ셰더니 一朝에 암치쎡다귀 불기미 덤뷔듯 ᄒ다 ᄒ니 **可謂信斧斫足** 아닌가.”
  “그 말죠의 世上事가 제 쌤 제 치느니 昏迷ᄒ 잠꼬티와 搖亂ᄒ 꿈자리를 제먼저 覺得ᄒ얏스면 어늬 張飛 아들놈이 北京城中에 依幕帖을 부치리오”[20]
  (강조는 인용자)

<hr/>

19) 원문은 다음과 같다. “余 ㅣ 適出於南郊ᄒ야 歇脚于野店이러니 偶有所見이 可助一粲故로 歸而記之ᄒ노라”
20) 「논설」, 『황성신문』, 1901.4.18.

논자가 거닐었던 남교(南郊)는 남대문 밖을 가리킨다. 당시 성문 밖은 조선시대부터 상인과 천민 등 사회의 밑바닥에서 호구를 이어가던 하층민의 집단 거주지였다.[21] 그곳에 있는 술집에 들어간 논자가 듣게 된 세상 사람들의 걸쭉한 입담은 당대 정세를 곱씹어보게 하는 내용들이었다. 한문을 쓰는 지식인 필자는 자신과 관련된 부분은 국한문체를 쓰지만, 그들의 입담이 담긴 표현은 국문으로 쓸 수밖에 없었다. 위 인용문 가운데 밑줄 친 부분은 '한마디로 믿는 도끼에 발등 찍힌 꼴 아닌가'의 한문 표현이다. 원래 술자리에 있던 사람이 '신부작족(信斧斫足)'이라고 하지는 않았을 것이다. 이는 필자 입장에서 세인들의 대화를 한문으로 옮겨 적고자 했던 흔적이라고 할 수 있다.

세인들의 입담을 빌려 현실 모순을 고발하는 논자는 글의 서술 구조 안에서 적당한 거리를 두고 방관자적 입장을 견지한다. 논자는 절대로 그들의 대화에 관여하거나 대화 도중, 평가를 내리지 않는다. 대화를 귀 기울여 들을 뿐이며, 판단은 마지막으로 유보한다. 세인들의 대화 공간에 틈입하지 않으면서 그들의 대화 내용은 논자와는 무관한 한 편의 이야기를 구성하며, 그들의 입담은 그대로 글의 문체가 되는 것이다.

국한문을 중심 표기 문체로 사용했던 1900년대 잡지에서도 '가담항설'은 역시 국문으로 쓰였다. 『서북학회월보』 19호의 「뒤장이 수작」(1910.1)은 매음을 주선하는 뚜쟁이들이 주고받는 말이 중심 내용을 이루는 글이다. 필자는 잠이 오지 않아 뒤척이다가 새벽녘 장국집을 찾아간다. 거기에서 막걸리를 마시며 뚜쟁이 박가가 동료에게 들려주는 이야기를 듣게 된다.

"요시 長安안 사룸들이야 너남업시 **동굴암이가 밧작 말나서 밋처 조석도 난게** 홀 **지경인데** 미음녀의 싱각날 결을 잇나 요시 시골서 시로온 작자들이 집에서 볏셤이나 팔아가지고 온 작자덜 더러 잇데 이 작자들이 샹게 어리셕어셔 長

21) 서울시사편찬위원회, 『서울육백년사』 민속편, 1990.

安안 갈보 벗삭 말나죽기 된 줄 알고 솔기 어물전 엿보듯 ᄒᆞᄂᆞᆫ 자들 만테."22)
(강조는 인용자)

1900년대 말, 콜레라 창궐로 서울의 민심이 어지러운 가운데, 일본 측은 구 은화와 백동화(白銅貨)를 폐지하고 신화(新貨) 제조를 위해 구화(舊貨)를 거둬들이고 있었다.23) 서울의 경제 사정이 급격히 어려워지자 뚜쟁이인 박가에게 새로운 물주는 '상게('아직'의 평안도 방언) 어리석은' 시골 사람이다. 그는 그나마 돈을 적게 들이려고 박가에게 비밀 매음녀를 소개받았는데, 그 여자에게 혹해서 오히려 가산을 탕진하고 있다는 것이다. 매음을 하는 여자와 그 여자 집안에 대한 표현은 다음과 같다.

"그 년이 본 남편 ᄉᆡᆼ이별ᄒᆞᆫ 후에도 발셔 몃놈을 ᄲᅡ라 먹어 물인 놈은 가죽도 ᄒᆞ아 안남앗다네 ᄒᆞ놈(시골사람ㅡ인용자 주)이 아모 버어리도 업시 공식구(여자식구ㅡ인용자 주) 팔구명을 멱여 살니랴나 셕숭의 맛아들이면 견듸깃나 ᄯᅩ 그 식구가 먹기 ᄲᅮᆫ인가 어미년은 뒤에 안자 축여서 의복차니 용차니 밤낫 청구ᄒᆞ네 거 견될 수 잇나 그 놈 ᄶᅦᄶᅡ저 위션 죽을 걸."24)

걸쭉한 입담으로 매음과 관련된 사회 세태를 신랄하게 꼬집고 있는 박가의 말을 듣고 난 필자는 비통한 심정으로 다음과 같은 자신의 견해를 밝히고 글을 마무리한다.

"本執筆人이 此言을 聞ᄒᆞᆷ이 最是可痛ᄒᆞ도다. (…중략…) 財政困難ᄒᆞᆫ 時代ᄅᆞᆯ 遭ᄒᆞ야 同胞의 飢餓가 在在相續ᄒᆞ거늘 此ᄂᆞᆫ 不求ᄒᆞ고 如此ᄒᆞᆫ 蕩費에 浪擲ᄒᆞ니 寒心ᄒᆞᆫ 바이며 (…중략…) 所謂葛甫의 母娚輩도 各其生活을 自圖ᄒᆞᆯ 지어늘 其女其妹ᄅᆞᆯ 買食코자 ᄒᆞ니 如此ᄒᆞᆫ 惡習이 世界에 豈有ᄒᆞ리오 兩方

---

22) 「뒤장이 수작」, 『서북학회월보』 19호 가담, 1910.1.
23) 정교, 조광 편, 이철성 역주, 『대한계년사』 9, 소명출판, 2004, 23면·43면; 황현, 임형택 외역, 『역주 매천야록』 하, 문학과지성사, 2005, 478면·618면 참조.
24) 「뒤장이 수작」, 『서북학회월보』 19호 가담, 1910.1.

이 各各 醒悔ᄒ야 恒産을 勿失ᄒ고 完全ᄒᆫ 人格을 準備ᄒᆯ지어다."25) (강조는
인용자)

필자는 재정이 곤란한 시대에 방탕하게 돈을 낭비하는 것과 딸·누
이의 몸을 팔아 무위도식하는 이들의 악습을 비판하며 '각각 각성하여
완전한 인격을 준비'하라고 다그친다. 하지만 필자의 국한문체로 쓰인
정론은 실제 생생한 생활 언어로 세태를 고발하는 세인들의 말보다 힘
을 갖지 못한다. 필자는 그 점을 알았고, 그들의 말을 국문으로 옮겨 적
는 데 서슴지 않았던 것이다.

『서북학회월보』 18호의 가담 「인력거군 수작」(1909.12)은 인력거꾼들
의 경험담을 통해 당시 서울의 세태를 고발하는 단편 서사물이다. "교
동병문 좌편짝에 인력거군 삼삼오오 작대하여 지껄이는 수작 가관일
세"라는 서두로 시작하여 세 명의 인력거꾼이 이야기를 들려준다.

"돈두 요시에는 엇지도 밧삭 말ᄂᆫ지 량반인지 두돈 오푼여ᄉᆞᆺ무진지 한 사
람들도 인력거야 ᄒᆞ는 소리 젼혀 업데 위션 녀편네보고 붓그러워 들어갈 수
도 업고 들어간들 무엇이라고 말ᄒᆞ나"26)

첫 번째 인력거꾼은 돈을 벌지 못해 마누라 속곳을 전당 잡히고 끼니
를 때웠다는 이야기를 들려주고, 두 번째 인력거꾼은 양반을 태우고 받
은 오십 전을 술 마시는 데 다 날리고 빈손으로 돌아가 부인에게 핀잔
을 들었다는 이야기를 한다.

"오난 길에 종로 향랑 뒷골노 지나ᄂᆞ르니 약주 너님식ᄂᆞᆫ 코를 찌으고 속에
서 회ᄂᆞᆫ 동ᄒᆞ여 목젓이 질알질ᄒᆞᆫ데 참시 방앗간으로 거저 지날 수 잇ᄂᆞ"27)

---

25) 「뒤장이 수작」, 『서북학회월보』 19호 가담, 1910.1.
26) 「인력거군 수작」, 『서북학회월보』 18호 가담, 1909.12.
27) 「인력거군 수작」, 『서북학회월보』 18호 가담, 1909.12.

세 번째 인력거꾼은 원래 시골서 서울 구경왔다가 돌아갈 노자를 벌기 위해 인력거를 끌게 되었다. "운수좋은 날이면" 양반을 태우고, 그렇지 않으면 병문에서 낮잠이나 자곤 하는데, 어제 한 양반을 태워다 주고 나니 그 사람의 마누라가 밥벌이를 전당 잡혀 훨씬 못 미치는 삯을 주며 적선한 셈 치라고 사정을 한다. 인정이 불쌍해 돌아선 인력거꾼은 다음과 같이 말하며 허세 부리는 양반을 비판한다.

　　"허리 부러진 놈들은 서울에만 뫼여 잇데 밥발이 잡힐 형세에 허기지고 똥 쏠 놈의 인력거는 무슨 인력거야 별에 별놈들 다 보깃데 사람이 운수가 사나오니 잡바저도 코이상할 일이야"[28]

　　편집자적 논평도 없이 세 번째 이야기로 마무리되는 이 글은 현진건의 「운수좋은 날」의 몇몇 장면을 연상시키는 작품이다. 이와 같이 지식인 계층에서는 형성되기 어려웠던, 솔직하고 대담한 세인들의 담화는 지식인들의 귀에 사회 세태를 고발할 수 있는 더할 나위 없는 글쓰기 소재였다. 지식인 필자는 자신의 사회 악습을 비판하는 국한문체의 정론이 생생한 생활 언어로 세태를 풍자하는 세인들의 말보다 힘을 갖지 못함을 자각했다. 따라서 한문에 익숙했던 필자는 그들의 말을 국문으로 옮겨 적었고, 세인들의 입담은 그대로 글의 문체가 되어 당대 현실 세태를 고발하는 역할을 할 수 있었다.

---

28) 「인력거군 수작」, 『서북학회월보』 18호 가담, 1909.12.

4. 외부 환경과의 불화와 고독한 화자의 등장

1900년대 자강운동의 과정에서 선진사회의 문물과 제도를 직접 체험하고 수학한 유학생 집단의 역할은 엄청난 것이었다. 특히 일본에서 공부하던 유학생들은 위태로운 국가의 장래가 자신들의 노력여하에 달려 있다는 강한 책임의식을 지니고 있었다. 1905년 9월, 친목 성격이 배제된 유학생 단체 '태극학회'가 조직되면서 국내에서 활발히 진행되던 학회 활동과 유사한 노선이 일본에도 형성된다. 이후 1906년경에는 유학생 수가 증가하면서 지연에 따라 단체의 분파 현상이 생기는데, 이에 대한 반성으로 '대한유학생회'가 유학생 통합 단체를 추진하고, 그 결실을 맺은 것이 1908년의 '대한학회'와 1909년의 '대한흥학회'이다.[29] 이 단체들 역시 국내 학회들과 마찬가지로 국민 교육을 목표로 강연과 토론회 개최, 학회지 발간 활동에 주력했다. 일본에서 발행된 유학생들의 잡지는 국내의 각 단체와 학교에 두루 배포되어 국내 지식인사회에도 지대한 영향을 미쳤다.

국내외 여기저기서 '교육'을 주창하는 분위기에서 국내의 젊은 청년과 학생들에게 외국 유학은 선망의 대상이기도 했다. 1908년, 학생층을 상대로 발행된 잡지『장학보』는 논설·소설 등 각 분야별로 매달 원고를 현상 모집했는데, 그 중 작문·지리·역사·산술과 1등 수상자에게는 매년 결선을 거쳐 3년 간 해외유학경비를 지원하겠다는 상품을 걸었다.[30] 매달 300명 이상의 학생들이 응모했으며, 응모 원고를 싣기 위해

---

29) 일본 유학생 단체 관련 연구는 다음의 글을 참조했다. 「日本留學生史」, 『학지광』 6호, 1915.7; 김기주, 「구한말 재일한국유학생의 민족운동 연구」, 전남대 박사논문, 1991; 최덕수, 「한말 유학생 단체연구」,『공주사대논문집』 21, 1983; 정관, 「구한말 재일본 한국유학생단체운동」, 『대구사학』 25집, 1984.

30) 『대한매일신보』 국한문판, 1907.12.18~20 광고. 그러나 이 특전은『장학보』가 5호로 종간되면서 실현되지 못한다.

다른 난을 생략하는 경우도 있었다.[31] 그 중 「장학보 교정규칙」에는 '해외유학'과 관계된 항목이 제시되어 있는데, 이 자료를 보면 당시 유학생의 자격조건을 짐작할 수 있다.

　　─유학생 자격 조건
　　1. 刑事상 범죄가 없는 자
　　2. 惡疾이 없는 자
　　3. 장래 유망한 청년
　　4. 戶主가 아닌 자
　　5. 신체 건강한 자
　　6. 연령 15~30세
　　─유학생은 다음 사항을 어기면 유학생 자격을 박탈함.
　　1. 질병 3개월 이상일 때
　　2. 本國과 本社 체면을 손상할 때
　　3. 낭비로 빚을 질 때
　　4. 3번 이상 낙제할 때
　　5. 유학한 나라의 國法을 위반할 때
　　─이와 같을 때 유학생 대우를 정지하고 학비를 보내지 않음.[32] (인용자가 현대어로 수정)

1900년대에는 600여 명[33]의 '장래 유망하면서 신체 건강한 15~30세'의 청년들이 문명개화와 사회 발전이라는 시대적 사명을 띠고 일본에 유학 중이었다. 그러나 나라의 주권을 빼앗은 일본에서 그들은 근대 문물의 위압에 경이감을 느끼는 한편 민족에 대한 심정적 차원의 문제로 갈등과 분열의 상황에 빠진다. 최남선이 15세 나이에 일본에서 느꼈던 감정도 이와 동일하다.

"十五의 秋에 日本으로 건너가 본즉 놀납다 그 出版界의 우리나라보담 盛

---

31) 「사보(社報)」, 『장학보』 1~5호, 1908.1~5 참조.
32) 「장학보 교정규칙」, 『장학보』 5호, 1908.5.
33) 「대한유학생회 취지서」, 『대한유학생회월보』 2호, 1907.3 참조.

大함이여 한번 발을 冊肆에 드러노흐면 定期刊行物 臨時刊行物 할 것 업시 아모 것도 본 것이 업고 쏘 그 等物의 內容이나 外貌에 對하야 조곰도 批評 할 만한 知見업난 눈에 다만 多大하다, 宏壯하다, 璀璨하다, 芬馥하다, 一言 으로 가리면 엄청나다의 感이 날 쑨이라, 무엇에 對하야서던지, 무슨 구경을 할 쌔에던지 우리나라 事物에 比較해 보아 무슨 한 생각을 엇은 뒤에야 마난 이 사람 이라, 이를 對할 쌔에도 그 압헤 한번 머리를 숙엿고, 숙엿다가 한숨쉬고, 한숨쉬 다가 주목쥐고, 주목 쥘 쌔에 곳「이 다음 機會가 잇슬 터이지」하난 밋지 못할 空 望을 쎠안고 스스로 寬慰함이 잇섯노라."34) (강조는 인용자)

개인은 공동체 속에서 감정적 유대를 통해 집단과 일체감을 느끼고 그곳에 투영된 자신의 모습을 발견하면서 존재성을 확인하기도 한다. 그러나 현실이 자신을 억압하는 기제로 작용할 때, 인간은 현실세계에 서 자신의 존재성을 찾을 수 없게 되고, 자신 속에서 존재의 근거를 찾 고자 한다. 자신을 둘러싼 공간과 언어가 낯설기만 한 일본 유학생들의 글에서 일상을 표현하는 신변잡기가 등장하게 되는 이유도 바로 이와 같은 맥락이다.

『태극학보』 8호의 「춘몽」(1907.3)은 따뜻한 봄날, 춘기(春期) 시험에 지 친 화자가 꿈속에서 자신의 심정을 토로하는 글이다. 이 글은 같은 시 기, 국내에 있는 지식인들이 꿈속에서 신령스런 인물과 국가 위기를 타 개하는 방책을 논하며 현실적인 이상향을 모색했던 것과는 전혀 다른 방식이다. 화자는 산을 넘고, 거대한 태평양의 파도에 몸을 맡기며 황홀 한 자연의 절경 앞에 '우주적 신비감'까지 느끼지만, 함께 즐기고 토론 할 사람 없이 철저히 혼자임을 경험한다.

"아아, 이 美妙호 絶景을 誰와 굿치 討論흐며, 이 天地間의 絶壯호 偉觀을 誰와 굿치 嘆賞흘고! 아아 人生!!! 싱각흐면, 有限이 無限을 思慕흐야, 中間에 渡航치 못홀 一大洋의 橫斷을 發見홀 時에, 아아 人生!!! (…중략…) 아아 寂

---

34) 「『소년』의 旣往과 밋 장래」, 『소년』 제3년 6권, 1910.6.

寞ㅎ구나! 나— 어듸로 向"홀고?"35) (강조는 인용자)

갈 곳 몰라 방황하던 그는 쾌락을 추구하지 말고 생의 활동과 신앙을 추구하라는, 또 다른 자신의 목소리를 듣는다. 어둠 속에서 이길 저길 더듬다 낭떠러지로 추락한 화자는 눈을 떠보니 몸은 '동경 후미진 방구석에' 누워 있다. 화자가 누워 있는 동경의 구석진 방은 단순히 고향으로부터 떨어져 있을 뿐만 아니라 개인이라는 단위로 단절되어 있다. 더 넓은 세계로 나가 근대 학문을 공부하러 온 이들은 제한된 자신만의 공간을 경험하게 된다. 화자가 꿈속에서 경험한 황홀한 자연 풍경은 자신을 더욱 고독하게 만드는 현실의 일본사회와도 같다.

『대한흥학보』 8호의 「요죠오한(四疊半)」(1909.12)은 일본 유학생 함영호의 4첩 반 정도의 하숙방을 배경으로 한 소설이다. 그 하숙방은 함영호의 침실·객실·식당·서재를 겸한다. 방 서가에는 교과서, 대륙문사의 소설, 시집, 신·구간의 순문예잡지가 꽂혀있고, 책보는 열십자로 매인 채 던져져 있으며, 벽에는 노동복을 입은 고리키와 바른 손으로 볼을 버틴 투르게네프의 화상이 걸려 있다. 함은 식후 40분 내에는 공부를 하지 않는 '섭생법'을 지키며 난간에 앉아 밖을 바라본다. 퀄런 공장 제복을 입고 다 떨어진 게다를 신은 여인에게 두 아이가 달려들며 'かあ－ちゃん おまんまくれ[엄마 밥 줘]'라고 울부짖고 있다. 그 때 본국으로 들어가 한동안 소식이 뜸했던 채(蔡)가 갑자기 방문한다. 함과 채의 인연이 소개되고, 둘은 대화를 나눈다. '개성의 발휘는 지금 나의 희망욕구의 전체인데 이 생각은 언제까지도 변함이 없을 것 같다'는 함의 말에 채는 '시대의 희생'이라는 말만 노래조로 부른다. 또 '본국 형편'을 묻는 함에게 채는 오직 '赤子匍匐入井[아이가 기어서 우물에 들어간다]'라는 한 마디뿐이다. 대화가 계속될수록 서로의 거리감은 더해간다. 다음

---

35) 백악춘사, 「춘몽」, 『태극학보』 8호, 1907.3.

날 아침, 조반도 먹지 않고 나서는 채가 세 살 아이 가르치는 듯한 말투로 '학교에 잘 다니고 선생 꾸지람 듣지 말도록 하시오. 무슨 일이고 자연이지 부자연은 없습니다' 하면서 떠난다. 함은 새로운 고민 하나를 더 안게 된다.

함이 개성의 발현에 번민한다면, 채는 사회적 책임을 중시한다. 이들은 식민지 지식인으로서 '본국형편'과 '시대신조(新調)'로 갈등한다는 공통점을 지니지만, 고민의 대상이 다르다. 서로 대화를 나누면서도 이들은 각자 서로를 자기 입장에서 재단한다.

> **"蔡의 생각에 호 녑흐로는 「니 사람도 이 苦生을 自取하는구나」 하는 同情이 무럭무럭 일어나고 한 녑흐로는 「네가 바야흐로 어린아해를 免하려 흐는구나 그러나 좀쳐럼 努力흐야 가지고는 病나기 쉬운 걸」 흐야 慢侮하는 듯한 貴慮흐는 듯한 마음이 생기는데 ……"**
>
> "咸은 새 苦悶 한아를 더하는 同時에 「自卑하는 者야 苟安하는 者야」 하는 생각이 蔡의 등을 向하야 나감을 禁치 못하더라."36) (강조는 인용자)

함과 채는 자신의 시선으로 상대에게 연민을 느끼며 4첩 반의 작은 다다미방에서조차 서로 화합하지 못한다. 이들의 모습은 1900년대 지식인의 유형을 대표하는 것이기도 하고, 한편으로는 당시의 일본 유학생이라면 경험했음직한 한 개인에게 드러나는 자아 분열 양상일 수도 있다.

일본에서 자신을 둘러싼 외부적 환경과 끊임없이 불화할 수밖에 없었던 유학생 지식인들의 글쓰기는 화합할 수 없는 외부 현실보다 그 현실과 화합하지 못하는 자기 자신을 원천으로 한 시대적·공간적 산물이었다. 이로써 그들은 철저하게 대상화된 현실세계의 모순을 자신의 시선으로 바라보는 글쓰기를 했던 것이다.

---

36) 몽몽(夢夢), 「요조오한」, 『대한흥학보』 8호, 1909.12.

5. 현실인식과 글쓰기 방식의 상관관계

이상으로 1900년대 학회 잡지를 중심으로 지식인들의 현실인식 태도와 글쓰기의 상관관계를 살펴보았다. 그간 1900년대 소설 연구는 근대소설의 전사로서 일본 유학생 잡지에 발표된 단편 서사 작품에 집중되었다. 서구 문예 사조를 접한 일본 유학생들의 작품에서 드러나는 '개인의 대두', '내면의식'의 표출은 한국소설의 진화 경로를 살피는 데에 유효적절한 대상이었던 것이다. 하지만 근대 초기 지식인들에게 '소설'은 여전히 문제적인 개념이었다. 그들에게 소설은 '지식을 증진시키는 좋은 재료'이기도 했고, '재미가 무궁한' 이야깃거리이기도 했다. 당시 개념의 유동성에 따라 '소설'로 포섭할 수 있는 단편 서사는 잡지에서 직설적인 논설, 강단(講壇) 등의 난과 배치되는 다양한 이름의 난에서 접할 수 있었다. 그러한 단편 서사는 지식인들의 현실인식과 실천의지에 따라서 다양한 형식과 내용의 작품으로 독자들에게 다가갔다.

그 가운데 몽유 형식과 동물우언은 한문에 익숙한 지식인들이 망국(亡國)이라는 현실의 암담함을 꿈속에서라도 타파하고, 국민의 위기 극복의 방안을 제시하고자 했던 글쓰기 방식이었다. 그리고 현실 문제를 생동감 넘치는 걸쭉한 입담으로 사회 세태를 꼬집던 세인들의 담화는 지식인들의 귀에 사회 세태를 고발할 수 있는 더할 나위 없는 글쓰기 소재로 다가왔다. 지식인 필자는 자신의 사회 악습을 비판하는 국한문체의 정론이 생생한 생활 언어로 세태를 풍자하는 세인들의 말보다 힘을 갖지 못함을 자각했다. 따라서 한문에 익숙했던 필자는 그들의 말을 국문으로 옮겨 적는 데 서슴지 않았고, 세인들의 입담은 그대로 글의 문체가 되어 당대 현실 세태를 고발하는 역할을 했다.

한편, 일본 유학생 잡지에 실린 단편 서사 중, 기존 연구에서 근대적 소설 개념에 가까이 근접했다고 평가받았던 백악춘사·몽몽[37] 등의 작품은 식민지 청년으로서 일본 유학을 경험하던 이들의 자아 분열적 산물이었다. 이들의 창작 성향은 서구 문예 사조에 경도되었기 때문이라기보다 그 이전, 의식의 저변에 자리 잡고 있었던 외부적 환경과의 불화로 인해 자신 속에서 존재의 근거를 찾고자 함에서 비롯된다. 위태로운 국가의 장래가 자신들의 노력여하에 달려있다는 국가적 책임의식과 나라의 주권을 빼앗은 일본에서 느껴야 했던 근대 문물의 위압과 경이감은 젊은 청년 세대인 그들에게 갈등과 분열을 경험하게 했다. 자신을 둘러싼 공간과 언어가 낯선 타국에서 그들은 고국으로부터 떨어져 개인이라는 단위로 단절되어 자신만의 공간을 갖게 된다. 결국 화합할 수 없는 외부 현실보다 그 현실과 화합할 수 없는 자기 자신이 글쓰기의 원천이 되었던 것이다.

이상의 글쓰기 방식들은 1900년대 지식인 작가가 현실을 인식하고 방향을 모색하는 중 같은 시기, 다른 공간에서 표출된 다양한 유형 가운데 대표적인 형태이다. 본 논문의 의의는 1900년대 글쓰기 방식의 단순한 유형화가 아니라, 현실을 어떻게 바라보고 모순을 어떻게 타개할 것인가 고뇌했던 당대 지식인들의 의식을 이해하고, 그에 따라 어떤 글쓰기 방식이 가능했는가를 살펴보는 것이었다. 물론 아직은 시도의 첫 단계일 뿐이다.

---

37) 연구자들에 의해 현재 백악춘사는 장응진, 몽몽은 진학문의 필명으로 밝혀졌다.

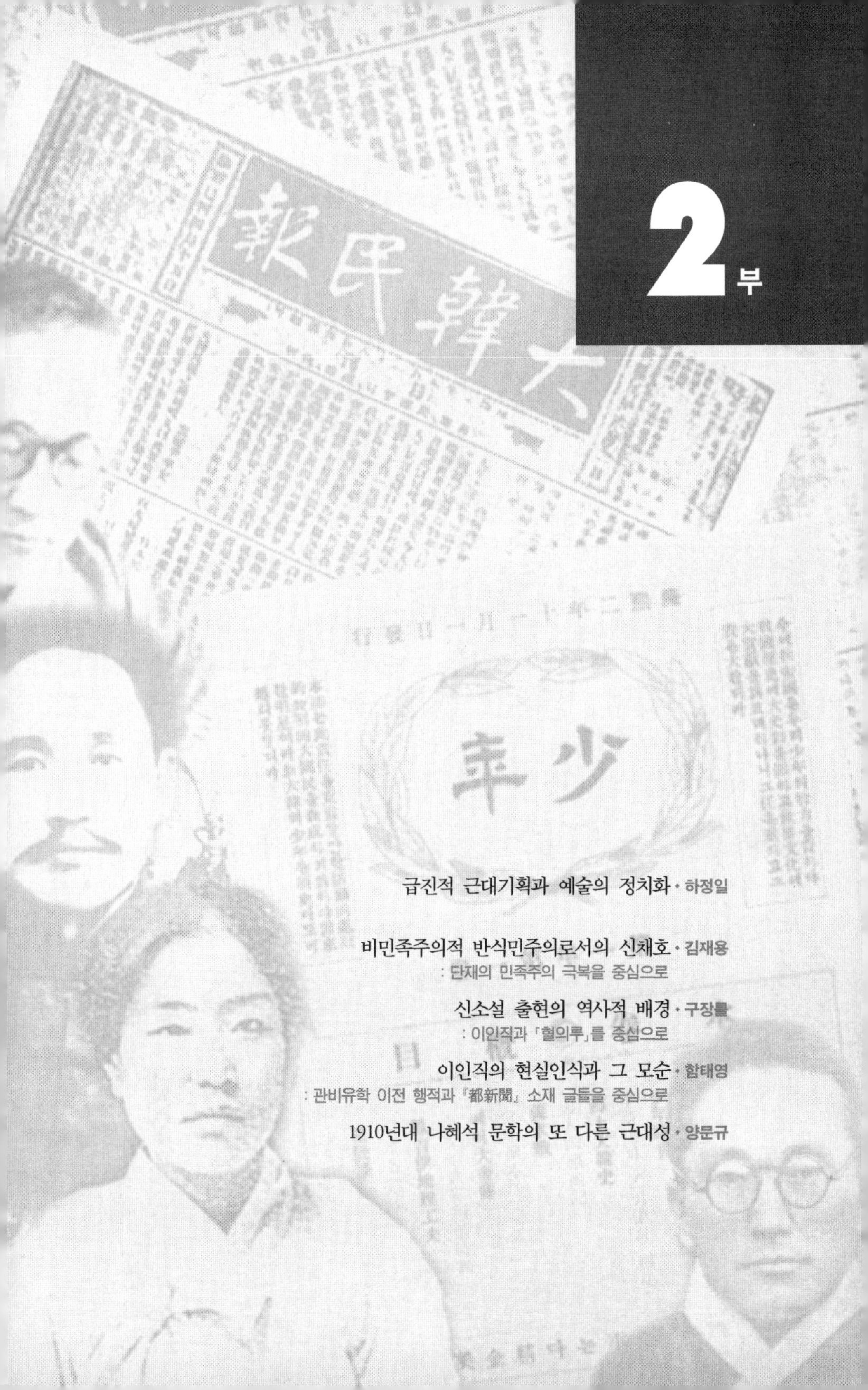

2부

급진적 근대기획과 예술의 정치화

하정일

1. 계몽기 문학과 신채호

　몇 년 전부터 계몽기 문학에 대한 연구가 대단히 활발하게 이루어지고 있다. 이러한 연구의 열기는 아마도 한국적 근대의 기원을 탐색하려는 의욕과 맞물려 있는 것으로 보인다. 왜 근대의 기원이 문제인가. 그것은 장기 지속적 근대의 맥락에서 한국적 근대의 원형 내지는 기본 경향을 파악해보려는 의도 때문일 것이다. 말하자면 한국이 근대에 진입한 때부터 지금까지 지속되고 있는 어떤 불변적 구조나 경향을 찾아냄으로써 한국적 근대의 장기 지속적 특질을 성찰해보자는 생각이 계몽기 문학에 대한 높은 관심을 촉발했다는 것이다.

　근대를 장기 지속의 맥락에서 접근해보는 것은 의미 있는 작업임에 틀림없다. 계몽기 이래 관류하고 있는 통(通)역사적 경향이 분명 존재하고, 그러한 통역사적 경향 내지는 구조가 한국적 근대의 중요한 특질들 가운데 하나인 것도 확실하기 때문이다. 다만 일정한 역사적 기간을 공시적 구조로 설정할 때 가장 조심해야 할 것은 역사를 하나의 본질로 단일화시키는 논리이다. 필자는 이러한 접근방식을 '단수의 근대'론이라고 비판한 바 있거니와 '단수의 근대'론으로는 다양한 경향들과 운동들이 길항하면서 빚어내는 근대의 중층성, 곧 '복수의 근대'를 규명할 수 없다.[1]

근대의 놀라운 역동성은 다양한 근대들이 한편으로는 충돌하고 다른 한편으로는 겹치기도 하는 복잡다기한 길항의 과정에서 산출된 것이다. 어느 시대나 그러했겠지만, 특히 근대는 계급·민족·성·인종·개인 등 다양한 심급들이 저마다 자기 목소리를 내면서 주체로 등장한 시대이다. 이 많은 주체들이 서로 얽히고설키면서 근대를 중층화했고 탈중심화시켰으며 이로부터 근대 내부로부터 근대를 갱신해가는 역동성이 발휘될 수 있었다. 근대를 하나의 본질로 환원시키는 '단수의 근대'론은 근대의 이러한 다양성과 역동성을 인정하지 않는다. 그럴 때 발생하는 결과는 근대를 긍정 아니면 부정, 둘 중 하나로 단순화시키는 것이다. 근대화론과 탈근대론이 양자를 대표하는 이데올로기거니와 이런 식의 양자택일적 논리로는 근대 내부로부터의 근대 극복을 기대하기 힘들다. 근대성을 성찰할 때 '복수의 근대'라는 관점이 필수적인 것은 그래서이다.

복수의 근대라는 관점에서 최근의 계몽기 문학 연구를 바라보면 미적 자율성이라는 문제에 지나치게 매달리고 있다는 아쉬움을 느끼게 된다. 계몽기 소설의 내발적(內發的) 형성 과정을 다룬 김영민의 작업[2]을 비롯하여 몇몇을 제외하고는 대부분의 연구들이 미적 자율성의 계보학을 세우는 데 몰두하고 있는 듯하다. 미적 자율성의 이념에 바탕한

---

1) 이에 대한 자세한 설명으로는 하정일, 「복수(複數)의 근대와 민족문학」, 『민족문학사연구』 제17호, 소명출판, 2000 참조.
2) 김영민, 『한국 근대소설사』, 솔, 1997.

문학들이 한국 근대문학의 중요한 분파를 이루고 있다는 점에서 그에 대한 연구는 80년대의 문학 연구에 부족했던 부분, 그러니까 계몽적이고 이념적인 문학들에 치중하면서 경시되거나 제외되었던 문학 경향들에 대한 연구를 보완한다는 긍정적 의미를 나름대로 갖는다.

하지만 미적 자율성의 계보를 한국 근대문학사의 중심축으로 단일화하는 시각은 일단 문학사의 실상과도 어긋난다. 가령 계몽의 이념에 투철했던 박은식이나 신채호의 문학은 미적 자율성의 계보에 속하지 않는다. 뿐만 아니라 미적 자율성의 계보학으로는 신경향파문학이라든가 1920년대 중반 이후의 한국문학을 주도한 프로문학의 역사성을 설명하기 어렵다. 리얼리즘 경향의 문학들 또한 미적 자율성의 개념으로 포괄할 수 없다. 오히려 이 경향의 문학은 계몽의 전통이라는 범주로 묶을 수 있을 터인데, 이 범주의 문학이 한국 근대문학사에서 차지하는 비중이나 의미는 미적 자율성의 계보에 비해 훨씬 두텁고 넓다. 미적 자율성이라는 개념만으로 설명할 수 있는 문학은 '순수문학' 정도이다. 그런 점에서 미적 자율성의 계보는 한국 근대문학의 다양한 분파들 가운데 하나일 뿐이다. 따라서 이들에 대한 설명이나 평가도 그에 합당하게 이루어져야 한다. 나아가 다른 분파들, 무엇보다 계몽의 전통과의 상호관계 속에서 미적 자율성의 계보가 갖는 의미를 천착하는 일이 긴요하다. 다시 말해 양자가 서로 어떻게 상호작용 했는지, 이들이 한국 근대문학 속에서 어떠한 상대적 의미를 갖는지, 이들이 한국 근대문학의 전개 과정에서 구체적으로 어떠한 역할을 했는지 등등이 비교 검토되어야 한다는 것이다. 그럴 때 미적 자율성의 계보가 문학사 속에서 적절한 자리를 얻게 될 수 있기 때문이다.

이러한 작업이 온전히 이루어지려면 무엇보다 서구 중심주의를 넘어서는 것이 필수불가결하다. 미적 자율성조차도 서구 중심주의와는 다른 규정과 맥락 속에서 바라보는 시각이 긴요하다. 그렇지 않을 경우 미적 자율성에 대한 논의는 반드시 서구 중심주의의 승인으로 귀결되기 십상이다. 다시 말해 한국 근대문학의 이상형이 서구문학이 되고 마는 결론이 나오게 된다는 것이다. 서구 중심주의의 틀에 머무는 한 서구적 의미의 근대문학만이 근대문학의 유일한 길이 된다. 서구적 코스에서 벗어난 문학은 근대문학으로부터의 일탈이 되기 때문이다. 한국 근대문학사가 종종 '결여'의 문학사가 되곤 하는 것도 이와 관련이 깊다. 그러므로 한국 근대문학사를 '결여'의 문학사가 아니라 '특수성'의 문학사로 기술하기 위해서는 서구 중심주의의 극복이 선결 과제가 되는 것이다. 계몽기를 대상으로 해 말하자면, 미적 자율성에 대한 제3세계적 재구성과 더불어 미적 자율성의 계보와는 다른 경향의 문학에 대한 재인식이 '특수성'의 문학사로 나아가기 위한 첫걸음이라 할 수 있다. 이런 맥락에서 미적 자율성의 계보를 다시 바라보면, 그것은 서구의 경우에도 자유주의에 뿌리를 둔 하나의 미학 이데올로기에 불과했으며, 여타의 지역들, 특히 제3세계에서는 오히려 계몽의 이념에 기반한 문학들이 근대문학의 주요 세력으로 활동해왔다. 그런 점에서 미적 자율성의 계보에 대한 편향된 강조는 한국 근대문학의 총체상을 훼손한다는 문제점과 함께 한국 문학의 탈식민적 가능성을 보지 못하게 만들 위험성마저 안고 있다. 계몽기 문학을 보다 균형되게 살펴야 하는 이유가 여기에 있다.

계몽기 문학을 총체적으로 이해하기 위해서는 미적 근대성에 대한 재인식이 선행되어야 한다. 미적 근대성 하면 곧 미적 자율성을 떠올리곤 하지만, 적어도 한국문학의 경우에는 그렇지 않다. 1900년대에는 계몽 이념에 바탕한 문학이 한국문학을 지배했으며, 1910년대에도 계몽적 문학이 주류였다. 1920년대 이후에 들어와서부터 계몽의 전통이 계속되는 가운데 미적 자율성의 계보가 한국문학의 한 축으로 본격적으로 분립하기 시작했다. 그런 점에서 한국문학의 경우 미적 근대성은 계몽의 계보와 미적 자율성의 계보가 양립해왔다고 보는 것이 적절하다. 이때 문제가 되는 것이 계몽기의 문학을 과연 '근대적인' 문학으로 볼 수 있느냐 하는 점이다. 흔히 이 시기의 문학을 신문학이니 과도기적 문학이니 명명하는 것도 계몽기 문학의 근대성 여부와 깊이 관련되어 있다. 하지만 이런 식의 애매한 설명이 서구 중심주의의 산물이라는 데 주목할 필요가 있다. 말하자면 미적 자율성'만'을 '근대적'인 것으로 여기는 서구 중심적 근대문학관이 계몽기 문학에 대한 궁색한 설명을 낳았다는 것이다. 그런 점에서 한국 근대문학의 기원을 계몽기 문학으로 명실상부하게 잡는 적극적 자세가 절실하다. 여기서 군이 '명실상부'라는 토를 단 까닭은 근래의 많은 연구들이 한국 근대문학의 기점을 계몽기로 잡으면서도 정작 미적 근대성을 논할 때는 이광수나 김동인에서부터 시작하곤 하기 때문이다. 명(名)과 실(實)이 따로 노는 형국인데, 이러한 괴리가 미적 근대성을 미적 자율성과 동일시하는 서구 중심적 선입견에서 비롯된 것임은 물론이다.

이와 관련하여 신채호의 문학이 주목된다. 계몽기 문학에서 신채호가 갖는 의미는 두 가지이다. 하나는 그가 계몽의 전통이라는, 한국 근대문학의 또 하나의 계보의 출발점이라는 점이고, 다른 하나는 신채호가 한국 탈식민문학의 기원이라는 사실이다. 두 측면에서 그러하다. 첫째, 신채호는 미적 자율성이라는 서구 중심적 관념을 단호히 부정하고 '예술의 정치화'라는 미학적 근대기획을 제시했다. 신채호의 문학론은 단순히 중세적 문학관의 반복이 아니다. 양자 사이에는 중요한 단절이 있는데, 그것이 바로 '예술의 정치화'라는 기획이다. '예술의 정치화'란 범박히 말해 예술을 사회를 만들고 변화시켜 가는 '능동적 주체'로 설정하는 것을 의미한다. 그런 점에서 신채호에게 예술은 더 이상 이데올로기의 시녀가 아니라 사회적 주체 가운데 하나이다. 이러한 구상은 문학의 근대성에 대한 급진적인 재해석이라 할 수 있다. 둘째, 신채호는 문학을 반(反)제국주의적 실천의 한 가운데에 위치시킴으로써 탈식민문학의 입지를 뚜렷이 했다. 신채호의 사상은 한마디로 '주체 철학'으로 요약할 수 있다. '민족만들기'는 주체 철학의 연장으로 이해해야 하며, 그렇게 된 까닭은 피식민 주민의 주체 정립이 무엇보다 제국주의로부터의 '자주'에서 시작된다고 여겼기 때문이다. 신채호의 이러한 구상은 '아(我)'의 사상으로 표현되고 있다.

본고는 신채호의 민족주의가 단순히 종족주의적이고 국수주의적인 '폐쇄된 민족주의'가 아니라 급진적 근대기획으로 평가되어야 하고, 그의 문학론 역시 같은 맥락에서 이해되어야 함을 규명하고자 하는 의도에서 준비되었다. 이를 위해 본고는 '아'의 사상—주체 철학—민족만들기로 구성되는 신채호의 사상체계를 해명하고, 그 연장선상에서 '예술의 정치화'라는 문학적 근대기획이 갖는 의미를 고찰해보도록 하겠다.

2. '아'의 역사성과 주체 철학

신채호사상의 핵심은 '아'의 사상이다. 이때 '아'란 개인적 '아'에서부터 사회적·민족적 '아'에 이르기까지 다양하다고 신채호는 본다. 그런 점에서 신채호가 말하는 '아'는 자아에서부터 우리 민족에 이르는 광범위한 의미의 스펙트럼을 지닌다. 물론 신채호가 그 가운데서 사회적 '아'를 보다 강조하고 있는 것은 사실이다. 가령 『조선상고사』에서 신채호는 "개인적인 아와 비(非)아의 투쟁이 없지 않으나, 그러나 그 아의 범위가 너무 약소하여 또한 상속적(相續的) 보편적이 못되므로, 인류로도 사회적 행동이라야 역사가 됨이라"3)고 말한 바 있다. 말하자면 개인적 '아'는 시간적으로는 지속적이지 못하고 공간적으로는 보편적이지 못하므로 사회적 '아'를 단위로 해서만 역사가 성립한다는 것이다. 여기서 신채호가 말하고자 한 핵심은 역사의 기본 단위를 무엇으로 잡을 것이

---

3) 신채호, 「조선상고사」, 『단재신채호전집』(상), 형설출판사, 1977, 32면.

냐 하는 문제이다. 역사의 기본 단위가 사회적 심급인 것은 당연한 상식이거니와 그런 점에서 이 말을 신채호가 개인적 아를 부정한 것으로 이해해서는 곤란하다.

신채호가 강조한 것은 아의 역사성이다. 「꿈하늘」에서 이에 대한 신채호 특유의 입론(立論)을 확인할 수 있다. '꽃송이'의 입을 빌어 신채호는 "내란 범위는 시대를 따라 줄고 느나니, 가족주의의 시대에는 가족이 '내'요, 국가주의 시대에는 국가가 '내'라. 만일 시대를 앞서 가다가는 발이 찢어지고 시대를 뒤져 오다가는 머리가 부러지나니, 네가 오늘 무슨 시대인지 아느냐?"[4]고 일갈한다. 이 발언의 요지는 바로 '아'란 역사적으로 규정된다는 것이다. 시대에 따라 '아'가 가족이 될 수도 있고 국가가 될 수도 있다는 것은 '아'가 고정불변의 초역사적 실체가 아니라 맥락에 따라 형성되는 역사적 구성물이라는 의미이다. '아'의 역사성을 강조한 이 발언은 개인이 먼저냐 민족이 먼저냐 따위의 이분법을 뛰어넘는 놀라운 통찰이다. 따라서 사회적 '아'를 중시한 신채호의 견해는 '아'의 역사성에 대한 자각에 바탕해 제기된 것으로 이해해야 할 것이다.

사회적 아를 문제 삼을 때 부각되는 것이 민족이다. 민족이 사회적 아로서 결정적인 의미를 갖는 까닭은 제국주의 문제와 깊이 관련되어 있다. 신채호에게 제국주의는 '영토와 국권을 확장하려는 침략사상'을 뜻한다. 요컨대 다른 민족을 침략하고 착취하는 이데올로기가 제국주의인 것이다. 따라서 제국주의로 인해 가장 먼저 훼손당하는 존재가 바로 민족이다. 제국주의적 세계 체제는 국가 간 체제로 구성되어 있기 때문이다. 말하자면 민족국가 단위로 세계 체제가 움직이고 있는 근대의 특성상 민족이란 단위가 사회적 아의 중심 단위로 떠오르게 된 것이다. 그런 점에서 민족이라는 단위의 강조는 신채호의 주관적 의도에서 나온 것이라기보다는 민족국가를 단위로 구성되어 있는 근대 세계 체제

---

4) 신채호, 「꿈하늘」, 『신채호문학유고선집』(김병민 편), 한국문화사, 1995, 27면.

의 객관적 속성으로부터 비롯된 것이라 할 수 있다. 말하자면 아의 역사성으로부터 민족에 대한 강조가 나온 것이다. 따라서 신채호가 말하는 '아'란 개인을 부정한 것이 아니다. 신채호가 개인보다 민족이 더 중요하다고 주장한 것은 전략적 판단의 결과라 할 수 있다. 즉 개인이나 민족이나 가치론적으로는 동등하지만, 제국주의 시대의 피식민 주민에게는 민족이 보다 중요한 전략적 의의를 갖는다고 신채호는 생각한 것이다. 당시의 피식민적 상황은 개인의 자율성이 부족해서가 아니라 민족의 자주성이 부족해서 발생한 일이기 때문이다. '꽃송이'의 발언은 바로 그 점을 지적한 것이다.

그런 만큼 제국주의에 대한 저항의 방법으로 신채호가 제시하는 것은 당연히 '민족주의'이다. 그에게 민족주의란 '타민족의 간섭을 받아들이지 않는' 사상이다. '민족을 보전(保全)하는' 사상, '아족(我族)의 국(國)은 아족이 주장한다'는 사상이다.5) 요컨대 침략적 이데올로기가 아니라 민족 주권을 요구하는 사상인 것이다. 그런 점에서 신채호가 주장한 민족주의는 제국주의의 복사판이 아니다. 그에게 민족주의란 제국주의에 대한 저항의 이념이기 때문이다. 저항적 민족주의는 민족주의의 일종이기는 하되 반(反)제국주의라는 계기를 내장하고 있는 민족주의이다. 맥락이 만들어낸 전유(專有)의 전형적인 사례인 셈인데, 그런 만큼 저항적 민족주의는 제국주의의 침략적이고 착취적인 경향에 대해 비판적 입장을 취한다. 이 점에서 저항적 민족주의는 제국주의와 분명하게 갈라진다.

물론 신채호의 민족주의에는 두 가지 문제점이 있는 것이 부인하기 힘든 사실이다. 하나는 그것이 국수(國粹)를 지나치게 옹호하고 있다는 점이고, 다른 하나는 사회적 진화론에 기반하고 있다는 점이다. 이로부터 국수주의적이고 종족주의적이라는 신채호 비판이 제기된다. 이러한 비판이 일리가 없는 것은 아니지만, 이 문제 역시 역사적 맥락에 대한

---

5) 신채호, 「제국주의와 민족주의」, 『단재신채호전집』(하), 형설출판사, 1977, 108면.

고려가 병행되어야 한다. 계몽기는 조선이 제국주의 열강의 침략에 무기력하게 흔들리다가 일제의 식민지로 전락한 시대였다. 그런 만큼 똑같은 종족주의와 사회적 진화론이라 하더라도 식민자의 용법과 피식민자의 용법은 다르다는 점을 감안해야 한다. 말하자면 식민자에게 그것은 철두철미 침략의 명분이지만, 피식민자에게 그것은 지배를 인정하는 근거가 되기도 하는 동시에 저항의 명분이 되기도 한다. 실제로 승리 이데올로기로 이용되는 혐의가 일부 있긴 하지만, 신채호에게 국수 옹호와 사회적 진화론은 전체적으로 민족 주권을 주장하는 명분이 되고 있다. 「이해」라는 에세이를 보면 그 점이 분명하게 확인된다. 이 에세이에서 신채호는 세계가 철두철미 이해관계에 의해 움직이고 있음을 지적하면서, 조선인들의 명분론을 강하게 비판한다. 신채호는 인간의 궁극적 존재 목적이 '생존'이라고 규정하면서, "생존에 부합하는 것은 이라 하며, 생존에 반대되는 것은 해라"[6] 한다. 따라서 인간사회는 이해관계에 의해 움직이게 되고, 명분 역시 사실은 이해관계를 정당화한 것일 뿐이라는 것이다. 명분이 이해관계의 포장에 불과하다는 신채호의 생각은 당시의 냉혹한 국제 질서에 대한 엄중한 인식에 바탕하고 있거니와 이를 통해 우리는 신채호가 주자학적 명분론과 결별한 근대적 현실주의자임을 거듭 확인하게 된다. 현실의 국제 질서가 그러하다면 피식민자가 택할 수 있는 길이란 민족의 이해를 냉엄하게 따져 생존을 도모하는 일일 터이다. 신채호가 사회적 진화론을 받아들인 것은 이러한 연유에서이니, 그런 점에서 그에게 사회적 진화론이란 '주인'의 이데올로기가 아니라 '노예 해방'의 이념이다. 발화자가 처한 역사적 맥락이나 역관계에 주목하는 수행적 독법에 의거할 때, 똑같이 사회적 진화론을 말하더라도 그것의 실제 의미는 천양지차일 수 있는 법이다. 제국주의자에게 그것이 침략과 지배의 명분이라면, 피식민자에게 사회적 진화론

---

6) 신채호, 「이해」, 『신채호문학유고선집』(김병민 편), 한국문화사, 1995, 139면.

은 저항과 해방의 이념이 될 수 있다. 신채호가 후자의 전형적 사례에 해당한다.

실제로 신채호의 글들은 '노예'의 메타포로 가득 차 있다. 그에게 노예란 "주장은 없고 복종만 있"[7]는 존재를 가리킨다. 신채호의 전(全)사상은 이 노예 상태에서의 해방을 위한 구상이라 해도 과언이 아니다. 다시 말해 노예로부터 주체—주인이 아니라—로 일어서기 위한 기획이 신채호사상의 요체인 셈이다. 이를 위해서라면 괴물이라도 되겠으며(「차라리 괴물을 취하리라」), 힘이 없으면 저주라도 퍼붓겠고(「금전·철포·저주」), 민족의 이해를 우선시하겠다고 말한다(「이해」). 요컨대 노예 해방을 위해서라면 무엇이든지 하겠다는 것이다.

노예 해방이란 '아'를 세우는 일이다. 신채호는 "아란 자는 삼계(三界)의 광(光)이며 만유의 주라. 아를 망(忘)하면 아가 사하며 아를 염(念)하면 아가 생하며 흥망성쇠가 아에 재하며 강약우열이 아에 재하니, 아가 어찌 아를 자비(自卑)하며 아가 어찌 아를 자소(自小)하리요"[8]라고 설파한다. 이처럼 신채호에게 아는 세계의 중심이며 작동 원리이다. 그런 점에서 신채호의 아의 사상은 전형적인 주체 철학이라고 할 수 있다. 그 주체—즉 아—가운데 그가 유독 민족 주체를 내세운 까닭은 피식민이라는 객관적 구조에 맞설 수 있는 동력이 민족이었기 때문이다. 계몽기에 있어 가장 화급한 노예 상태란 무엇보다 민족적 노예 상태였다. 그래서 신채호는 조선인에게 노예 해방의 출발점은 민족 해방이라고 생각한 것이다. 민족적 아가 살아야 개인적 아도 살 수 있다고 보았기 때문이다. 피식민국의 개인에게 민족적 노예 상태가 곧 개인적 노예 상태의 실존적 조건이 된다는 점에서 신채호의 이러한 민족 인식은 현실적 타당성이 있다. 다시 말해 서구가 주체 문제를 자율적 개인을 중심으로

---

7) 신채호, 「차라리 괴물을 취하리라」, 『단재신채호전집』(하), 형설출판사, 1977, 370면.
8) 신채호, 「아란 관념을 확장할지어다」, 『단재신채호전집』(별집), 형설출판사, 1977, 157면.

사유한 것이 부르주아 지배 체제의 확립과 깊이 연관되어 있듯이, 신채호가 민족을 중심으로 주체 문제를 구상한 것은 피식민 상태로부터의 해방이라는 역사적 과제와 밀접히 연결되어 있는 것이다. 피식민이라는 당시의 역사적 정황은 자율적 개인을 통한 주체 확립이 불가능한 조건이었기 때문이다.

신채호가 민족사 연구에 전념한 것도 그 연장선상에 놓여 있다. 그의 역사 연구가 국수주의적이라고 많은 이들이 비판하지만, 그리고 그 비판이 일부 타당한 것도 사실이지만, 이런 식의 일방적 비판은 엄밀히 말해 맥락의 차이가 만들어내는 의미 효과의 차별화를 몰각한 텍스트주의적 과장이다. 신채호의 민족사 연구는 근본적으로 민족 주체의 확립을 통해 식민 상태로부터 해방되고자 하는 기획의 소산이다. 제국주의의 지배로부터 해방되기 위해서는 무엇보다 민족 해방이 선결 과제였기 때문이다. 필자는 이와 관련해 '전략적 본질주의'라는 개념을 제시한 바 있다. 전략적 본질주의란 특정한 국면이나 단계에서 가장 시급한 사회적 의제를 전략적으로 사유의 중심에 놓는 실천적 사고를 가리킨다. 제3세계의 탈식민화라는 사회적 의제에 전략적 본질주의를 적용할 경우 민족 해방이 사유와 실천의 중심에 놓여야 마땅하다. 민족 해방이 탈식민화의 첫걸음이었기 때문이다. 그런 점에서 종족(ethnos) 중심의 역사 서술이나 사회적 진화론에 입각한 '아와 비아의 투쟁'론 또한 민족만들기를 통한 주체의 정립이라는 맥락에서 바라보아야 할 터이다.

게다가 신채호의 사상을 종족주의나 국수주의로 일률 규정하는 것은 사실과도 상당히 어긋난다. 이는 가령 「조선독립 급 동양평화」 같은 글에서 잘 드러난다. 이 글에서 신채호는 조선이 일본과 중국의 중간에 위치해 있으면서 동양 평화를 지키는 중재자 역할을 해왔음을 상기시키면서, 조선의 피식민 상태가 결국 동양 평화를 무너뜨리는 계기가 될 것임을 경고하고 있다. 따라서 동양의 평화를 지키기 위해서는 무엇보다 조선의 독립이 선결 과제가 된다는 것이다.[9] 여기서 우리는 신채호가 조선 민족의 독립을 종족주의적 이해관계의 측면에서가 아니라 동양 평화라는 거시적 차원에서 바라보고 있음을 어렵지 않게 확인할 수 있다. 뿐만 아니라 「동양주의에 대한 비평」에서는 동양주의가 서양주의와 동전의 양면임을 날카롭게 지적하면서 동양주의가 일본의 제국주의적 이익을 위한 이데올로기에 불과함을 폭로하기도 한다.10) 동양주의가 계몽기에서 일제 말기에 이르기까지 조선의 지식인들을 현혹시킨 식민 이데올로기였다는 점에서 동양주의의 제국주의적 속성을 간파한 것은 날카로운 통찰이다. 이를 통해 우리는 신채호의 민족주의가 종족주의적 이데올로기가 아니라 민족 해방의 사상이며, 국수주의가 아니라 반제국주의사상임을 재확인할 수 있거니와 그 연장선상에서 제3세계의 민족주의가 지닌 다양한 스펙트럼에 대한 좀 더 섬세한 분별이 요구된다. 특히 신채호의 민족주의가 그러하다. 그가 식민주의의 용어를 다수 차용하고 있는 것은 사실이지만, 그 용어들이 식민자의 그것과는 다른 저항적이고 해방적인 의미 효과를 창출하고 있음에 주목해야 한다. 그런 점에서 그것은 일종의 '되받아 쓰기(write back)'의 사례에 해당하거니와 이러한 맥락적 차이를 무시한 신채호 비판은 이제 재고되어야 마땅하다. 신채호의 사상을 민족만들기를 통해 주체 정립을 지향한 탈식민사상으로 이해해야 하는 소이가 여기에 있다.

---

9) 이에 대한 자세한 설명으로는 한기형, 「동아시아 담론과 민족주의」, 『민족문학사연구』 17호, 민족문학사학회, 2000, 289~291면 참조.
10) 신채호, 「동양주의에 대한 비평」, 『단재신채호전집』(하), 형설출판사, 1977, 89~90면. 이와 관련하여 최원식은 신채호의 동양 인식에서 중국의 중화주의와도 다르고 일본의 동양주의와도 다른, 독자적인 사유가 발견된다고 강조한 바 있다(최원식, 「단재 신채호의 '용과 용의 대격전'」, 『한국계몽주의문학사론』, 소명출판, 2002, 314~315면).

3. 예술의 정치화와 정육론

신채호는 주자학적 보수 유학에 반대하여 국문문학의 창달과 문학의 계몽적 선도성을 강조한 문학론을 제창했다. 그럼에도 불구하고 신채호의 문학론에 대해 '전근대적'이라는 비판이 종종 제기되어왔다. 그러나 이런 류의 비판은 그의 문학기획의 전체상을 보지 않고 문자적 해석에 몰두한 데서 비롯된 편견이다.[11] 왜냐하면 그의 문학기획 전체를 보면, 거기에는 '예술의 정치화'로 요약할 수 있는 대단히 급진적인 생각이 담겨 있기 때문이다. 예술의 정치화란 예술을 독자적인 사회적 실천의 단위로 설정하고 사회의 구성과 변혁에 적극적으로 참여하는 능동적 주체로 규정하는 구상이다. 이러한 미적 기획이 전근대적 문학관과 다른 까닭은 문학을 이데올로기의 일개 전달 수단으로 격하시키지 않고 정치나 사상과 동등한 위상을 갖는 사회적 실천으로 인식하고 있다는 점이다.

신채호의 문학적 근대기획은 그의 주체 철학의 구체화라고 할 수 있다. 신채호의 본격적인 사회적 활동은 만민공동회 참여에서부터 시작되었다. 신채호는 내무부 문서부의 간부급으로 활동하면서 만민공동회에 적극 관여했는데, 그 과정에서 투옥되기까지 했다고 한다.[12] 만민공동회는 독립협회의 가장 급진적 분파라 할 수 있다. 만민공동회는 일종의 민중운동이었다는 점에서 자유주의가 주류이던 독립협회의 성향과는 다른 모습을 보여준다.[13] 신채호는 만민공동회 활동을 통해 당시로서는

---

11) 신채호의 문학과 사상에 대한 전반적 설명으로는 이선영, 「단재 신채호의 사상과 문학」, 『리얼리즘을 넘어서』, 민음사, 1995 참조. 이 글에서 이선영은 신채호가 "문학을 전통적 유교 윤리의 부활을 위한 방편"으로 본 것이 아니라 "새 국민을 양성하기 위해서 제 나라 고유의 장점을 보존하고 외래 문명의 정수를 채용"하려 했다고 강조하고 있다.
12) 최홍규, 『단재 신채호』, 태극출판사, 1979, 104~109면.

가장 급진적인 정치의식을 얻게 되었던 것으로 보인다. 특히 만민공동회에서 민중의 역동성을 목격한 것은 신채호에게 중요한 체험이었다고 할 수 있다. 아마도 신채호 특유의 민중 지향성은 이와 무관하지 않을 것이다. 신채호는 흔히 초기에는 영웅주의를 주장하다가 한일합방 이후부터 민중을 재인식하게 되었다고 설명된다. 그러나 신채호가 초기에 영웅 대망론을 강조한 것은 사실이지만, 그와 동시에 민중이 역사의 주체임을 곳곳에서 지적했음도 놓쳐서는 안 된다. 말하자면 영웅 대망론과 민중 지향성이 병존하고 있었던 셈이다. 신민회 활동 또한 그 연장선상에 놓여 있다.

신채호의 정치사상에서 주목할 것은 입헌공화국론과 국민주권론이다. 이에 대한 신채호의 강조는 가령 독립협회 시절부터 신채호와 함께 일했고 여러모로 신채호와 비슷한 사상적 입장을 보여주는 박은식과 비교해보더라도 두드러진다.14) 「20세기의 신국민」은 신채호의 정치사상을 가장 극명하게 보여준다. 이 글에서 신채호는 앞으로 건설해야 할 새로운 국가의 정체를 입헌국으로 명시한다.15) 신채호는 1~2인이 지배하는 전제국은 근대국가가 지향할 방향이 아니라고 못박으면서 입헌공화국이 되어야 "국가는 인민의 낙원이 되며, 인민은 국가의 주인이" 될 것이라고 말한다. 이 입헌국은 자유와 평등과 정의의 원리에 바탕한 국가이다. 평등은 '계급주의'를 없애고, 자유는 '노예'를 없애며, 정의는 '불법'을 없앤다. 따라서 신채호가 생각한 입헌국은 전형적인 근대 민주주의국가라 할 수 있다.

이 구상에서 핵심을 이루는 것이 국민주권론이다. '루소의 자유평등정신'에 기초한 국민주권론은 인민의 천부인권을 가장 중시한다. "강자

---

13) 만민공동회의 성격과 활동에 대한 자세한 설명으로는 신용하, 『갑오개혁과 독립협회운동의 사회사』, 서울대 출판부, 2001, 447~503면 참조.

14) 이에 대한 자세한 설명으로는 배용일, 『박은식과 신채호 사상의 비교연구』, 경인문화사, 2002, 77~99면 참조.

15) 신채호, 「20세기 신국민」, 『단재신채호전집』(별집), 형설출판사, 1977, 229면.

도 인, 약자도 인, 빈자도 인, 왕후 장상 영웅 성인도 인, 초부 목동 우부 우부도 인이라, 여하히 인류는 인격이 평등이요 인권이 평등이나"16)라는 발언에서 그 점이 잘 드러난다. 그런 맥락에서 신채호는 국민의 권리는 국가에 의해 주어진 것이 아니라 천부적인 권리, 곧 자연권이라고 보았다. 이 점에서 신채호의 신국민론은 국가주의와 구별된다. "천하 대사업은 부유주졸(婦孺走卒)의 주(做)하는 배"17)라는 발언도 그 연장선에서 나온 것으로 보아야 한다. 요컨대 신채호는 천부인권론에 의거해 민중을 역사의 주체로 인식하고 있는 것이다. 물론 여기서 신채호가 말하는 '인민'이 민중이라기보다는 국민에 좀 더 가까운 개념인 것은 사실이다. 확고한 민중 인식은 후기에 나온 사상임에 틀림없다 하지만 민중, 곧 '우부우부'와 '아동주졸'을 국민을 구성하고 역사를 만드는 한 주체로 인정했다는 것은 초기부터 신채호가 민중을 단순한 계몽의 대상이 아닌, 계몽의 주체로 이해했음을 말해준다.

신채호의 문학론에서 민중을 계몽의 대상인 동시에 주체로 보았다는 사실은 중요한 의미를 갖는다. 앞에서 언급했다시피 신채호의 사상은 주체 철학으로 요약된다. 주체 철학의 핵심은 민족적 노예 상태로부터의 해방이었다. 그렇다면 해방의 주체는 누구일까. 신채호는 그것을 민족/국민으로 설정하고 있다. 이러한 생각은 한편으로는 피식민이라는 역사적 조건으로부터, 다른 한편으로는 국민주권론에 근거해 형성된 것이다. 신채호에게 민중은 그 민족/국민을 이루는 중요한 집단이다. 물론 신채호에게 민족은 민중이 만들어가는 것이라기보다는 민중에게 부여된 어떤 것이다. 여기에 신채호의 민족주의가 갖는 한계가 있다.18) 하지만 민중을 민족의 본질적 구성 부분으로 보았기 때문에 신채호의 문학적 근대기획은 이광수나 김동인과는 다른 방향으로 나아갈 수 있었

---

16) 신채호, 앞의 글 215면.
17) 신채호, 「근금 국문소설 저자의 주의」, 『단재신채호전집』(하), 형설출판사, 1977, 17면.
18) 이러한 한계는 신채호가 사회주의를 수용하면서 점차 극복된다.

다. 말하자면 '예술의 정치화'라는 문학적 근대기획은 신채호의 민중 지향성과 깊이 연루되어 있다는 것이다. 민중을 민족의 한 주체로 세우는 일이 '예술의 정치화'의 주요 항목이라는 점에서 그러하다.

신채호의 '예술의 정치화'라는 구상을 이해하는 데 있어 주목해야 할 것이 '정육론'이다. 신채호는 민중의 의식이 아직은 낮은 단계에 머물러 있기 때문에 민중이 국민／민족이 되려면 교육의 과정을 거쳐야 한다고 보았다. 그 연장선에서 나온 것이 정육론이다. 말하자면 정육론은 민중을 국민으로 통합하고 민족으로 새롭게 세우기 위한 기획인 셈이다. 신채호에 따르면, "애는 정이라, 정이 없으면 애가 없고, 애가 없으면 정이 없나니, 그러므로 애국자를 얻으려면, 국민의 국가에 대한 애정을 길러야"[19] 한다. 말하자면 정의 교육이 민중을 국민／민족으로 키우는 유력한 방안이라는 것인데, 이러한 생각의 편린은 이미 「국수보전설」에서부터 나타난다. 「국수보전설」에서 신채호는 국수를 "풍속·관습·법률·제도 등의 정신"[20]이라고 정의내리면서, 그 가운데 '선(善)하고 미(美)한 것'을 보전(保全)할 때 민족정신과 애국심을 기를 수 있다고 역설한 바 있다. 그가 국수를 강조한 것은 무엇보다 정신적 국가를 살리기 위해서였다고 할 수 있다. 신채호는 정신적 국가, 즉 독립과 자유의 정신만 살아 있으면 영토와 주권으로 상징되는 형식적 국가는 언제든지 되살릴 수 있다고 보았다.[21] 그렇다면 독립과 자유의 정신을 어떻게 만들어낼 것인가. 여기서 신채호는 국수를 강조한다. 말하자면 풍속이나 법률이나 제도의 정신 가운데 선하고 미한 것을 보전하면, 민족정신과 애국심, 곧 정신적 국가를 세울 수 있다고 여긴 것이다. 그런데 이때의 국수가 외국의 것을 무조건 거부하자는 것이 아님에 주목해야 한다. 오히려 신채호는 외국 문명의 수입은 불가피하다고 진단한다. 신채호가

---

19) 신채호, 「정육과 애국」, 『신채호문학유고선집』(김병민 편), 한국문화사, 1995, 146면.
20) 신채호, 「국수보전설」, 『단재신채호전집』(별집), 형설출판사, 1977, 116면.
21) 신채호, 「정신상 국가」, 위의 책, 160~161면.

거부한 것은 우리의 전통 가운데서 '선하고 미한' 것마저 부정하는 사대주의이다. 사대주의는 선악과 미추를 불문한 '일체 파괴'로 귀결되고, 민족정신과 애국심을 말살하기 때문이다. 요컨대 사대주의는 정신적 국가를 무너뜨린다는 것이다. 그런 점에서 국수 보전론이란 민족적 전통이나 제도라면 무조건 지키자는 수구적 논리가 아니라 '선하고 미한' 것을 선별해 그것을 보존하고 발전시키자는 주장이라 할 수 있다.

주목할 것은 1910년으로 오면 국수의 의미가 '선하고 미한 것'에서 '수미(粹美)한 것'으로 변한다는 사실이다. 「담총」에 쓴 한 글에서 신채호는 국수를 "자국의 전래 종교 풍속 언어 역사 관습상 일체 수미한 유범(遺範)을 지칭"[22]한다고 규정하는데, 선이라는 도덕적 의미보다 아름다움이라는 미학적 의미를 보다 강조한 것은 그가 국수를 문화나 예술과 관련해 생각하기 시작했음을 보여준다. 이러한 의미의 국수를 지킬때 아(我)에 대한 존중과 애정이 생긴다고 하여 신채호는 이제 국수를 문화적 민족만들기의 원리로 설정한다. 신채호가 중시하는 정신적 국가가 마이네케가 말한 '문화 민족'과 가까운 것이라는 점에서 국수를 미적인 것과 연결시킨 것은 자연스러운 일이라 할 수 있다. 이러한 신채호의 생각은 1910년대 후반[23]에 쓴 것으로 추정되는 「정육과 애국」에서 좀 더 분명하게 정리된다.

신채호는 이 글에서 미에 대한 독특한 구상을 보여준다. 특히 정과 미를 관련시켜 미의 고유성을 논하는 대목은 무척 흥미롭다. 신채호는 먼저 "애는 정이라 정이 없으면 애가 없고 애가 없으면 정이 없나니 그

---

22) 임형택, 「'담총'의 사상과 그 저자」, 『신채호의 사상과 민족독립운동』, 형설출판사, 1986, 679면에서 재인용. 「담총」의 필자는 검심(劍心)으로 되어 있는데, 임형택은 검심이 신채호라고 추정하고 있다. 「국수보전설」과 「담총」의 국수론 및 「정육과 애국」을 비교해보면, 「담총」에 실린 글들 중에서 최소한 국수론을 쓴 이는 신채호가 틀림없는 것으로 판단된다.

23) 김병민에 따르면, 이 글은 1920년대 이전의 작품으로 보인다. 김병민은 그 이유로 글 전체를 지배하고 있는 민족주의사상을 든다. 김병민 편, 『신채호문학유고선집』, 한국문화사, 1995, 149면.

러므로 애국자를 얻으려면 국민의 국가에 대한 애정을 길러야" 한다고 주장한다. 민족정신이나 애국심이 정으로부터 나온다는 말이거니와 '애국자'를 기르는 데 정육이 중요한 것은 그런 연유에서이다. 그러면 정을 키우는 교육은 어떻게 해야 하는가. 미의 문제가 여기에서 제기된다. 신채호는 미를 "애정을 담는 그릇"이라고 정의한다. 미를 정의 표현으로 이해한 셈인데, 요컨대 신채호는 정의 영역으로서의 미라는 근대적 인식을 보여주고 있는 것이다. 신채호의 문학론을 전근대적 문학론의 연장으로 보아서는 안 되는 소이가 여기에 있다. 문학이 사상이나 이념의 전달 수단이 아니라 미라는 독자적 영역에 속한다는 생각은 문학을 다른 범주들과 구별시키는 분화의식이 깔려 있다는 점에서 근대적인 것이며, 그 점에서는 이광수와 어깨를 나란히 하고 있다.

더욱 흥미로운 것은 "국수(國粹)가 곧 국가의 미(美)니, 이 미를 모르고 애국한다 하면 빈 애국"이라고 말한 대목이다. 신채호는 미를 국수와 연결시키면서, '애국하라'고 외치는 것보다 '위인의 전기'나 '산천의 독본'을 읽히는 것이 애국심을 기르는 첩경이라고 주장한다. 말하자면 신채호는 국수의 핵심에 미를 위치지우고 있는 것이다. 신채호는 국수를 "자국의 풍속이며, 언어며, 습관이며, 역사며, 종교며, 정치며, 풍토며, 기후며, 외타 온갖 것에 특유한 미점(美點)을 뽑아, 이름한 바 국수"[24]라고 설명한다. 그래서 국수가 곧 국가의 미인 것이다. 신채호가 국수를 보전해야 '정신적 국가'를 살릴 수 있고, 그럴 때 '형식적 국가' 역시 건설할 수 있다고 주장했음은 앞에서 언급한 바 있다. 이때 정신적 국가란 '민족'을, 형식적 국가는 '제도'로서의 국가를 의미하는 것으로 이해해도 무방할 터이다. 그렇게 보면, 신채호는 국수, 곧 미의 교육—정육—을 통해 민족을 형성하고, 그것을 디딤돌로 삼아 근대국가를 건설하고자 하는 구상을 제시했다고 볼 수 있다. 신채호가 문학의 계몽성을

---

24) 신채호, 「정육과 애국」, 『신채호문학유고선집』(김병민 편), 한국문화사, 148면.

강조한 것도 그런 맥락에서이다.

신채호가 생각한 문학의 계몽성이란 정육(情育)을 통해 민족이라는 정신적 국가를 만드는 작업이다. 이때 정육이란 미에 대한 교육을 통해 정서와 마음을 가꾸는 일이니, 감수성 교육에 다름 아니다. 다시 말해 신채호는 문학의 계몽성을 사상이나 이념의 선전이 아니라, 문학 고유의 실천, 즉 감수성 교육으로 생각한 것이다. 다만 감수성 교육이 계몽적·정치적 의의를 갖는 까닭은 그것이 국수의 보전을 통해 정신적 국가를 살려내는 역할을 하기 때문이다. 문학을 '국민의 나침반' 혹은 '국민의 혼'이라고 말한 것 또한 이와 관련이 깊다. 이 말의 참된 의미는 감수성 교육을 통한 국수의 보전이라는 측면에서 이해해야 한다. 그러므로 신채호에게 문학의 계몽성은 문학의 자율성과 상치되지 않는다. 문학이 자신의 고유한 역할, 즉 감수성 교육을 제대로 수행할 때 문학의 정치성 혹은 계몽성이 구현되기 때문이다. 그런 점에서 문학의 계몽성이란 문학 외적인 기능이 아니라, 오히려 문학의 고유한 본질을 발현하는 작업이다. 이는 달리 말하면 신채호가 정치 혹은 계몽을 문학에 내재적인 것으로 보았다는 의미이다. 신채호 식으로 생각하면, 정치란 독자적인 별개의 영역이 아니다. 정치는 모든 사회적 실천들에 내재해 있다. 다만 각 영역의 정치가 작동하는 방식이 서로 다를 뿐인데, 문학에서의 정치는 감수성 교육을 통한 국수 보전이라는 방식을 취한다. 우리는 신채호의 이러한 구상을 '예술의 정치화'라고 명명할 수 있다.

예술의 정치화란 예술을 독자적인 사회적 실천의 단위로 설정하고 사회의 구성과 변혁에 적극적으로 참여하는 능동적 주체로 규정하는 기획이다. 정치가 문학에 내재적인 것이라면, 문학이 독자적인 사회적 주체로서 사회를 변화시키는 과정에 능동적으로 개입하는 것은 지극히 당연한 일이 된다. "국수(國粹)가 곧 국가의 미(美)니, 이 미를 모르고 애국한다 하면 빈 애국"이라는 발언은 그런 맥락에서 나온 것이다. 이 발언에서 예술과 정치는 하나이다. 국가의 미를 알 때 참다운 애국이 가능해지기 때문이다. 말하자면 미적 자율성론이 주장하는 것처럼 예술과 정치는 서로 별개의 영역이 아닌 것이다. 정치를 예술에 외재적인 것으로 이해하면 계몽성은 예술의 자율성에 대한 훼손이 된다. 이광수가 「문학이란 하오」에서 문학과 비(非)문학을 철저히 분리한 것은 그래서이다. 이광수의 관점에서 보면, 정치 혹은 계몽은 문학의 본질과 무관한 것이다. 그러므로 정치나 계몽이 문학에 개입하려면 언제나 외삽(外揷)의 방식을 취할 수밖에 없다.[25] 그런 만큼 문학의 자율성은 필연적으로 훼손당하게 되는 것이다. 이광수가 계몽을 문학의 '부산적 실효'라는 수준에서만 인정한 것도 자율성과 계몽성은 배치된다는 생각 때문이었다고 할 수 있다. 하지만 정치가 예술에 내재적인 것이라면, 즉 국수가 곧 미라면 계몽성은 미를 구성하는 내적 요소가 된다. 예술의 정치화란 바로 그런 의미이다. '애국하라'고 외치는 것보다 '위인의 전기'나 '산천의 독본'을 읽히는 것이 애국심을 기르는 첩경이라는 말의 의미도 그렇게 이해할 필요가 있다. 신채호가 보기에 '애국하라'고 선전 선동하는 것은 국수 보전에 전혀 도움이 되지 못한다. 미가 빠져 있기 때문이다. 반대로 '위인의 전기'나 '산천의 독본'을 읽히는 것이야말로 국수 보전의 최상의 방법이 된다. 그것이 민족을 사랑하는 마음과 정서를 가꾸는 감수성 교육이기 때문이다.

"무강한 국민은 기 시부터 무강하며, 문약한 국민은 기 시부터 문약하다"[26]는 「천희당시화」의 명제 또한 그러한 문학관의 연장선상에 놓여 있다. 이 명제는 무슨 국가주의를 설파하는 주장이 아니다. 감수성 차원에서 그러하다는 의미이다. 감수성 교육이 정신적 국가를 건설하는 핵심이므로 어떤 시를 쓰느냐에 따라 감수성이 달라지고, 그에 따라 정

---

25) 이와 관련하여 김영민이 『무정』이 "원래 계몽적 소설로 구상된 것이 아니라, 영채에 관한 전기로부터 시작된 것"이었다는 사실을 밝힌 점은 의미심장하다. 이를 통해 우리는 이광수의 가장 대표적인 계몽소설인 『무정』이 계몽을 외삽하는 방식으로 쓰였음을 확인할 수 있다(김영민, 『한국 근대소설사』, 솔, 1997, 462~463면).
26) 신채호, 「천희당시화」, 『단재신채호전집』(별집), 형설출판사, 1977, 56면.

신적 국가, 곧 민족의 성격이 달라진다는 뜻인 것이다. 한글문학을 주장한 것도 마찬가지다. 신채호가 가장 급진적인 한글전용론자였음은 잘 알려진 일이다. 그가 한글을 중시한 것은 감수성 교육의 효과와 직결되어 있다. "자국의 언어로 자국의 문자를 편성하고 자국의 문자로 자국의 역사지지를 편집하여 전국 인민이 봉독전송하여야 기 고유한 국정(國精)을 보지하며 순미한 애국심을 고발(鼓發)"27)할 수 있다고 말한 데서 그 점을 확인할 수 있다. 이 발언의 요지는 민족어로 쓰인 글이 국수 보전에 효과적이라는 것이다. 한글이 한문에 비해 민중에게 감수성 교육을 하는 데 훨씬 쉽기 때문이다. 「천희당시화」에서 "시란 자는 국민언어의 정화"이기 때문에 한시는 아무리 잘 써도 '지나시계의 혁명'은 가능하지만 '동국시계의 혁명'은 불가능하다고 단언한 것이라든가 「근금 국문소설 저자의 주의」에서 "사회 대추향(大趨向)은 종교 정치 법률 같은 대철리 대학문으로 정(正)하는 배 아니라, 언문소설의 정(正)하는 배라"한 것도 민족어 문학이 예술의 정치화에 효과적이라는 판단에서였다. 그런 점에서 민족어의 강조 또한 정치가 예술에 내재적인 것이라는 사고의 연장선상에 놓여 있다고 할 수 있다.

이처럼 신채호의 문학론은 수미일관하게 '예술의 정치화'라는 기획과 연결되어 있다. 이 기획은 이광수에서 시작해 김동인에게서 유미주의로 극단화되는 미적 자율성론과 여러모로 구별된다. 특히 정치 혹은 계몽을 문학에 내재적이라고 본 점은 문학과 정치를 철저히 분리시킨 미적 자율성론과 결정적으로 갈라지는 대목이다. 그렇게 보면, 1910년대는 미적 근대성의 두 계보가 분기(分岐)되는 출발점인 셈이다. 신채호와 이광수를 함께 읽어야 1910년대 한국 근대문학의 전체상을 온전하게 이해할 수 있는 것도 그래서이다.

---

27) 신채호, 「국한문의 경중」, 『단재신채호전집』(별집), 형설출판사, 1977, 75~76면.

4. 신채호, 탈식민문학의 기원

신채호의 사상은 한마디로 주체 철학으로 요약된다. '아'의 사상은 민족 주체의 정립을 통해 탈식민을 이루려 한 실천적 사상이었다. 그가 민족적 '아'를 강조한 것은 국수주의자여서가 아니라 제국주의적 세계 체제 아래에서는 민족 해방이 선결 과제라는 전략적 판단 때문이었다. 말하자면 아의 역사성에 대한 통찰을 바탕으로 민족의 전략적 선차성을 강조한 것이다. 시대의 성격에 따라 아의 요체가 변화한다는 생각은 개인이 먼저냐 민족이 먼저냐 따위의 이분법을 뛰어넘는 놀라운 탁견이다. 개인 우선론이든 민족 우선론이든 양자는 공히 개인이나 민족을 역사성을 초월한 형이상학적 실체로 간주하기 때문이다. 신채호는 '아란 역사적인 것이다'라고 선언함으로써 그러한 형이상학적 실체론을 일거에 뛰어넘고 있다. 신채호의 민족주의는 그 연장선상에서 제시되었다. 그의 민족주의는 제국주의의 단순 반복 또는 거울이 아니었다. 그것은 반대로 반제국주의적 저항과 민족 해방의 이념이었다. 신채호의 민족주의는 침략적이고 착취적인 이데올로기가 아니라 민족 주체를 일으켜 세움으로써 일체의 노예 상태로부터 벗어나려는 저항적이고 해방적인 이념이었기 때문이다. 사회진화론적 용어들로 착색되기는 했지만, 당시의 역사적 맥락에 주목할 때 그의 민족주의는 '되받아 쓰기'의 좋은 사례라 할 만하다. 그런 점에서 신채호의 민족주의는 아의 사상—민족 주체의 정립—민족 해방으로 이어지는 제3세계적 주체 철학으로 이해하는 것이 적절하다.

그러나 그의 주체 철학이 타자를 억압하고 배제하는 서구의 주체 철학과는 달리 피식민 민족의 주체성을 지키고 보존하기 위한 사상이라는 점을 분명히 할 필요가 있다. 피식민 민족의 주체성이 중요한 까닭은 그것이 전인적(全人的) 주체성을 정립하기 위한 실존적 조건이기 때문이다. 말하자면 피식민자에게 민족 해방은 인간 해방의 출발점인 셈이다. 물론 민족 해방이 인간 해방을 보장하지는 않는다. 하지만 피식민 민족의 경우 민족 해방 없는 인간 해방이 불가능한 것은 분명하다. 피식민이란 기본적으로 민족적 노예 상태를 뜻하기 때문이다. 민족에 대한 신채호의 강조는 바로 그러한 전략적 판단에 따른 것이다.

신채호의 문학론 역시 같은 맥락에서 조명되어야 한다. 그는 민족어와 근대사상에 바탕한 새로운 문학의 창달을 주장했다. 이러한 문학을 건설하기 위해서는 계몽적이고 리얼리즘적이며 민중 지향적인 문학을 건설해야 한다는 것이 신채호의 구상이었다. 이러한 문학기획은 전투적 계몽주의와 선을 같이 한다는 점에서 근대적 문학기획의 전형이라 할 수 있다. 특히 신채호가 문학을 사회의 구성과 변혁에 능동적으로 참여하는 독자적인 사회적 실천으로 규정했다는 점에 주목할 필요가 있다. 이로써 문학이 이데올로기의 도구가 아니라 독립적인 주체로 거듭나게 되었기 때문이다. 그런 점에서 신채호의 문학론은 한마디로 '예술의 정치화'로 명명할 수 있다. 예술의 정치화의 핵심은 정치나 계몽을 예술에 내재적인 것으로 보는 점이다. 이는 문학과 비문학, 미와 지 / 선을 철저히 분리해 계몽을 '부산적 실효'로 외재화(外在化)시킨 이광수의 문학관과 극명하게 대비된다. 예술의 정치화라는 기획이 급진적인 까닭은 문학이 사회 변혁을 선도하는 능동적 주체라고 생각했다는 점과 더불어 민중을 역사의 주체로 설정한 민중 지향성 때문이다. 그런 점에서 신채호의 문학기획은 신경향파문학—프로문학—민족문학으로 이어지는 탈식민문학의 출발점을 이룬다.

신채호의 문학론에 중세적인 잔재라든가 종족주의적 편향이 산재해 있는 것은 사실이다. 그러나 그렇다고 해서 신채호의 문학론이 '근대적'이지 않은 것은 아니다. 오히려 신채호의 사상과 문학론은 대단히 '급진적인' 근대기획의 산물이다. 무엇보다 그것이 임화가 피식민 근대문학의 이상형으로 말한 바 있는 '자주주의와 개방주의'를 겸비하고 있다는 점에서 그러하다.[28] 신채호는 철저한 자주주의자였지만 국수주의자는 아니었다. 그는 곳곳에서 근대적 사상과 문물의 도입을 강조한다. 다만 개방이 자주적으로 이루어져야 한다는 것이다. 「낭객의 신년만필」에서 질타했듯이, '부처의 조선, 맑스의 조선'이 아니라 '조선의 부처, 조선의 맑스'가 되어야 한다는 것이다.[29] 이보다 '자주주의와 개방주의'를 겸비한 자세가 어디 있겠는가. 근대 초기의 한국문학이 개화를 명분으로 민족 주체를 포기하고 시대의 길로 빠져들었던 사실을 떠올리면, '자주와 개방'을 동시적으로 실천하려 한 신채호의 노력이야말로 참으로 소중하기 그지없다. 그런 점에서 신채호의 사상과 문학론은 '자주와 개방'을 겸비한 탈식민문학의 기원으로 손색이 없다.

---

28) 이에 대한 자세한 설명으로는 하정일, 「이식·근대·탈식민」, 『임화문학의 재인식』, 소명출판, 2004 참조.
29) 신채호, 「낭객의 신년만필」, 『단재신채호전집』(하), 형설출판사, 1977, 26면.

비민족주의적 반식민주의로서의 신채호

단재의 민족주의 극복을 중심으로

김재용

1. 민족주의를 넘어서

신채호 연구 중에서 가장 어려운 쟁점 중의 하나가 사회주의 수용 여부이다. 신채호가 언제부터 과거의 민족주의적 경향에서 벗어나 사회주의적 사상을 가졌는가 하는 것을 해명하는 것은 결코 쉽지 않다. 하지만 최근 여러 자료들이 나오면서 이전과는 다른 연구 상황이 조성되었다. 평양에 보관되어 있는 유고의 일부를 김병민 교수가 공개하고 북경대 도서관에 보관되어 있던 『천고』 잡지의 일부가 번역되어 소개되면서 실마리가 풀리기 시작하였다. 『천고』 1·2호를 훑어보면 신채호가 이 무렵에 사회주의적 사상을 분명하게 갖고 있음을 확인할 수 있다. 이 잡지에 실린 사회주의에 대한 직접적인 글도 그러하지만 그렇지 않은 글에서도 이러한 경향을 뚜렷하게 읽어낼 수 있기 때문이다. 그런 점에서 분명한 것은 신채호가 1921년 무렵이면 사회주의적 경향을 확연하게 갖고 있었다는 점이다. 이 무렵에 신채호는 일본제국주의에 대한 저항을 단순한 이민족 지배에 대한 전복만이 아니라 특권 계급에 의해 이루어진 제도의 전복으로 생각하였다. 이러한 생각은 이전의 민족주의적 사고에서는 생각하기 어려웠던 것이다. 신채호가 작성한 것으로 알려져 있는 1923년 1월의 의열단의 선언문에서 이러한 생각은 한층 정리되어 드러난다.

약산 김원봉이 핵심이었던 의열단의 요청으로 나온 것이기는 하지만 신채호의 지향을 확연하게 읽을 수 있는 『조선혁명선언』은 당시 국내와 국외의 다양한 움직임에 대한 비판을 기반으로 한 것이다. 국내의 흐름으로는 자치론자·참정권론자 그리고 문화운동에 대해서 비판하였고, 국외의 흐름으로는 이승만의 외교론과 안창호의 준비론을 비판하였다. 민중 스스로의 폭력에 의하여 혁명을 하여야 한다고 주장하고 있다. 그런데 이 글에서 놓쳐서는 안 될 것은 이 변혁이 단순히 일본제국주의에서 해방되는 것만을 말하고 있지 않다는 점이다. 일본제국주의로부터 벗어나는 것과 더불어 사회의 변혁을 기해야 한다는 점이다.

혁명의 길은 파괴부터 개척할지니라. 그러나 파괴만 하려고 파괴하는 것은 아니라 건설하려고 파괴하는 것이니, 만일 건설할 줄을 모르면 파괴할 줄도 모를지며, 파괴할 줄을 모르면 건설할 줄도 모를지니라. 건설과 파괴가 다만 형식상에서 보아 구별될 뿐이요 정신상에서는 파괴가 곧 건설이니 이를테면 우리가 일본 세력을 파괴하려는 것이 제1은 이족 통치를 피괴하자 함이다. 왜? '조선'이란 그 위에 '일본'이란 이족 그것이 전제하여 있으니 이족전제의 밑에 있는 조선은 고유적 조선이 아니니 고유적 조선을 발견하기 위하여 이족 통치를 파괴함이니라. 제2는 특권계급을 파괴하자 함이다. 왜? '조선민중'이란 그 위에 총독이니 무엇이니 하는 강도단의 특권계급이 압박하여 있으니 특권계급의 압박 밑에 있는 조선 민중은 자유적 조선민중이 아니니 자유적 조선민중을 발견하기 위하여 특권계급을 타파함이니라. 제3은 경제 약탈제도를 타파하자 함이다. 왜? 약탈제도 밑에 있는 경제는 민중 자기가 생활하기 위하여 조직한 경제가 아니요, 곧 민중을 잡아먹으려는 강도의 살을 찌우기 위하여 조직한 경제니 민중생활을 발전하기 위하여 경제 약탈제도를 파괴함이니라. 제4는 사회적 불평균을 파괴하자 함이다. 왜? 약자 이상에 강자가 있고 천자 이상에 귀자가 있어 모든 불평균을 가진 사회는 서로 약탈, 서로 박삭(剝削), 서로 구시(仇視)하는 사회가 되어 처음에는 소수의 행복을 위하여 다수의 민중을 잔해하다가 말경에는 또 소수끼리 서로 잔해하여 민중 전체의 행복이 필경 수자상의 공(空)이 되고 말 뿐이니 민중 전체의 행복을 증진하기 위하여 사회적 불평균을 파괴함이니라. 제5는 노예적 문화사상을 파괴하자 함이다. 왜? 유래하던 문화사상의 종교 윤리 문학 미술 풍속 관습 그 어느 무엇이 강자가 제조하여 강자를 옹호하던 것이 아니더냐? 강자의 오락에 제공하던 제구가 아니더냐? 일반 민중을 노예화케 하던 마취제가 아니더냐? 소수계급은 강자가 되고 다수민중은 도리어 약자가 되어 불의의 압제를 반항치 못함은 전혀 노예적 문화사상의 속박을 받은 까닭이니 만일 민중적 문화를 제창하여 그 속박의 철쇄를 끊지 아니하면 일반민중은 권리사상이 박약하며 자유향상의 흥미가 결핍하여 노예의 운명 속에서 윤회할 뿐이라. 그러므로 민중문화를 제창하기 위하여 노예적 문화사상을 파괴함이니니라.[1]

신채호는 단순하게 일본이란 이민족의 지배로부터 벗어나는 것을 조선 혁명이라고 보지 않았다. 이민족의 지배로부터 벗어나는 것은 기본이고 그와 더불어 특권 계급의 타파를 비롯한 제반 사회적 제도의 변화를 추구하는 것이 바로 조선 혁명이라고 보았던 것이다. 그런 점에서 이 무렵 신채호가 과거의 민족주의에서 벗어나 있는 것은 분명하다. 문제는 이 무렵에 그가 지니기 시작한 사회주의적 사상이란 것이 구체적으로 어떤 것인가 하는 점이다. 신채호가 생각하던 사회주의는 두 가지의 가능성을 내포한 것으로 볼 수 있다. 하나는 '공산주의'적 사회주의로 부르주아 국가 체제를 전복하고 공산주의사회로 나아가기 위해서는 프롤레타리아 독재와 이를 뒷받침할 수 있는 국가가 과도기적으로 필

---

1) 『단재신채호전집』(하), 형설출판사, 1975, 43~45면.

요하다는 것이고, 다른 하나는 '무정부주의'적 사회주의로 프롤레타리아 독재와 국가를 상정하는 한 그것은 또 다른 억압의 시작일 뿐이라고 보는 것이다. 이 무렵 신채호의 사회주의는 이 두 가지의 길을 다 열어놓고 있는 그러한 것이었다.[2]

이 두 가지 중에서 '무정부주의'적 사회주의를 선택한 계기는 국민대표회의의 결렬 후 코민테른이 보여준 태도와 이를 추종하는 한인 사회주의 조직에 대한 환멸이다. 신채호는 '공산주의'보다는 '무정부주의'가 식민지 민중의 문제를 해결할 수 있는 길이라고 보기 시작하였다. 이러한 점을 이해하기 위해서는 국민대표회의에 신채호가 걸었던 기대와 이것이 좌절되는 과정에 대한 파악이 선행되어야 한다. 국민대표회의는 1921년 5월 그 소집이 제창되었고 그 주비위가 1922년 5월에 조직되었다. 1923년 1월 상해에서 본격적인 회의가 소집되었다. 상해임시정부의 간접적 방해 속에서 이루어진 이 회의는 결국 그해 6월 내부의 대립으로 결렬되고 말았다. 이 결렬은 당시 많은 해외 독립운동가들에게 큰 충격을 주었지만 신채호에게는 비교할 수 없을 정도로 강한 좌절을 주었던 것으로 보인다. 신채호는 상해의 임시정부를 비판하면서 새로운 조직에의 재편을 요구하였고 이를 위하여 국민대표회의를 소집한 것을 줄기차게 요구하였다. 임시정부 대신에 새로운 조직을 내올 것을 요구한 것은 이승만의 외교론과 안창호의 준비론의 한계에 대한 인식 때문이다. 이 새로운 조직을 통하여 추구하고자 했던 것은 『조선혁명선언』에서 제기한 그러한 제반 혁명 사업을 자기의 목표로 할 수 있는 조직체에 대한 갈망이었다. 그렇기 때문에 그는 국민대표회의에 참가하여 이를 요구하였던 것으로 보인다. 그러나 강하게 소집을 주장하였던 이

---

2) 신채호의 글로 짐작되는 「크로포트킨의 죽음에 대한 감상」(최광식 역주, 『단재 신채호의 '천고'』, 아연출판사, 2004)은 1921년 무렵에 신채호가 민족주의를 넘어서 사회주의에 경도하고 있음을 보여줌과 더불어 '공산주의'와 '무정부주의' 두 가지 가능성을 동시에 탐색하고 있음을 보여주고 있다.

국민대표회의가 결론을 내지 못하고 그것도 일제의 탄압이 아니라 내부 노선의 차이와 이를 둘러싼 갈등으로 인하여 무산 되었다는 점에서 크게 실망하였다. 특히 그가 이 대회에서 실망한 것은 사회주의자들이었다. 일정하게 기대를 가졌던 사회주의자들이 일을 그르치는 데 한몫을 했기 때문이다. 잘 알려져 있는 것처럼 당시 해외의 사회주의자들 내에서는 이른바 상해파와 이르쿠츠크파로 나누어져 내분이 심하였다. 실제로 이 국민대표회의가 결렬된 데에는 이들의 내분도 한몫을 하였던 것이다.[3] 신채호는 이들에게 큰 기대를 가졌으나 오히려 이들이 자신들의 내분을 조정하지 못하고 실패를 초래한 것에 대해 크게 실망하였던 것으로 보인다. 한인 사회주의자 못지않게 신채호가 실망한 것은 코민테른의 태도이다. 창조파가 소련 영토였던 블라디보스톡에 새로운 임시정부를 세우려고 했을 때 일본 정부와의 외교관계를 고려한 소련 국가가 이를 반대하자 소련의 영향권 하에 있던 코민테른이 이를 거부한 것이다.[4] 소련 국가의 외교 정책이 곧 코민테른의 정책이 되는 형국이다. 이는 코민테른이 진정한 국제주의의 결집체가 되지 못하고 소련에 종속되어 있다는 가장 뚜렷한 증거이다. 신채호는 코민테른과 소련의 이러한 점을 강하게 비판하고 이를 추종하는 한인 '공산주의'적 사회주의에 대해서도 마찬가지로 강한 비판을 제기하게 된다.

---

3) 신숙, 『나의 일생』, 일신사, 1963, 77면.
4) 신숙, 위의 책, 82면.

2. 소련 중심의 프롤레타리아 국제주의와 그 추종 세력에 대한 비판

국민대표회의가 결렬된 후 블라디보스톡에 새로운 임시정부를 마련하려고 하였던 이들이 소련 영내에서 추방당한 것은 1924년 2월 말경이다.[5] 이 소식은 국민대표회의 결렬 이후 일말의 희망을 갖고 있던 신채호에게는 여간 실망스러운 일이 아니었을 것이다. 신채호는 모든 것을 접고 1924년 3월 북경의 한 절에 들어갔다. 자신이 걸어온 길과 향후의 도정에 대해 심각한 고민에 빠졌지만 얼마 지나지 않아 새로운 길을 모색하기 위하여 바깥세계로 나와 글을 쓰기 시작하였다. 활동을 재개하면서 쓴 글에서 공통적으로 드러나는 것은 소련 중심의 프롤레타리아 국제주의와 그 추종 세력에 대한 비판이다. 그동안 신채호는 프롤레타리아 국제주의의 사회주의자들에 대한 비판을 전혀 하지 않았다(상해파와 이르쿠츠크파의 대립으로 인해 빚어졌던 자유시사변에 대해서 모를 리가 없었던 신채호가 이를 비판하지 않았다). 부분적으로 불만이 있기는 하지만 대의를 위해서 비판을 자제했던 것으로 보인다. 특히 상해 임정을 대신할 새로운 기구를 건립할 것을 주장하면서 국민대표회의 소집을 요구한 마당에 이러한 비판은 별로 바람직하지 않았던 것으로 판단한 것이다. 하지만 국민대표회의가 결렬된 후 소련 중심의 프롤레타리아 국제주의와 그 추종 세력들이 그 파탄의 책임을 부분적으로 져야 한다고 생각하였기에 이들에 대한 비판을 서슴없이 할 수 있었던 것으로 보인다. 모스크바의 코민테른 지시를 지침으로 삼으면서 조선의 현실 분석을 게을리 하는 이들이, 안창호 등의 개조파 못지않게, 국민대표회의의 결렬에 한몫을 했다고 보았던 것이다. 이 무렵에 쓴 것이 바로 「조선의 지사」이다.

---

5) 신숙, 앞의 책, 82면.

세계대전 이후에 주의란 명사가 널리 유행되어 조선의 지사들도 할 일 없이 그 활용하기에 편의한 다주의 곧 무주의의 주의를 버리고 일개의 주의를 신봉하게 되었다. 공산주의자 무정부주의자 등에 대하여 민족주의자 국가주의자 등의 구별까지 생기며 지사란 명사가 '주의자'로 바뀌기에 이르렀다. 공산당 되기 이전부터 애국주의의 박멸을 절규하던 중국의 진독수는 소비에트 정부의 환영 마당에서 귀래하여 그 전부의 중국공산당을 솔하여 민주주의를 혼잡한 국민당의 일부분이 되고말며 동포만세 조선만세에 입아귀가 찢어지던 조선의 지사들은 노령에 들어서는 날에 민족주의 포기의 선언에 분방하다. 이로부터 조선 지사도 다주의가 없어지고 유일의 주의를 가지게 될 것인가. 그러나 이를 유일의 주의를 가지려는 짐조(朕兆)라는 이보다 경우(境遇)를 따라 주의가 선변(善變)하리라는 예언이다.[6]

이 글은 국민대표회의가 결렬된 후 실의에 젖었던 신채호가 다시 활동을 하기 시작할 무렵에 쓴 것으로 보인다. 그가 활동을 재개하면서 이 글을 쓴 것이 분명하기 때문에(1924년에 있었던 중국공산당과 국민당과의 합작을 언급하는 데서 확인할 수 있다) 국민대표회의가 결렬된 것에 대한 비판과 무관하지 않다고 생각한다. 국민대표회의 결렬 이후 새로운 진로를 모색하고자 했던 신채호로서는 이들과는 분명하게 선을 긋고 새롭게 출발하고자 했던 것이다.

소련으로 넘어가는 순간 민족주의를 포기한다고 하면서 소련 중심의 프롤레타리아 국제주의에 추종하는 세력을 비판한 이 대목을 이해하기 위해서는 이 무렵 해외 한인 사회주의자들의 소련중심주의에 대해 파악할 필요가 있다. 잘 알려져 있는 것처럼 한국의 사회주의자들이 모스크바의 코민테른과 직접적 연계를 맺기 시작하는 것은 1922년 1월에 열

---

6) 김병민 편, 『신채호문학유고선집』, 연변대학출판사, 1994, 170면 참조. 이 글은 북에서 나온 『용과 용의 대격전』에는 수록되지 않은 것으로 현재 김병민 교수가 편한 이 책에서만 확인할 수 있다. 그런 점에서 매우 중요한 글이다. 이 글을 『용과 용의 대격전』에 싣지 않은 것은 이 글이 소련과 소련을 추종하는 사회주의자에 대한 비판을 담고 있기 때문에 당시에는 수록하기 어려웠을 것으로 보인다. 김병민 교수는 이 글이 쓰인 시점을 1924~1925년 무렵으로 보고 있는데 필자도 이 견해에 동의한다.

린 극동근로자대회에서이다. 이 대회는 코민테른에서 오랫동안 준비해온 것으로 코민테른의 식민지 문제에 대한 인식과 밀접하게 연관되어 있다. 코민테른은 1920년 7월에 열린 제2차대회에서 인도 출신의 로이가 정초한 것을 레닌이 수정한 식민지 문제에 대한 테제를 작성한다. 억압 민족과 피억압 민족의 구분에 기초한 식민지에 대한 코민테른의 결정에 따라 그해 9월 1일부터 7일까지 카스피해 서안에 위치한 바크에서 제1회 동방제민족대회가 개최되었다. 이런 일련의 과정을 통하여 식민지 문제 특히 아시아 제 지역에서의 식민지 문제에 관심을 돌린 코민테른은 아시아에서의 민족해방운동이 세계 혁명에 큰 역할을 할 것이라는 기대감을 갖고 아시아 지역의 민족해방운동에 지속적으로 관심을 갖게 되었다. 1921년 6월에 열린 제3차 코민테른회의에서 극동피억압민족대표회의를 열기로 결정하였다. 파리강화회의에서 해결하지 못한 문제를 논의하기 위하여 워싱턴에서 새롭게 회의가 열린다는 소식을 접하고 이에 맞서기 위하여 워싱턴회의가 열리는 1921년 11월 12일보다 하루 앞선 11일에 이르쿠츠크에서 극동피억압민족대표대회를 열기로 결정하였다. 또한 일본의 카타야마 센을 초청하고 그를 중심으로 일본 및 조선의 대표들을 부르기로 하였다. 파리강화회의에 실망한 많은 조선의 독립운동가들이 워싱턴으로부터 모스크바로 관심을 돌리기 시작하였던 터라 이 회의에 많이 참석하게 된다. 그런데 여러 가지 이유로 하여(카타야마 센의 러시아 입국이 늦어진 것 등) 이 회의는 이르쿠츠크에서 모스크바로 장소가 변경되었고 날짜도 1922년 1월 21일로 연기되었다. 대회도 극동피억압민족대표대회에서 극동근로자대회로 바뀌었다. 조선에서는 총 56명이 참가하였는데 당시 일본과 중국의 참가자와 비교할 때 압도적으로 많은 숫자였다. 당시 이 회의에 조선인 독립운동가들이 걸었던 기대를 짐작할 수 있다.

당시 신채호는 이 회의에 대해서 잘 알고 있었던 것으로 보인다. 실제로 신채호가 이 대회에 참가하였다는 증언7)도 있지만 이는 향후 잘 검토해보아야 할 사항이다. 임경석 교수가 밝힌 이 회의 참석자의 명단에는 신채호가 없다. 이런 것을 미루어 볼 때 신채호가 참석하지 않았거나 아니면 이르쿠츠크에서 열렸던 극동피억압민족대표대회라는 예비회의에만 참석했을 가능성도 있다. 신채호가 이 대회에 참석했거나 하지 않았거나 하는 것은 그렇게 중요한 문제가 아니다. 중요한 것은 그가 이 대회에 잘 알고 있었고 큰 관심을 두었다는 점이다. 그가 이 대회에 큰 관심을 두었던 것은 당시 이 대회에 참석한 많은 사람들과 마찬가지로 파리강화회의에서 보여준 제국주의 국가들의 패권적 이해관계와 이를 이어받은 워싱턴회의로부터 조선의 민족해방운동이 아무런 도움을 받을 수 없다는 점 때문이다. 그렇기 때문에 이제 워싱턴이 아니라 모스크바에서 그러한 가능성을 찾을 수 있을 것이라는 희망을 가졌기 때문에 사태의 추이를 지켜보았던 것이다. 이 대회의 참석자 여부를 둘러싸고 해외의 한인 사회주의자들 내에서는 내분이 일어났다. 당시 이 대회를 주도한 측은 코민테른 극동비서부였기에 이들에게 비위가 맞는 사람들 중심으로 대표자 선정이 이루어졌다. 잘 알려져 있는 것처럼 그 과정에서 이르쿠츠크 계열의 사회주의자들이 압도적인 영향력을 행사했고 상해파 계열의 사회주의자들은 배제되었다. 코민테른의 권위를 업고 일을 행하려고 하는 소련 중심의 프롤레타리아 국제주의의 방식에 대해서 신채호는, 워싱턴에 기대를 거는 상해 임정의 민족주의자들과는 다른 차원에서, 문제점을 느꼈을 것으로 판단된다. 물론 이 무렵에는 이러한 점들은 분명하게 느끼고 있었지만 내색하지 않고 속에 담고 있었다.8) 이런 점은 국민대표회의가 결렬된 후 소련 중심의 프롤레

---

7) 신채호의 친구였던 서세충(徐世忠)은 "상해 북평 등지에서 무정부주의운동을 하면서 잡지 『천고』를 발행하였으며 동방피XX민족대회에 참석한 일도 있다"라고 회고 하고 있다. 『단재신채호전집』(하), 형설출판사, 1975 참조.

8) 신채호가 한국의 사회주의자들이 소련 중심의 프롤레타리아 국제주의에 함몰될 가능성에 대해서는 일찍이 언급하고 있다. "북구대국(소련)의 기초가 이미 정해져 노동주의 사조가 더욱 번성하니 장차 조선의 애국지사들도 옛 가옥을 허물고 신식 비행기

타리아 국제주의와 그 추정 세력에 대한 비판을 행할 때 당시의 느낌을 담아 비판하고 있는 데서 확인할 수 있다.

소련 중심의 프롤레타리아 국제주의와 그 추종 세력에 대한 신채호의 비판은 여기에서 끝나지 않고 더욱 근본적인 문제에까지 이른다. 즉 조선인들의 정신 구조에까지 문제를 제기하는 것이었다. 그 대표적인 것이 바로 1925년 1월 2일 동아일보에 발표된 「낭객의 신편만필」이다. 이 글 중에서 4절 부분에 해당하는 '유산자보다 나은 무산자의 존재를 잊지 마라'는 당시 소련 중심의 프롤레타리아 국제주의에 대한 비판을 담고 있어 주목을 요한다.

연전 상해에서 '민중'이란 주일신문에 어떤 문사가 이러한 논문을 썼다. "조선인 중에도 유산자는 세력있는 일본인과 같고, 일본인 중에도 무산자는 가련한 조선인과 한가지이니 우리 운동을 민족으로는 나눌 것이 아니요 유무산으로 나눌 것이라"고 유산계급의 조선인이 일본인과 똑 같다 함은 우리도 승인하는 바이거니와 무산계급의 일본인을 조선인으로 본다함은 몰상식한 언론인가 하니, 일본인이 아무리 무산자일지라도 그래도 그 뒤에 일본 제국이 있어 위험이 있을까 보호하며 재해에 걸리면 보조하며, 자녀가 나면 교육으로 지식을 주도록 하여, 조선의 유산자보다 호강한 생활을 누릴뿐더러 하물며 조선에 이식한 자는 조선인의 생활을 위혁하는 식민의 선봉이니 무산자의 일인을 환영함이 곧 식민의 선봉을 환영함이 아니냐. 누백년 비열한 외교하에서 생장한 식민들인 까닭에 무엇보다도 외교를 중시하여 매양 위급멸망의 제를 당하면 제3자에 대한 외교는 물론이거니와 곧 위급멸망의 화를 가하려는 상대자에 대한 외교까지도 급급하여 갑진 을사의 간에 일본 정부에 올린 장서가 날로 날 듯하며 일본인 통감 이등에게 바치는 공함이 빗발치듯하며 오조약 체결할 때는 신문지에 오적을 베이는 필검이 삼엄하지만 일본대사 이등후에게는 애걸의 뜻을 표하며 독립 자강으로 주의 삼는다는 대한 자강회에 일본인 협잡

에 타 망막한 천공을 높이 날며 세계는 하나라는 노래를 고창할지 또한 알 수 없다". (최광식 역주, 『단재 신채호의 '천고'』, 아연출판사, 2004, 176면)라고 적고 있다. 하지만 이는 본격적인 비판이기보다는 미래에 대한 경계의 성격이 강하다.

배의 대원장부(大垣丈夫)를 어른으로 모시더니 오늘에 와서 주의를 부르고 강권을 반대하지만 기실은 정부가 민중으로 변할 뿐이며 집정대신이 일본 무산자로 변할 뿐이며 통감 이등박문 군사령관 장곡천이 편삼잠(片山潛) 게리언(堺利彦)으로 변할 뿐이니 변하는 자는 그 명사뿐이요 정신은 의구하다. 그러나 민중의 외교도 매양 생활의 이해로 낙착되나니 일본무산자를 조선인으로 본다 함이 강족(强族)에게 납도(納謟)하는 못난 비열이 아니면 종로 거지가 도승지를 불쌍타 하는 지나친 인후가 될 뿐이다.

"조선인 중에서 유산자는 세력 있는 일본인과 같고 일본인 중에서 무산자는 가련한 조선인과 한가지"라고 말한 것은 당시 해외에 거주하던 소련 중심의 프롤레타리아 국제주의를 추종하는 한인 사회주의자들 염두에 둔 것이다. 당시 누가 이러한 발언을 했는지 구체적으로 알기는 어렵지만 소련 중심의 프롤레타리아 국제주의에 입각하여 모스크바의 코민테른의 지시를 실천의 기본 잣대로 삼는 당시 널리 퍼져 있던 해외 한인 사회주의임에 틀림없다. 이 글에서 눈여겨보아야 할 것은 가타야마 센(片山潛)에 대한 비판이다. 앞서 극동피압박민족대표회의와 극동 근로자대회를 언급하면서 이미 지적한 바와 같이 당시 코민테른은 카타야마 센을 이 대회의 핵심적인 인물로 보고 있다. 그가 러시아에 들어오는 것이 늦어지면서 회의가 연기되었다는 말이 나돌 정도로 그에 대한 코민테른의 신임은 대단히 큰 것이었다. 카타야마 센은 이 대회 이후 계속 모스크바에 머물면서 극동 동아시아 지역의 식민지 및 반식민지 문제에 대해 지대한 영향력을 행사하였다.[9] 이러한 인물이 조선의 사회주의자에 대해 갖는 위치를 과거 이완용에 대한 이토오 히로부미의 역할에 빗댄 것은 매우 신랄한 비판이라고 할 수 있을 것이다. 앞서 「조선의 지사」에서는 소련을 다녀온 조선인 사회주의자들이 보여주는 행태를 비판하는 것에 그쳤다면 카타야마 센에 대한 비판은 코민테른

9) 코민테른대회와 집행위원회의에서 그가 행한 역할에 대해서는 いいだもも가 편한 『民族 植民地 問題 と 共産主義』, 社會評論, 1980 참조.

자체에 대한 비판을 행한 것이기 때문에 이전과는 비교가 되지 않을 정도로 강도가 강한 것이다.

이러한 비판을 통해서 신채호는 사회주의 중에서 '공산주의'의 방식에 대해서는 거부하고 '무정부주의'의 방식을 받아들이고 있음을 확인할 수 있다. '공산주의'는 새로운 국가의 필요성과 프롤레타리아 독재를 옹호하는 것에 그치지 않고 소련 중심의 프롤레타리아 국제주의로 바로 이어지기 때문에 결코 받아들일 수 없다는 것이다. 자유시사변과 창조파의 임시정부 무력화 등을 통하여 이런 점들을 생생하게 체험한 신채호로서는 더 이상 이것의 가능성을 신뢰하지 않았던 것이다. 그 대신에 그는 '무정부주의'의 사회주의를 적극적으로 받아들이고 실천하게 된다. 이민족의 지배와 특권계급의 타파를 동방의 식민지 민중들의 구체적 현실 위에서 추구하는 것이 진정한 국제주의라고 생각하기에 이른 것이다. 그리고 그렇게 하는 것이 세계의 무산 계급 민중들과 만나는 길이라고 생각하였다. 그렇기 때문에 1926년 무렵 대만의 임병문을 만나 동방무정부주의연맹에 참여할 수 있었다. 이 무렵에 쓴 「선언」과 「용과 용의 대격전」은 바로 이러한 신사고의 산물이었다.

3. 카프계 문학인들의 신채호 평가와 비민족주의적 반식민주의의 유산

카프계 문학인 중에서 신채호를 처음으로 평가한 사람은 한설야이다. 한설야는 일제 말인 1944년에 썼다가 발표하지 못하고 해방 후인 1959년에 단행본으로 출판한 『열풍』[10]에서 신채호를 매우 높이 평가하였다.

---

10) 일제 말에 한글로 발표된 단편소설 「젖」과 「향비애사」가 『열풍』의 한 대목인 것을 미루어 볼 때 일제 말에 장편소설 『열풍』이 쓰였다는 한설야의 주장은 사실에 기초한

이 작품은 한설야가 1920년대 초반 북경에 머물렀던 것을 토대로 하여 쓴 자전적 소설로서 일제 말에 나온 성장소설 『탑』의 속편이다. 3·1운 동으로 잡혀 들어갔던 상도가 출옥 후 북경으로 유학 갔다가 고국으로 돌아오는 과정을 다루었다. 이 작품에 등장하는 손빈은 신채호를 모델 로 한 인물이다. 한설야의 분신이라 할 수 있는 상도가 북경에 가서 만 나는 인물 중에 민족주의자도 있고 사회주의자도 있는데 그가 친화력 을 느끼는 인물은 사회주의자로 등장하는 손빈이다. 한설야가 비중 있 게 다루는 것은 사회주의자 손빈이 민우식을 비롯한 많은 민족주의자 들과 어떤 차이를 갖고 있는가 하는 것이며 상도가 왜 민족주의자보다 는 사회주의자 손빈을 따르게 되었는가 하는 점이다. 한설야는 1920년 대 초반 북경에 거주하던 망명객 내부에서 일어나는 이러한 사상적 대 립의 한 축이었던 사회주의를 선도하는 인물로서 신채호를 염두에 두 고 손빈이란 인물을 창조하였다.

한설야는 당시 신채호가 가졌던 사회주의의 내면을 묘사하고 있지는 않는다. 앞에서 보았던 것처럼 신채호는 사회주의에 입문한 후 '공산주 의'와 '무정부주의'의 가능성을 모두 탐색하고 있다가 결국 소련 중심 의 프롤레타리아 국제주의와 이를 추종하는 한인 사회주의자들의 문제 점을 인식하고 급격하게 '무정부주의'에 기울어졌고 이 속에서 조선의 민족 문제 해결과 특권 계급 해체의 가능성을 읽었던 것이다. 이러한 세부적인 것은 이 작품 어디에서도 나오지 않는다. 신채호가 이 두 가 지 가능성을 사회주의라는 큰 틀에서 고민하다가 '공산주의'를 비판하 고 '무정부주의'로 급격하게 기울기 시작한 것이 1923년 가을 이후인데 이 무렵은 한설야가 북경으로부터 귀국한 이후이기 때문이다.

그럼에도 불구하고 이 작품은 신채호의 북경 시절의 의미를 사회주 의사상의 수용이란 측면에서 보고 있다는 점에서 매우 흥미롭다. 신채

것으로 보인다.

호를 사회주의자라고 보았기 때문에 한설야는 강한 친화력을 느낄 수 있었고 이것이 그를 모델로 한 장편소설을 쓸 수 있었던 배경이 아닌가 한다. 그런데 간과해서는 안 될 것은 한설야가 신채호를 단순히 사회주의자란 이유만으로 평가하는 것은 아니라는 점이다. 신채호가 사회주의자이면서 동시에 민족 문제를 고려하는 사상가라는 점을 중요하게 보았던 것이기에 이 시점에서 그를 모델로 한 작품을 쓸 수 있었던 것으로 보인다. 한설야는 카프문학계 내에서 그 누구보다도 민족 문제라는 조선적 특수성에 천착한 문학가였다. 잘 알려져 있는 것처럼 카프 내에서는 조선적 특수성을 천착하는 것을 '멘세비키'라고 비판하면서 코민테른 중심의 프롤레타리아 국제주의를 옹호하던 것이 주된 흐름을 차지하였다. 이에 대해 조선적 특수성을 강조하면서 이를 옹호하는 문학인들이 존재하였는데 한설야는 그 대표적인 인물이다. 특히 1930년대 말에 이르러 한설야는 이러한 점을 강조하였는데 그가 1941년 4월에 비타협적 민족주의자 신명균을 다룬 「두견」을 『인문평론』 마지막 호에 발표한 것이 그 대표적인 것이다. 이 무렵 한설야가 신채호를 모델로 하여 장편소설을 창작한 것은 민족 문제를 고려하는 사회주의자로서의 신채호의 면모에 대한 작가의 평가에서 나온 것임을 알 수 있다.

카프계 문학인들의 신채호 평가로 한설야와 더불어 논할 만한 사람은 안함광이다. 한설야와 달리 안함광은 신채호의 유고를 보는 행운을 얻었다. 특히 문학 작품인 「꿈하늘」과 『용과 용의 대격전』을 볼 수 있게 되어 문학사에서 비중 있게 다룰 수 있는 기회를 가졌다. 평양의 중앙도서관(현재는 인민대학습당)에 보관되어 있던 유고를 검토한 후 신채호의 문학사적 의미를 파악한 안함광은 자신의 문학사 『조선문학사』 9, 「19세기말~1919」(고등교육도서출판사, 1964)에서 신채호의 문학을 큰 비중으로 처리한다. 한 장을 신채호에게 할애한 이 문학사는 신채호의 전 생애와 문학을 전체적으로 다루고 있어 이후 발표된 글과는 다른 특징을 갖고 있다.[11]

안함광은 이 문학사에서 민족주의 시절의 신채호를 서술하고 난 다음 많은 분량을 사회주의 시절에 바치고 있다. 특히 「선언」과 「용과 용의 대격전」을 민족주의에서 사회주의로 전환한 이후의 대표적인 작품으로 들면서 이에 대해서 집중적으로 분석하고 있다. "신채호는 마지막 시기에 당시에 있어 지배적 시대 사조로 되어 있던 맑스 레닌주의사상의 긍정적 영향을 일정하게 받고 있었다는 흔적을 보여준다. 그러한 사정을 말해주는 것이 그의 정론 「선언」과 앞으로 이야기할 그의 소설 「용과 용의 대격전」이다"[12]라고 언급하면서 이들 작품은 모두 민족주의를 넘어선 사회주의사상에 입각한 작품이라고 평가하였다. 이런 점들을 통해서 볼 때 당시 안함광이 신채호의 문학을 높이 평가하기 시작한 것은 사회주의자로서의 신채호에 대한 높은 평가에 기인하고 있음을 알 수 있다. 한설야와 같이 가까운 거리에서 신채호를 보지 못하였던 안함광으로서는 신채호에 대해서 사상사적으로 평가할 만한 근거를 갖고 있지 못하였다. 하지만 유고가 발견된 다음 거기에서 나온 문학 작품을 검토하면서 문학가로서의 신채호에 대해 새롭게 인식할 수 있었기 때문에 문학사에서 이렇게 비중 있게 다룰 수 있었던 것이다. 하지만 단순히 문학자로서의 신채호를 발견한 것에 국한되지는 않는 것 같다. 신채호의 소설과 정론들이 보여주는 사회주의적 사상에 대해서 인식하였기 때문에 이렇게 적극적으로 평가할 수 있었던 것으로 보인다.

하지만 안함광이 당시 북의 사회 내에서 신채호를 평가하는 것이 그렇게 쉬운 일만은 아니었던 것 같다. 왜냐하면 신채호의 유고에서는 반복하여 소련 중심의 프롤레타리아 국제주의로서의 '공산주의'에 반대하고 '무정부주의'를 옹호하기 때문이다. 이러한 점은 당시 북에서는 쉽게

---

11) 안함광은 『조선문학』 1965년 2월에 「신채호와 그의 문학」을 발표하였고, 1966년에는 신채호 유고작품집 『용과 용의 대격전』(조선문학예술총동맹출판사, 1966)의 해제를 썼다.
12) 신채호, 『용과 용의 대격전』, 조선문학예술총동맹출판사, 1966, 346면.

받아들일 수 있는 것은 아니었던 것이다. 그렇기 때문에 안함광은 『조선문학사』 9에서 단서를 계속 덧붙이고 있다. 「선언」에 대해서는 "맑스 레닌주의사상의 일정한 영향을 보여주고 있으나 다른 한편에 있어서는 맑스 레닌주의의 전략 전술적 문제들에 대하여 정확한 지식을 가지고 있는 것은 되지 못하였던 탓으로 해서 문제 천명이 부정확하거나 부정당하게 되어 있는 부분들도 아울러 가지고 있다"라고 하였고, 「용과 용의 대격전」에 대해서는 "3·1봉기 이후 시기에 와서는 이 작가가 종래의 민족주의적 사상의 입장에서 사회주의적 사상으로 완전히 전신하였다는 것을 의미하는 것은 아니다. 이 한 작품만을 가지고서는 그러한 문제를 이렇게든 저렇게든 재단할 수 없다는 사정에서도 그러하려니와 또 가령 이 한 작품만을 가지고 말한다 할지라도 세계적 규모에서의 혁명의 승리의 문제가 충분히 과학적 견해에 의하여 안반침되어 있지는 못하다는 점과 특히는 드레곤의 형상의 특성에 있어서 그러하다"라고 하였다. 소련 중심의 프롤레타리아 국제주의와 이를 맹목적으로 추종하는 한인 사회주의자에 대해서 비판을 가하였던 대목을 염두에 두고 이러한 단서를 붙였던 것으로 보인다. 신채호의 이러한 사유는 당시 북의 문학계와 사상계에서 쉽게 받아들일 수 없는 성질의 것이었기 때문에 안함광으로서는 일정하게 위험 부담을 가지면서 평할 수밖에 없었다. 그렇기 때문에 신채호사상이 갖는 제한성을 부분적으로 언급하면서 전체적으로는 긍정적으로 평가하는 태도를 견지하였던 것으로 보인다.

안함광이 이러한 부담을 가지면서도 높이 평가할 수 있었던 것은 신채호가 조선적 특수성으로서의 민족 문제에 대한 천착을 게을리 하지 않으면서도 사회주의를 받아들이려고 하는 태도에 기인한 것이라 볼 수 있다. 그렇기 때문에 안함광은 신채호의 문학을 "우리나라 문학의 애국주의적이며 인민적인 전통의 보물고에 귀중한 재산을 기여한 것으로 된다"라고 결론지었다. 앞서 언급한 한설야와 마찬가지로 안함광은 1920년대 중반 이후 소련 중심의 프롤레타리아 국제주의가 횡행할 때

조선적 특수성을 이야기하였던 인물이다. 이러한 이유로 하여 한때 임화로부터 '멘세비키'라고 비난을 당할 정도로 이에 대한 천착이 강하였던 인물이다. 그렇기 때문에 그는 해방 직후에도 삼팔선 이북에서 독자적으로 '민족문학론'의 이론을 선구적으로 작업을 할 수 있었다. 그런 안함광이었기 때문에 신채호의 문학사적 사상사적 의미를 읽어내고 선구적인 평가를 내릴 수 있었던 것으로 보인다.

이상의 한설야와 안함광의 신채호 평가를 볼 때 카프계 문학인 중에서 민족 문제라는 조선적 특수성을 천착하던 사회주의 작가들이 신채호에 대한 평가에서 앞장섰음을 알 수 있다. 소련 중심의 프롤레타리아 국제주의를 비판하던 사회주의자 신채호가 갖는 의미를 이들이 자신들의 이론적 지반 위에서 읽어내고 평가할 수 있었던 것은 그런 점에서 결코 우연이라고 할 수 없다. 신채호가 행했던 소련 중심의 프롤레타리아 국제주의에 대한 비판이 자신들이 갖고 있던 조선적 특수성에 대한 천착이란 문제의식과 일정하게 맞닿아 있다고 판단하였기 때문이다. 그런 점에서 신채호는 한국 근대문학사에서 비민족주의적 반식민주의라는 새로운 지적 지평을 연 첫 문학인임을 확인할 수 있다.

신소설 출현의 역사적 배경

이인직과 「혈의루」를 중심으로

구장률

1. 근대계몽기의 결절점과 신소설

임화는 '육당의 신시와 춘원의 새 소설'이 나오기 이전인 대략 1900년
대에 해당하는 신문학사 초기를 '과도기'로 규정한다. 「개설 신문학사」
에서 과도기는 신시대의 탄생이나 구시대의 사멸이 모두 가능한 시공
간, 다시 말해 양자의 승패가 불확정적이며 두 세력이 균형을 이루기
이전을 의미한다는 뜻에서 보나파르티즘 이전으로 비유된다.[1] 살아있
는 세대들이 자신과 사물을 변혁하고 지금껏 존재한 적이 없는 무언가
를 만들려고 할 때, 이미 주어진 상황으로서의 전통과 필연적으로 대결
할 수밖에 없다는 맑스의 테제를 임화는 보나파르티즘이라는 은유로써

---

1) 임화, 「개설 신문학사」, 『조선일보』, 1939.12.7.

상기하고 싶었을 것이다.[2] 그리하여 새것과 옛것의 대립과 투쟁이라는 구도가 「개설 신문학사」의 근간을 이룬다.

어떤 연구자의 지적처럼 1900년대는 '근대성이 구성되는 장인 동시에 근대적 코드화가 아직 규정력을 발휘하지 못한 연대'[3]라는 점에서 분명 보나파르티즘을 연상케 하는 측면이 있다. 하지만 동시에 기원적 시공간으로 여겨지는 근대계몽기 내에서도 역사의 결절점은 존재한다. 러일전쟁은 특히 신구의 갈등이 서서히 종식되고 다양한 근대적 지향들이 정형화되는 조건을 제공했다. 독립협회가 해산된 이후 위축되었던 담론 생산이 각종 신문사와 학회의 설립과 더불어 폭발적으로 늘어남과 동시에, 국민·민족과 같은 지식 개념들이 현실의 요구에 따라 구체적인 의미를 얻기 시작한다. 통감 정치가 시작되는 1906년에 이르면 근대적 삶의 형식들이 시정개선사업 등을 통해 제도와 일상의 차원에서 내밀하게 자리 잡는다. 요컨대 만민공동회에서 잠시 빛을 발한 후 가능성의 영역에 잠복해 있던 역사의 흐름들이 러일전쟁과 연동하여 벌어진 일련의 사태들과 더불어 특정하게 응고되기 시작했던 것이다.

글쓰기의 수준에서도 사정은 비슷하다. 크게 보아 과체(科體) 중심의 한문 문체를 변역하고 국문의 가치를 일신하려는 여러 시도가 갑오경장 이후 계속되는 한편, 소설의 출현처럼 전에 볼 수 없던 변화가 나타나는 것 역시 이 시기이다. 물론 소설은 그 연원이 오래된 명칭이니 출현이라 말할 것도 없겠지만, 공적 영역에서 가치를 인정받지 못하던 소설이 을사조약 이후 1906년을 즈음하여 신문과 학회지 등 당대 공론을 주도하던 미디어에서 부각되기 시작한 것은 가히 새로운 현상이었다.[4]

---

2) 칼 맑스, 「루이 보나빠르트의 브뤼메르 18일」, 『칼 맑스 프리드리히 엥겔스 저작선 집』, 박종철출판사, 1991.
3) 고미숙, 『한국의 근대성 그 기원을 찾아서』, 책세상, 2002, 14면.
4) 한인이 발간한 근대적 신문·학회지에서 소설란이 상설되고 소설에 대한 새로운 구상이 나타나는 시기는 1906년 이후이다. 상세한 자료의 예시는 구장률, 「근대계몽기 소설과 검열제도의 상관성」, 『한국 근대 서사양식의 발생 및 전개와 매체의 역할』, 소

소설이 독자적인 가치를 확보할 수 있었던 이유는 이미 여러 측면에서 논의된 바 있다. 인쇄술의 발달과 근대적 미디어의 등장, 다양한 서사 전통의 영향, 민족어의 발견과 국민의 동질화에 대한 요구 등, 지금까지 설명된 요인들은 일반적으로 타당하다.[5] 하지만 소설의 출현과 관련된 당대의 고유한 정황이 구체적으로 논의된 적은 없다. 근대계몽기는 근대성을 구성하는 인식 일반의 틀이 형성되던 시기였지만, 특정 사건과 계기들로 인해 새로운 지식개념이나 제도가 안착되는 결절점 또한 포함하고 있다. 따라서 당시의 중층적인 상황을 이해하기 위해서는 근대계몽기를 일괄하여 과도기로 기억하는 것을 넘어, 각 심급이 질적으로 전환하는 지점들 및 그에 관여한 정세에 대해 질문할 필요가 있다. 문학이라는 심급의 성립에 선행한 '소설의 출현' 또한 그런 맥락에서 재고되어야 한다. 이 시기에 나타난 다른 역사적 흐름들의 응고와 마찬가지로, 조선을 둘러싼 국제 정세 및 그 속에서 벌어진 문화 교차의 성격에 대한 이해 없이 소설을 둘러싼 역학관계의 실체에 접근하기란 쉽지 않다. 그리고 그 문제적인 상황의 가운데에 이인직과 「혈의루」가 있다.

「개설 신문학사」에 대한 논의로 돌아가자면, 진정 흥미로운 대목은 어느 쪽의 승리도 결정되지 않은 지연된 시간 속에서 이인직이 신문학의 주인공으로 서술되고 있는 장면이다. 임화는 정치소설과 번역문학, 창가와는 달리 신소설이 '낡은 소설 양식에 새로운 정신을 담은 작품이나 작가가 먼저 나오고 그 다음에 새 정신에 적응한 새 양식이 발견되는 경로를 밟지 않았다'고 전제한 뒤, 그 이유에 관해서는 함축적이고 형식적인 답을 제시했다.[6] 이인직의 등장과 「혈의루」의 연재는 신구의

명출판, 2005, 267~270면.

5) 김영민, 『한국 근대소설사』, 솔, 1997; 권보드래, 『한국 근대소설의 기원』, 소명출판, 2000 등 참조.

6) "그러면 창가에 비하여 신소설에는 어째서 이러한 특수한 발전형식이 생겼는가 하면 일률로 역사상의 한 우연 즉 천재의 출현으로 돌릴 수도 있으나, 다른 한편으로는 신소설이 출현하기 전에 이미 수입된 정치소설과 번역문학이 신소설 출현의 토대를

변증법적 지양 과정의 예외이자 하나의 사건으로 그려질 뿐, 그 사건의 발생을 둘러싼 우연과 필연들에 대해서 임화는 침묵하고 있다.

지금까지 이인직과 「혈의루」에 관한 연구는 대개 이인직의 글쓰기가 창출한 새로움을 규명하거나, 전기적 사실과 연관 지어 텍스트에 투영된 이데올로기를 친일의 문제에 중심을 두어 논하는 경우가 많았다. 전자의 경우 소설의 지평을 갱신한 작가로 후한 점수를 받는 것이 보통이었고, 후자의 경우 이완용의 하수인으로 취급되기 쉬웠다. 한 인물에 대한 두 가지 층위의 상반된 평가 속에서 「개설 신문학사」의 공백은 온전히 채워지지 못했다. 최근의 연구 가운데 이인직의 일본 유학 시절을 재구하고 새로운 자료를 발굴하여 학계에 도움을 준 사례가 있으나, 1900년대 글쓰기 장의 분절점과 이인직 사이의 관계가 논의의 핵심은 아니었다.[7]

이 글의 주된 관심은 「혈의루」를 중심으로 이인직이라는 인물이 소설을 새롭게 구상하고 실천하게 되는 과정을 살펴봄으로써 당시 소설의 출현과 확산에 관여하던 고유한 정황과 문화 교차의 성격을 이해하는 것이다. 여기에는 한국의 근대성을 형성하는 데 근간이 된 '통언어적 실천(translingual practice)'과 더불어 러일전쟁 이후의 정세 변화가 신소설의 효시로 알려진 「혈의루」의 출현과 성격에 구조적으로 각인되어 있지는 않는가라는 질문이 포함되어 있다.

이와 같은 질문에 답하기 위해 다음의 순서로 논의를 전개하고자 한다. 먼저 이인직이 위치하던 역사적 좌표를 좀 더 선명하게 논하기 위해서 그의 행적 및 텍스트와 관련된 실증적 고찰을 할 것이다. 다음으로 일본 유학 시절에 초점을 두어 문화수용 주체로서의 이인직 및 그가

닮았기 때문이라고 생각할 수도 있다." 임화, 「개설 신문학사」, 『조선일보』, 1940.2.3; 임규찬·한진일 편, 『임화 신문학사』, 한길사, 1993, 157~158면에서 인용.

7) 다지리 히로유키(田尻浩幸), 「『국민신보』에 게재된 소설과 연극 기사에 관한 연구」, 『민족문화연구』 29호, 1996; 「이인직연구」, 고려대 박사논문, 2000; 「이인직과 부전화민(浮田和民)의 『윤리적 제국주의』」, 『어문연구』 32권 1호, 2004.

번역한 타자의 지식 체계와 그 정치적 성격에 대해 물을 것이다. 마지막으로 「혈의루」가 연재될 수 있었던 정세 변화 및 의미를 작품과 관련하여 논할 것이다.

2. 「혈의루」를 위한 두 가지 실증적 고찰

1) 텍스트의 확장 문제

'최초'라는 수사 아래 「혈의루」의 연재가 우발적인 사건처럼 다루어진 데에는 여러 요인이 있겠지만 이인직 개인과 관련하자면 다음의 두 가지 이유가 중요하게 작용했다. 하나는 일본 유학을 가기 전의 이인직에 대한 정보가 거의 없다는 것이고, 다른 하나는 작품 이외에 이인직이 쓴 것으로 알려진 글이 많지 않다는 점이다. 앞서 제시한 문제에 접근하기 위해서는 주체 형성 과정의 측면에서 이인직의 사유를 구성하는 지식 체계와 텍스트 생산에 관여한 정황을 이해할 필요가 있는데, 한정된 자료로 인해 해석의 지평이 상당히 제약되었던 것이다. 이때 기존 연구에서 주목받지 못했던 『만세보』의 논설은 많은 도움을 준다.

지금까지 이인직이 쓴 것으로 알려진 글은 시기에 따라 크게 세 가지로 나누어 볼 수 있다. 첫째는 일본 유학시절 『미야코신문(都新聞)』에 발표한 글들로, 다지리 히로유키가 찾아 공개한 바 있다. 둘째는 러일전쟁 이후 귀국하여 본격적인 활동을 벌이던 1906년 이후에 쓴 글이다. 셋째는 합방 이후 경학원 사성을 지내면서 쓴 글인데 『경학원잡지』와 『매일신보』에서 주로 확인할 수 있다. 이 글의 관심과 관련하여 중요한 것은 두 번째 시기, 특히 「혈의루」 연재를 전후한 기간 동안 쓴 글이다. 하지만 작품을 제외한다면 정작 『국민신보』와 『만세보』의 주필, 『대한신문』 사장을 지내면서 가장 활발하게 글쓰기를 한 시기에 이인직이 쓴 것으로 알려진 것은 『만세보』 창간호에 실린 기명 논설 「사회」와 『소년한반도』에 기고한 「사회학」 정도다. 『국민신보』와 『대한신문』은 전하지 않으며, 이인직의 이름을 확인할 수 있는 글이 거의 없기 때문이다.[8] 그런데 지금까지 이인직의 텍스트로 다루어진 적이 없는 『만세보』 논설은 대부분 이인직이 썼던 것으로 판단된다.[9] 『만세보』 논설 전체를 자세히 살펴본다면 무기명 논설을 누가 썼는지 추론할 수 있기 때문이다.[10]

창간 초부터 폐간까지 『만세보』 논설에서 글쓴이가 스스로를 일컫는 호칭으로 '余' 혹은 '기자(記者)' · '본기자(本記者)'라는 말을 사용하는 것을 종종 볼 수 있다.[11] 어디를 방문하거나 주장을 개진하는 등의 주체로 '余' 혹은 '본기자'가 논설에 나타나는 것이다. 그런데 스스로를 '기자' · '본기자' 등으로 칭한 논설 필자는 동일인이었다. 이전에 자신이 어떤 논설을 썼다고 직접 밝히거나, 기존 논설의 연장에서 글을 이어가는 경우를 빈번하게 볼 수 있기 때문이다. 예컨대 1906년 7월 4일자 논설에서 집필자가 6월 28일자 논설 「의병」을 논한 바 있다고 한다든지, 1906년 10월 2일 논설 「의무교육」을 1906년 10월 16일자 논설 집필자가

---

8) 현재 『국민신보』와 『대한신문』은 국내에 남아 있는 것이 없다. 다지리 히로유키가 활용한 『국민신보』의 자료는 다케다 한신(武田範之)이 남긴 문서 『洪疇遺績』 중에서 1909~1910년에 해당하는 자료의 일부이며, 그 가운데서도 이인직의 글로 판명된 것은 없다. 다지리 히로유키, 「『국민신보』에 게재된 소설과 연극 기사에 관한 연구」, 『민족문화연구』 29호, 1996.

9) 당시 주필은 신문의 방향과 논조를 책임지는 자리였고, 논설기자가 따로 없는 경우 논설 집필을 맡는 것이 보통이었다. 『만세보』 역시 다른 신문들처럼 각종 단체나 개인의 연설, 투고문이 논설로 게재될 경우 필자나 출처를 밝혔다. 창간호 논설 「사회」는 예외적으로 필자를 '주필 이인직'으로 밝히고 있지만, 투고문을 제외한 나머지 논설에는 당시의 관례대로 필자를 명시하지 않았다. 『만세보』는 외부 투고자들의 논설이 다른 신문에 비해 많지 않은 편이었다.

10) 최기영은 이인직이 『만세보』 논설 대부분을 집필했으리라고 추측한 바 있다. 최기영, 『대한제국시기 신문연구』, 일조각, 1991, 87면.

11) 『만세보』 논설, 1906.7.3, 10.12 · 11.8 · 11.15, 1907.2.5 · 2.27 · 3.2 · 6.8 등.

자신이 썼다고 밝히는 식이다. 『만세보』 논설 곳곳에는 이처럼 한 인물이 지속적으로 논설을 전담했음을 알려주는 사례가 많다.12)

『만세보』 전체에 걸쳐 논설 외의 글에서 스스로를 기자라 표명한 경우는 이인직 외에는 없다. 1906년 8월 28일 잡보 「노동회사연설(勞働會社演說)」은 노동권업지회사(勞働勸業支會社) 개회식에서 "記者가 堂下 衆人의게 面를 向ㅎ고 演說"한 내용을 기록한 것이다. 기자는 잡보 제목과 더불어 기록되어 있는 대로 '본사원 이인직(本社員 李仁稙)'이었다. 한편 무기명 논설에 드러나는 기자의 행적을 이인직의 전기적 사실과 비교하면 좀 더 논설 집필자에 대한 선명한 정보를 얻을 수 있다.

1907년 2월 27일자 논설 「광주교육실황(廣州敎育實況)」은 "本記者가 新年春首에 斧堂에 省掃ㅎ기 위해 廣州 各面에 旅行"하면서 몇몇 학교를 견문한 내용이다. 기자가 신년을 맞아 산소에 성묘를 하러 간 것으로 보아 부친이나 모친의 묘가 경기도 광주에 있었음을 알 수 있는데, 족보에 의하면 이인직의 생모 전주이씨의 묘가 광주(廣州) 대왕면(大旺面) 재량동(才良洞)에 있다.13) 또한 1907년 6월 8일자 논설에서 "曩年日 露日戰爭時에 記者가 其實地를 觀ㅎ얏는디 始也에 九連城激戰을 觀ㅎ니 人類의 競爭이 於斯에 大矣라"고 말하는 대목이 있다. 이인직이 러일전쟁 발발 후 일본 육군 제1군 사령부의 통역으로 종군했음은 잘 알려져 있거니와, 당시 『만세보』의 기사를 썼을 것으로 추정되는 이들 가운데 러일전쟁을 직접 접한 경우는 이인직이 유일하다.14)

내용 층위에서 보더라도 『만세보』 논설을 이인직 이외의 인물이 썼

---

12) 그 외에도 '작일(昨日) 논설한 바' 등의 표현을 통해 한 인물이 논설을 연속하여 이어가고 있음을 보여주는 사례는 많다.

13) 한산이씨 문열공파 세보편찬위원회, 『한산이씨문열공파세보(韓山李氏 文烈公派世譜)』, 회상사, 2002; 이석원(李錫遠), 『한산이씨 정익공파세보(韓山李氏 貞翼公派世譜)』, 회상사, 1999 참조.

14) 오세창·최영년·박승옥·장효근 등을 들 수 있다. 『만세보』 기서, 1906.6.28; 잡보, 「재판소청리결과(裁判所聽理結果)」, 「본사원환사(本社員還社)」, 1907.3.6; 잡보, 「본사원구수(本社員拘囚)」, 1907.3.5; 『장효근일기』 등 참조.

을 가능성을 생각하기는 어렵다.『만세보』논설에는 새로운 근대국가에 관한 이론적 논의들뿐만 아니라 행정·경제·교육·위생 등에 대한 논의가 당시의 어떤 신문보다 다채롭게 나타난다. 이후 다시 논하겠지만 이인직이 수학한 동경정치학교의 교과 내용에서 우리는 이와 같은 지식 담론의 기본형을 대부분 찾아볼 수 있다.『만세보』논설이 망명개화파 및 일본 유학생들에 대해 각별한 애정을 보이는 것이나, 당대 정세를 파악하는 입장 또한 이인직을 연상케 한다. 이완용 내각의 출범에서 조선의 희망을 발견한다든지, 러일전쟁 이후 본격화된 우승열패의 경쟁에서 살아남을 수 있는 현실적 방법으로 일본이 중심이 되는 아시아 연대에 대한 구상을 적극적으로 개진하고 있다는 점 또한 그러하다. 여러 맥락에서 살펴보아『만세보』논설은 이인직이 썼다고 생각되며, 이후의 논의는 이를 전제하고 있음을 미리 밝힌다. 이 글에서는 주로 이인직의 지식 체계나 정세 판단 등을 이해하기 위해서, 혹은 「혈의루」의 해석을 위해서『만세보』논설을 활용할 것이다.

2) 이인직의 가계(家系)와 도일(渡日) 당시의 정세

근대계몽기에 활약했던 인물 가운데 이인직처럼 마흔 이전의 행적에 관한 기록을 거의 찾아볼 수 없는 경우는 무척 드물다. 1862년생으로 격동의 19세기 후반을 거치며 청장년기를 보냈음에도 사료에 흔적이 남아 있지 않다는 사실은 이인직에 관한 역사적 이해를 어렵게 함으로써 은연중에 「혈의루」의 사건성을 강화하는 데 일조했다. 가계(家系) 및 도일(渡日)과 관련된 사정을 자세히 살피려는 까닭은, 기존 연구에서 논의되지 않은 전기적 사실을 확인하기 위함이 아니라 1900년 이전의 기록이 거의 남아있지 않은 이인직이 어떠한 역사의 흐름에 몸을 담고 있었는지 이해하기 위해서다.

이인직의 고조할아버지는 1737년 별시문과에 급제한 이후 요직을 두루 거쳐 우상(右相)과 좌상(左相)에 올라 효정공(孝靖公)의 시호를 하사받은 이사관(李思觀)이다. 이사관 아래로는 다섯 아들이 있었으나 둘째 헌채(憲采)만이 사마(司馬)의 벼슬에 올랐을 뿐, 어떤 이유인지 나머지는 모두 입신하지 못했다. 넷째 아들 면채(冕采) 아래로 다시 해규(海珪)·해영(海瑛)·해서(海瑞) 셋이 있었는데, 해규와 해영 아래로는 자식이 없었다. 그리하여 해서의 세 아들 은기(殷耆)·헌기(獻耆)·윤기(胤耆) 가운데 장남인 은기가 해주의 아들로, 헌기가 해영의 아들로 입양된다. 윤기 아래로는 운직(耘稙)과 인직(人稙) 두 아들이 있었으나 은기가 또한 아들이 없는 바람에 차남 이인직이 백부의 양자로 갔다. 양자로 간 백부에게 다시 양자로 간 셈이다.

형 운직은 1851년생으로 이인직과 열 살이 넘게 터울이 지는데, 관주사(主事)를 지냈으나 좋지 못한 무리와 패행을 저질렀다는 죄목으로 1876년 전라도(全羅道) 진도부(珍島府) 금갑도(金甲島)에 유배되었다.[15] 이인직은 어렸을 때 한학을 수학했는데 마음의 성장에 별 영향을 주지는 못한 것 같다.[16] 그는 한 번도 과거를 보거나 조그마한 관직조차 얻은 적이 없다. 언제인지 확인할 수 없지만 이인직은 기준(基俊)의 딸 동래(東萊) 정(鄭)씨와 혼인한 것으로 되어 있다. 특이하게도 족보에는 동래 정씨의 사망 년도가 나와 있지 않고 이인직 사이에 자손 또한 없는 것으로 되어 있다. 형 운직과 형수가 졸(卒)한 연도 역시 없다.[17] 이인직은

---

15) 『고종시대사』, 1876.8.25.

16) 공자교에 몸을 담고 있던 이인직이 다음과 같이 회고한 것으로 보아 소년기의 한학 수업을 그리 좋게 기억하고 있지 않음을 알 수 있다. "吾人 少年時에 頑固선생님께 漢文 敎授를 들 따름이라." 『경학원잡지』 5호, 대정 3년 9월, 59면.

17) 여러 가지로 납득하기 어려운 점들이 많지만 문헌으로는 더 이상 알아볼 수가 없어 한산이씨(韓山李氏) 문열공파(文烈公派) 후손 이태원·이용복·이성준·이한석 씨를 만나보았다. 이분들은 한산이씨의 족보 편찬과 사료 정리를 위해 정기적인 모임을 가지고 있었다. 이태원 씨에 의하면 한산이씨 내에서도 정치적 입장이 달라 서로 핍박하는 일이 있었을 뿐만 아니라, 이사관이 세상을 떠난 후 당쟁으로 인해 후손들이 벼슬

장손으로서 많은 기대를 받았으리라 생각되나 집안 때문인지 혹은 개인적인 능력 때문인지 입신할 수 없는 처지였다. 하지만 시세에 적절히 대처한다면 이인직과 같은 처지의 인물도 얼마든지 다른 가능성을 꿈꿀 수 있을 정도로 19세기 말 조선의 질서는 근본에서부터 흔들리고 있었다. 러시아와 일본의 각축에 따라 한반도 정세는 조석으로 바뀌기 시작한 것이다.

정한론(征韓論)을 국가의 대계로 삼던 일본과 대륙 진출을 꿈꾸던 러시아의 충돌은 피할 수 없는 일이었다. 청일전쟁은 점차 러일전쟁의 전초전 양상을 띠어갔고, 전쟁의 승기가 일본으로 완연히 기울었던 1894년 10월, 이토 히로부미(伊藤博文)와 함께 영국에서 유학한 바 있는 이노우에 카오루(井上馨)가 자청하여 주한공사로 부임한다. 이노우에는 갑신정변 이후 해외에 망명해 있던 박영효를 귀국하도록 도와 왕실과 대원군, 김홍집 사이의 관계를 조정하면서 개전 이래 지속되어온 조선의 내정장악을 꾀했다. 그러나 박영효 개인의 반발과 배일(排日)경향의 확산으로 인해 계략이 무산되고, 러시아가 삼국간섭을 주도함으로써 개전 이후 조선에 독점적인 영향력을 행사하던 일본은 큰 타격을 받는다. 민비와 주한러시아공사 웨버르(Karl Ivanovich Waeber)가 서로 연대하여 배일친러 정책 및 왕권 회복을 위한 조치를 취하는 데 주도적인 역할을 한 결과, 1895년 5월 김홍집이 파면되고 박정양 내각이 출범하게 된다. 한편 삼국간섭으로 인해 요동반도를 반환하게 된 책임을 추궁 받게 된 이토와 이노우에는 육군 중장 출신인 미우라 코로오(三浦梧樓)에게 후임을 맡기고 국면을 반전할 수 있는 특단의 처방을 주문한다.[18]

길에 오를 생각을 못했다고 한다. 이인직의 직계인 정익공파(貞翼公派)의 후손도 있었으나 이인직에 대해서 자세히 기억하는 바가 없었다. 다만 집안의 역사를 정리하고 있는 이용복 씨가 선대로부터 들은 이야기에 의하면 러일전쟁 당시 이인직이 일본군을 도와 통역을 했다 하여 마을 사람들이 이인직의 집에 불을 질렀고 식솔들이 모두 뿔뿔이 흩어졌다고 한다.

18) 당시의 구체적인 상황에 대해서는 이민원, 『명성황후 시해와 아관파천』, 국학자료

'박영효반역음보사건'에서 이미 명성황후 시해의 징후는 나타나기 시작했다. 1895년 7월 6일 박영효는 일본 병사의 호위를 받으며 남대문을 나와 인천에서 일본 행 배에 몸을 맡겼다. 이준용을 귀양 보내어 대원군의 분노를 사는 한편, 개혁 세력 내의 다툼에서도 고립된 상황에서 왕비를 시해하려고 했다는 반역 음모가 누설되었기 때문이었다.[19] 기록에 의하면 이때 박영효와 함께 참령 신응희(申應熙), 경무관 이규완(李圭完) 등과 도일했다고 하는데, 황현은 그 외에도 조중응(趙重應)을 꼽고 있다. 황현의 기억은 사실과 조금 다른데, 다른 사료와 비교하여 바로잡는다면 조중응이 일본으로 망명을 떠난 시기는 아관파천 이후였다.

1895년 10월 8일 을미사변으로 인해 학부대신 이완용과 군부대신 안경수, 경무사 이윤용 등이 해임되면서 친러파는 일시적으로 몰락하고 일본인 고문과 일본공사가 실권을 장악하게 된다. 그런데 왕비가 살해된 지 네 달 만인 1896년 2월 11일 왕이 러시아 공사관으로 피신하는 전대미문의 일이 다시 벌어짐으로써 정세는 급변한다. 을미사변과 관련된 친일 정객들에 대한 고종의 분노는 뿌리 깊은 것이었다. 아관파천에 성공하자 고종은 "경관에게 김홍집, 정병하를 체포토록 하고 경무관 안환에게 빨리 가서 베어 죽이도록 했다."[20] 유길준은 아관파천의 소식을 듣고 체포되어 광화문으로 가는 길에 삼군부(三軍府)에 주둔한 일본 병사의 도움으로 도망칠 수 있었다. 친일 성향의 개혁 인사들이 심하게는 참형을 당하고 망명하는 등, 광범위하게 배척당한 것이다. 이 와중에 법부 형사국장으로 을미사변과 관련된 이들을 조사하던 조중응도 급히 일본으로 망명한다.[21] 을사조약 이후 이토의 추천으로 각각 참정(參政)

원, 2002 등을 참조할 수 있다.
19) 황현, 임형택 외역, 『역주 매천야록』, 문학과지성사, 2005; 정교, 조광 편, 이철성 역주, 『대한계년사』 2(조광 편), 소명출판, 2004; 국사편찬위원회, 『대한제국관원이력서』, 1972. 이 사건은 박영효를 제물 삼아 조선 내부에서 왕비를 시해하고자 하는 움직임이 있음을 선전하여 명성황후 시해의 분위기를 조성하고자 한 혐의가 짙다.
20) 정교, 위의 책, 157~158면 참조.

과 법부대신의 자리에 올라 정국을 주도했고, 이인직과 깊은 관계를 맺었던 두 인물 이완용과 조중응은 당시만 해도 전혀 다른 정치적 입장을 가지고 있었던 것이다.

이인직의 도일시기를 확언하기는 어렵지만, 여러 가지 상황으로 미루어 보아 조중응이 도일한 시기와 유사할 것으로 생각된다. 도일 시기를 가늠하는 일은 1900년 이전 이인직이 서 있었던 역사적 좌표를 이해하고, 1906년 이후 소설 담론의 헤게모니를 장악하게 되는 주체들의 성격을 가늠하는 출발점이 될 수 있다. 이인직이 일본에 건너간 시기에 대해서는 두 가지 설이 있다. 하나는 자필 관원이력서와 『매일신보』 기사를 근거로 1900년 2월에 관비 유학을 떠났다고 보는 경우이고,22) 다른 하나는 1900년 이전 이인직의 행적에 관한 유일한 자료인 고마쓰 미도리(小松綠)의 회고를 바탕으로 조중응과 함께 1896년경에 도일했다고 추정하는 경우다.23)

---

21) 조중응은 조택희(趙宅熙)의 아들로 1860년생이며 본명은 중협(重協)이다. 황현의 묘사에 따르면 "경박하며 일하기를 좋아해 약관에 바다를 건너 일본에 갔다 돌아와서는 시국에 대해 거침없이 이야기하며 종적도 괴상하였다"고 한다. 1883년 서북변계조사위원(西北邊界調査委員)으로 만주를 돌아본 뒤 성균관으로 돌아와 러시아에 대비하고 일본과 친교해야 한다는 북방남개론(北方南開論)을 주장했다. 그 일로 탄핵 받아 1885년 보성으로 유배되어 1890년 사면되었다. 정부특파원으로 1894년 일본에 다녀온 뒤 을미년(1895)에 인천관찰사가 되었다(황현, 앞의 책, 277~278면 및 하권 390~391면). 1896년 2월 24일 조중응은 법부형사국장(法部刑事局長)직을 파면당한다. 1896년 6월 27일 전 교리(校理) 이승구(李承九)가 상소하여 박영효·김홍집·유길준·조의연 등을 갑신정변과 을미사변의 역괴(逆魁)라 칭하고, 박영효가 미국에서 돌아와 일본에서 유길준·조의연 등과 접촉하며 국내의 기회를 기다리고 있으니 이들과 이들의 당파인 조중응 등을 토멸할 것을 상소했다. 『고종시대사』 4권, 1896.2.24, 1896.6.27; 국사편찬위원회, 『대한제국관원이력서』, 1972, 754면; 『윤치호일기』, 1895.12.13.

22) 국사편찬위원회, 『대한제국관원이력서』, 1972, 68면; 『매일신보』, 1916.11.18.

23) 전광용, 『신소설연구』, 새문사, 1986; 고재석, 「이인직의 죽음, 그 보이지 않는 유산」, 『한국 어문학연구』 제42집, 2004. 기존 연구에서 이미 여러 차례 인용된 바 있지만, 고마쓰가 합방 직전 이인직을 만났던 일에 대한 회고 내용 일부를 짧게 소개하면 다음과 같다. "명함을 보니 이인직이다. 이 남자는 15년 이전에 조중응과 함께 일본에 망명하여 연학(硏學) 후 귀국한 성래능문(性來能文)의 사나이로 저술도 하고 신문을 주재하기도 했다. 농상 조중응과는 둘도 없는 친구며 또한 수상 이완용의 신임을 받아

관원이력서에 기재된 정보는 공식적으로 알려진 일과 관련된 한에서 거의 정확한 편이다. 하지만 굳이 쓰지 않아도 되는 비공식적 이력에 관해서는 얼마든지 침묵할 수 있기 때문에, 1900년 2월 '유학일본동경(遊學日本東京)'이라는 표현을 그 해에 처음 일본에 갔다는 의미로 읽는 것은 다소 순진한 해석일 수 있다. 1898년부터 "일본 류학ᄒᆞ는 대한 학도들이 학부에서 학비를 보내주지 아니ᄒᆞ야 다 굴머죽게"24) 될 정도로 국고는 빈약했고, 후쿠자와와 맺은 관비유학생에 대한 계약을 지속할 정치 세력도 남아 있지 않았다. 친러 내각이 들어서면서 중단했던 유학생 파견 및 지원을 1899년 1월 다시 재개하지만 예산 집행이 8개월이나 미루어져 견디지 못한 학도들이 귀국하는 일이 빈번할 정도였다.25) 관원이력서를 액면 그대로 받아들이자면 이런 상황에 이인직이 서른아홉의 만학도로 관비유학생 모집에 응모하여 선발되었다는 뜻이다. 1900년 2월 이인직이 관비유학생으로 파견되었다는 기록을 찾을 수도 없거니와, 한때 관비유학생의 연령을 15세 이상 30세 미만으로 제한했던 것26)을 감안하면 부자연스러운 점이 한두 가지가 아니다. 드물게 서른다섯이 넘은 인물을 관비유학생으로 뽑은 경우, 학업은 표면적인 명목일 뿐 정보 수집을 위한 시찰이나 정부로부터 하달 받은 임무를 수행토록 하기 위함이 대부분이었다.

확인한 바에 의하면 이인직의 이름을 기재한 최초의 공적 기록은 1900년 8월 외부대신 박제순이 유학생의 밀린 학자금 등을 속히 보내달라고 학부대신 김규홍에게 보낸 문서이다. 학자금, 귀국 여비, 입원 치료비 세 가지 항목으로 나누어 유학생에 대한 지출 내역을 담고 있는

이때는 비서 역할을 하고 있었다." 小松綠, 『明治外交秘話』, 東京 : 千倉書房, 1936, 441~442면.

24) 「외국통신」, 『독립신문』, 1898.4.2.

25) 「금년예산표」, 『독립신문』, 1899.2.1; 「잡보」, 『독립신문』, 1899.6.5 · 8.2 · 8.5 등 참조.

26) 전태홍, 「時務之大要」, 『會報』 제4호. "국중촌중에서 15세 이상 30세 이하의 자롤 초선ᄒᆞ얏다"

이 문서에는 '학생 이인직'이 식대를 지급하지 못하고 피소를 당하여 20원을 지급한 것으로 기록되어 있다.[27] 다른 학생들은 돈을 지급받은 시기가 명시되어 있고 각기 학업이나 귀국을 보조하기 위해서였던 데 반해, 이인직은 보조금을 수령한 날짜도 나와 있지 않고 '부득이'라는 표현까지 써가며 보조가 아닌 '구조(救助)'를 했던 것이다. 당시 관비유학생에 대한 지원이 체계적이지 못했음에도 불구하고 이는 특이한 사례다. 보통 관비유학생은 미리 계약한 학교의 기초 과정을 거쳐 전문 교육을 받든지 견습 활동을 한 반면, 이인직은 동경정치학교에 입학하는 9월까지 관비유학생으로 보기 어려운 생활을 하고 있었다.

직접적인 정보가 없는 상황에서 이인직과 같은 전공을 택한 다른 유학생들을 살펴보는 것은, 관비유학생이라는 코드로만 접근해서는 납득하기 힘든 이인직의 도일 배경 및 유학 생활을 이해하는 데 어느 정도 실마리를 제공한다. 1890년대 후반 관비유학생들이 거친 일반적인 교육 과정은 먼저 일본어와 기초 교양을 학습하는 보통과를 마치고 고등과나 실무 교육을 이수하는 것이었다.[28] 고등과를 수료하고 전수학교(專修學校)에 진학하는 경우는 전체 관비유학생 가운데 일부에 해당했고, 그 중에서도 정치를 전공하는 경우는 드물었다. 시급히 국운을 개척해야 하는 상황에서 유학생들이 가능하면 실용적 지식을 익히기를 정부가 권장했기 때문이다.[29] 관비유학생 가운데 정치를 전공한 이들은 도일 경위나 신상이 불분명하거나 정치적 문제와 연루된 것으로 보아, 어떤 임무를 부여받고 정부로부터 파견되었거나 운신이 어려웠던 망명객을 수행하려는 등의 목적으로 도일했던 것 같다.[30]

---

27) '二十元 學生 李人稙 以食債被訴 不得已救助條', 「조회(照會) 제27호」 광무 4년 8월 기안, 『學部來法文』 09.

28) 보통과를 마친 후 연소자는 경응의숙의 고등학과를, 나머지 학생 가운데 재주가 뛰어난 경우는 다른 학교에 입학시켜 전공 학업을 이수했고, 주로 성적이 저조한 경우 관청이나 기업체 등에서 실무를 익히도록 했다.

29) 차배근, 『개화기 일본 유학생들의 언론출판 활동 연구』 1, 서울대 출판부, 2000 참조.

1900년대에 접어든 이후 전문 교육 과정을 이수하는 유학생의 비율이 늘어난다. 관비유학생이 크게 줄어듦에 따라 보통과를 이수할 유학생이 급감했고, 1890년대 도일하여 계속 남아 공부하던 이들이 고등과를 진학했기 때문이다. 1902년 6월 20일 주일공사가 학부대신 민영소에게 보낸 일본유학생 현황에 관한 문서를 보면 이인직은 '정치' 공부를 위해 3년 과정인 동경정치학교 1학년에 재학 중이며 1904년 7월 졸업 예정이라 기록되어 있다.31) 이 문서에 따르면 당시 서른세 명의 유학생 가운데 정치를 전공한 학생은 이인직·김상연(金祥演)·한규복(韓圭復) 세 명이다.32) 이들은 몇 가지 공통점이 있다. 첫째, 관비유학생이 되었다는 이력서 기록보다 이른 시기에 일본을 방문한 경험이 있거나 혹은 이미 도일해 있었다는 점. 둘째, 일본 망명객과 각별한 관계를 맺고 있었다는 점. 셋째, 러일전쟁을 기점으로 귀국했다는 점. 넷째, 식민 체제

---

30) 예컨대 정치학을 전공한 관비유학생 가운데 이름을 확인할 수 있는 경우로 안명선(安明善)과 어용선(魚瑢善)이 있다. 안명선은 박영효의 개혁정부기금청구서찰을 가져온 죄와 관련되어 1904년 3월 종신형에 처해졌고, 어용선 또한 정치적인 문제에 연루되어 1901년 파면당했다.

31) 「주일공사가 보내온 일본 유학생 현황에 대한 조회」, 『조회』 제11호, 1902.6.20; 「學部派遣留學生學況一覽表」, 『駐日去來案』, 51~52면.

32) 1902년 와세다대학의 전신인 동경전문학교 3학년에 재학 중이었던 김상연은, 일본권업박람회 시찰을 위해 1895년 견습생으로 일본에 파견되었다가 관비유학생이 되었다. 1904년 1월 귀국 여비를 보조받았던 것으로 보아 이때를 즈음하여 귀국했을 것으로 추정된다. 제국신문사 기자로 일하면서 사장 이종일과 함께 1904년 3월 25일 경무청에 구금당한 이력이 있고, 1906년 나진(羅瑨)과 함께 『국가학』을 번역했다. 1907년 윤치호와 일본 유학생 학비를 위한 의연금을 모집하기도 했으며, 유길준이 주도한 흥사단의 총무를 맡았다. 합방 이후에는 평안북도 의주군 군수와 강원도 참여관 등을 거쳐 3등 4급에 이른다. 한규복은 14세까지 한학을 수학하다가 16세에 정동학교(貞洞學校), 17세에 관립영어학교를 졸업하고 1899년 도일했다. 신전중학교(神田中學校)에서 1년 수학한 이후 20세가 된 1900년에 동경전문학교에 입학, 1903년 졸업했다. 귀국하여 1904년 9월 구한국정부 군참모부 번역관에 임관했으며, 1910년 총독부 임시토지조사국 검사관이 된 이래 진주군수, 동래군수, 충북 및 황해도지사 등을 거쳐 1933년 중추원 참의에 올랐다. 『官報』, 開國 504년 5월 4일 및 6월 1일; 「學部所管日本留學生學費金預算外支出請議書」, 第七十二號, 光武八年六月十六日; 「잡보」, 『황성신문』, 1904.3.25; 「광고」, 『황성신문』, 1906.6.21; 『고종시대사』 6권, 1907.11.29 등 참조.

하에서 관료 생활을 했다는 점 등이다. 이들이 어떤 경로로 관비유학생이 되었는지 보여주는 한규복의 진술은 흥미롭다. 「반민특위조사기록」에서 한규복은 일본 유학 동기를 말하라는 질문에 대해 처음에는 워싱턴으로 유학을 가기 위해 요코하마를 경유하던 중 동지들의 권유로 일본에 남게 되었으며, 어떤 이의 주선으로 관비학생이 될 수 있었다고 밝히고 있다.[33]

이인직 또한 식비를 내지 못해 피소당할 정도의 곤궁함으로부터 벗어나서 동경정치학교에 입학하는 변화를 겪게 된 데에는 분명 누군가의 도움이 작용했던 것으로 보인다.[34] 그 인물이 정권의 중심에서 밀려나 러시아와 일본 사이에서 대세를 관망하던 이완용인지, 공식적으로 유학생과 접촉이 금지되어 있었지만 그들의 대외 인식 및 세계관이 형성에 큰 영향을 주었던 일본 망명객들인지, 이인직과 같은 항렬이며 1904년 학부대신을 역임했고 합방 후 경학원 부재학(副提學)을 지낸 이용직(李容稙)인지는 알 수 없다. 다만 귀국 이전에 이인직과 관계를 맺고 있었던 것으로 사료를 통해 확인할 수 있는 유일한 인물이 망명객 조중응이다. 이인직은 을사조약 이후 자신의 가장 든든한 후원자가 되었던 조중응과 함께 동경정치학교에서 청강을 하는 등 긴밀한 관계를 맺고 있었을 뿐만 아니라 생활 방식 또한 비슷했다. 조중응은 망명 생활을 하며 일본 여인 미츠오카(光岡)을 첩으로 맞이하여 함께 귀국했으며, 이인직 역시 이미 조선 여인과 결혼했던 상태에서 일본 여인과 다시 결혼하여 귀국했다.[35] 가정을 꾸렸다는 사실은 두 사람 모두 일본에 체류했

---

33) "(문) : 피의자가 일본 유학을 한 동기를 말하라. (답) : 서울관립영어학교를 졸업하고 워싱턴(華盛頓)으로 유학할 의도에서 여행증명서를 得하여 가지고 일본 요코하마(橫濱) 출항을 하게 되어 일본 동경에 수일간 체류 중 당시 동지들의 권유로서 일본에서 공부하게 되었으며 누구(誰某)의 주선인지는 모르오나 관비학생으로서 와세다대학교(早大)를 졸업하게 되었습니다." 『반민특위조사기록』.

34) 이인직이 관비유학생으로 선출된 데에는 친일 정객의 후원을 받았기 때문이었을 것이라는 지적은 전부터 제기된 바 있다. 김영민, 「이인직과 안국선의 생애와 문학」, 『동방학지』 70, 1991 참조.

던 기간이 짧지 않으며, 빠른 시일 내에 조선으로 돌아갈 것이라고 예상하지 않았음을 반증한다. 1903년 관비유학생 전원에 대한 일시 소환령이 내려졌음에도 이인직은 귀국하지 않았는데, 여러 모로 보아 이인직은 처음부터 정부의 통제를 벗어나 있었던 것으로 여겨진다.

지금까지 살펴본 사실들을 고려할 때, 이인직은 입헌군주제를 기반으로 근대국가를 구상하던 친일 개화파 세력이 배척당하는 일련의 과정과 궤를 같이하여 일본에 건너갔다고 판단된다. 그는 유학 기간 동안 제국 일본의 지식 담론을 '번역'하고, 식민지가 될 조선의 문화를 일본에 소개하는 통로에 있었다. 한편 인맥을 넓히면서 조용히 때를 기다려 일본이 한반도의 지배권을 다시 확보하게 되는 러일전쟁 때 통역관의 신분으로 조선에 돌아온다.

3. 예비된 사건, 「혈의루」

1) 신지식과 이중 번역(二重飜譯)의 메커니즘

도일을 전후한 행적이 그러했듯이, 이인직의 지적 기반이나 현실 이해 또한 망명 개화파 지식인들과 친연성이 크다. 이인직 역시 대한제국의 미래를 경쟁과 진화의 기운 속에서 정체와 제도를 개혁하여 인문과 경제가 날로 진보할 문명사회로 그리고 있으며, 혁신의 과정에서 벌어질 신구의 대립을 역사의 필연으로 여기고 있다. 서양의 사례를 보아도 새로운 문명을 창도하려는 자는 완고한 인물과 충돌하지 않을 수 없는

---

35) 황현, 앞의 책, 하권, 455~456면; 다지리 히로유키, 「이인직연구」, 고려대 박사논문, 2000, 8~9면 등 참조.

바, 그 대결의 승리로부터 쟁취해야 할 문명사회의 모습은 명치유신 후의 일본과 같은 입헌군주제였다.36) 이인직은 망명자들이야말로 역사의 변혁에 앞장 선 전위(前衛)라고 생각했다. 지식이 미개하고 학문이 고루한 자들은 망명자들을 극악한 죄를 지은 국사범으로 여기지만, 실상 이들의 죄란 "國家政治의 革新的 主義로 腦髓를 枯渴ᄒ며 熱血을 未達ᄒ고 一脉生命을 劍樹刀山에 漏脫ᄒ 罪"37)일 따름이니 속히 국내로 소환하기를 강경하게 주장하는 대목은 이인직이 누구를 개혁의 진정한 주체로 생각하고 있는지 잘 보여준다.

이인직이 동경정치학교에 재학 중이던 1900년대 초반 대한제국 정부에서 망명자로 규정한 인물은 점차 증가하여 서른 명을 넘고 있었다. 왕실의 일원이나 정치적으로 거세된 대원군의 장손 이준용과 고종의 둘째 아들 의화군 이강을 제외한다면 주로 갑오개혁을 주도했거나 을미사변에 관련한 자들이었으며 핵심 인물은 박영효와 유길준이었다.38) 정부는 망명객과 유학생의 접촉을 엄금했지만 이들의 교류를 막을 실질적인 방법이 없었다.39) 박영효와 유길준은 조선 내에서 정치적 입장이 서로 달랐던 까닭에 망명 시절 서로 연합하지 못했지만, 서구 문물을 수용하는 방식은 유사했다.

정체(政體)에 관한 논의로 한정한다면, 개혁 초기부터 그들은 변통론

---

36) 「解紛議」, 『만세보』, 1906.7.3 및 「淸國憲法」, 『만세보』, 1906.9.4 등.

37) 「國事犯」, 『만세보』, 1906.11.8.

38) 당시 망명객들은 크게 박영효·유길준·이준용·조희연파로 나뉘어졌는데, 박영효파가 가장 세력이 컸고 조희연파는 세력이 미약했다. 조중응 또한 망명객 가운데 한 사람으로 기록되어 있지만, 당시로서는 그리 비중 있는 인물이 아님을 다시 확인할 수 있다. 현광호, 「대한제국기 망명자 문제의 정치 외교적 성격」, 『사학연구』 58~59호; 『주한일본공사관기록』 17, 기밀 제2호, 1902.1.4, 107~110면 참조.

39) "나는 남몰래 유길준 씨의 문을 두들겼다. (…중략…) 내가 반복해서 노력하여 명사(名士) 선배를 방문하는 것은 생동하는 학문을 하기 위해서였으며, 또 실제 대단히 유익한 바도 많았다. 때문에 세계의 대세가 통하고, 일본의 국정 정보도 알 수 있었을 뿐만 아니라 본국에 대한 제가(諸家)의 감상을 묻고, 금후 만약에 우리들이 처해야 할 방침 등에 대해서 크게 가르침을 받은 바 있다." 조택현, 『魚潭小將回顧錄』, 1930, 11면.

(變通論)에 입각한 '군민공치(君民共治)'의 국가를 구상했다. 조선 후기 이래 논의되어온 개혁론인 '군신공치(君臣共治)'의 연장에서 서구의 입헌군주제에 대한 번역을 시도했던 것이다. 이미 존재하던 개념을 변용하여 새로운 정치 체제를 이해하고 '변통(變通)의 대도(大道)'에 따라 시의(時宜)에 맞게 재구성하는 것이 그들이 택한 신문물 수용의 자세이자 근대를 번역하는 방법이었다.40) 외국 문물이면 모두 진선(盡善)한 것으로 여겨 받아들이자는 개화당이나 무조건적인 배척을 일삼는 수구당 모두 개화의 적이라는 비판은, 우승열패의 시세 속에서 살아남기 위해 약소국 국민이 가져야 전략적 태도에 대한 성찰을 담고 있다.41) 그런 고민의 연장에서 "비록 만국공법이 세력의 균형을 공의로 하고 있지만 국가가 자립 자존의 능력이 없으면 반드시 강국에 찢겨져서 유지할 수 없으니 공법의 공의도 본디 믿을 만한 것이 못 된다"42)는 판단이 가능했을 터였다. 양절론과 같은 전략적 선택이나 만국공법의 제국주의적 성격에 대한 비판적 인식은 모두 조선이 독립을 보존할 수 있는 근대국가가 되기 위한 방략을 모색하는 가운데 도달한 것이었다.

이인직은 비록 재일 망명객들과 긴밀한 관계를 맺었고 정치적 입장을 공유했으나 새로운 담론을 수용하는 방식, 즉 '번역의 방향성'의 측면에서 차이를 보여준다.43) 조선에서 학식이 있다 하는 이들이 중국의

---

40) 유길준, 「세계대세론」· 「국가의 시초」, 『유길준전서』, 일조각, 1971.
41) 「상인의 대도」· 「개화의 등급」, 위의 책. 『서유견문』이 후쿠자와의 『서양사정』과 체제가 유사하다는 점을 들어 거의 동일한 것으로 간주하기도 하지만 실제 두 사람의 관심사는 다른 부분이 많았다.
42) "雖有萬國公法 均勢公義 然國無自立自存之力 則必致削裂 不得維持 公法公義 素不足以爲恃也" 「朴泳孝建白書」, 『日本外交文書』 21, 東京 : 日本國際聯合協會, 1949, 296면.
43) 단순히 연배가 비슷하거나 망명객과 관계를 맺었다는 점에서 이인직을 직접 박영효나 유길준과 견주는 것은 적절하지 않을 수도 있다. 이들은 명문세가의 자손으로 어려서부터 수준 높은 한학 교육을 받았고 정계에 진출한 이후 줄곧 권력의 중심에 있었다. 또한 어떤 식으로든 직접 서구를 체험했다는 점 등에서 이인직과 큰 차이가 있기 때문이다. 하지만 오히려 그러한 신분과 체험의 차이가 새로운 담론을 수용하는 방식

고유부론(古儒腐論)에 빠져 신선한 공기를 두뇌에 받아들이지 못하며, 중국의 경전과 역사를 연구하여 나라를 다스리는 방식으로는 감히 사회경쟁의 대열에 나설 수조차 없다는 도저한 부정의 정신으로부터 이인직은 문화 교차의 상황을 분석한다.44) 이인직은 '구미문명의 풍운이 뒤덮고 있는 세상에서 생업과 인문의 진보를 이루기 위해서는 마땅히 그 문명에 욕화(浴化)'되라고 말한다.45) 허나 그가 정작 체현했던 것은 아시아 연대론의 이데올로기로 번역된 구미 문명이었다.

고등과를 갖춘 게이오의숙(慶應義塾)과 와세다대학(早稻田大學)의 전신인 동경전문학교(東京專門學校)·동경제국대학(東京帝國大學)·동경법학원(東京法學院)·세이조학교(成城學校) 등에는 이미 유학생들이 진학한 바 있다. 그런데 동경정치학교에 진학한 유학생은 당시 이인직이 유일하다. 왜 동경정치학교에 입학했는지 알 수 없으나, 이 또한 예외적인 경우임은 분명하다.46) 정치학교에는 찬과(撰科)에 관한 제도가 있어 50전의 수업료를 내고 본교 과정 가운데 어느 1과목 혹은 2과목 이상을 선택하여 청강한 자에게는 무시험으로 입학을 허가했는데, 이인직은 이 제도를 통해 입학한 듯하다.47) 미리 교과 과정을 파악하며 준비한 것으로 보아 인맥에 의했거나 혹은 정치학교의 이념에 동조하여 신중히 입교를 결정했던 것으로 생각된다.

이인직이 수학한 동경정치학교는 1898년 경 이타가키 다이스케(板原

혹은 대외 인식에 영향을 미칠 수도 있다는 점 자체가 흥미로운 점일 수 있겠다. 번역의 방향성에 대해서는 더글러스 로빈슨, 정혜욱 역, 『번역과 제국』, 동문선, 2002; 정선태, 『근대의 어둠을 응시하는 고양이의 시선』, 소명출판, 2006 참조.

44) 「義兵」, 『만세보』, 1906.6.28; 「本報一面」, 『만세보』, 1906.9.18.

45) 「行世軍」, 『만세보』, 1906.7.7.

46) 정치학교에서 열국정치제도와 국제법 강의를 맡고 있던 고마쓰는 이인직이 조중응과 함께 1890년대 후반 청강을 하고 있었다고 술회하고 있다. 小松綠, 『朝鮮倂合の裏面』, 東京 : 中外新論社, 1920, 124~125면.

47) 松本君平, 「新聞學附錄－東京政治學教學制一覽」, 『新聞學』, 博文館, 1899, 10~18면 참조.

退助)를 고문으로 하고 마쓰모토 쿤페이(松本君平)가 교장을 맡아 간다(神田)에 설립한 학교다.48) 이타가키는 1871년 정한논쟁 당시 사이고 다카모리(西鄕隆盛) 등과 더불어 정한론(征韓論)을 강경하게 주장했으나 받아들여지지 않자 참의를 사직하고 자유민권운동에 나섰던 인물이다. 1881년 일본 최초의 정당인 자유당을 조직하여 총리가 되었고 이토 히로부미 내각과 헌정당 내각 하에서 내무대신을 지낸 바 있으며, 이인직의 소설에도 자주 등장하는 김옥균에게는 우상과 같은 존재였다고 한다. 1898년 6월 22일 자유당과 진보당(進步黨)의 결합으로 헌정당(憲政黨)이 결성되는데, 동경정치학교는 헌정당과 긴밀한 관계를 맺고 있었다. 헌정당은 1900년 9월 해산한 이후 이토 히로부미(伊藤博文)의 입헌정우회로 이어졌고, 동경정치학교는 정우회 본부의 지하실로 교사(校舍)를 옮기기도 했다.49) 헌정당의 이념과 마쓰모토의 신문 사업에 대한 신념이 관철된 동경정치학교는 고등 교육 기관인 동시에 정치 조직으로서의 성격 또한 강하게 지니고 있었다. 강령에서 명시하고 있듯이 정치학교는 정부 관료와 정당 의원, 외교관, 신문기자 등 정계에서 활약할 이들을 길러내는 것이 목표였다. 이를 위해 교과 과정을 편성함과 더불어 교우회(校友會)와 정치학회(政治學會) 활동을 통해 유대감 형성과 인맥 구축을 꾀했다.50)

　　'프랑스 파리에 있는 유명한 정치학교와 미국 비부(費府)대학, 재정경

---

48) 다지리 히로유키가 「이인직연구」(고려대 박사논문, 2000, 28면)에서 1892년 헌정당의 당보에 동경정치학교가 실렸다고 한 것은 잘못된 것이다. 명치 31년, 즉 1898년이 옳다. 각주에서 헌정당 당보에 게재되었다는 동경정치학교 광고의 날짜들도 1892년이 아닌 1898년으로 고쳐야 한다.

49) 升味準之輔, 『日本政党史論』 2, 東京大學出版會, 1994; 유모토 코이치(湯本豪一), 연구공간수유+너머 역, 『일본 근대의 풍경』, 그린비, 2004; 피터 두으스, 김용덕 역, 『일본근대사』, 지식산업사, 1983, 170~172면; 한상일, 『아시아연대와 일본제국주의』, 오름, 2002 등 참조.

50) 정치학회는 월 1회 회식을 갖는 것을 원칙으로 하며 정치학교 소속원 및 찬조원, 졸업생, 저명인사들을 회원으로 삼았다.

제학교의 제도를 모방해서 설립'[51]한 동경정치학교는 전공이 나뉜 분과 체제를 갖추지는 못했지만 꽤 체계적이고 실용적인 교과 과정을 마련하고 있었다. 3년 과정으로 편성된 교과 내용은 크게 보아 정치 및 신문학(新聞學)과 관련된 이론 학습, 이론의 응용 및 현실 모델에 대한 분석, 어문학 및 문장 수련으로 나누어진다. 3년 과정인데 학년이 올라갈수록 같은 강좌라도 좀 더 심화된 내용을 배치했다. 예를 들어 공통으로 개설된 국가학의 경우, 1학년 때는 국가의 개념이나 구성 요소 등 기본 이론을 다루는 '순정국가학(純正國家學)의 원리'를 가르쳤고, 2학년에서는 '응용국가의 원리'를, 3학년 때는 '국가학제가(國家學諸家)'에 대한 특별 연구를 했다. 정치학교는 학습한 이론을 현실에 적용할 수 있는 능력을 배양하는 데에도 역점을 두고 있었다. 1~2학년 때는 현실에서 벌어지는 '정치·경제·법률·사회상의 문제'를 분석하는 실지문제연구(實地問題硏究)라는 과목을 두었다. 보통 1~2학년 과정에서 이론과 그 응용 방법을 익히고 3학년 때는 실습을 하거나 직접 지식 생산을 할 수 있도록 요구하는 방식이었다. 매 학년마다 '정치학교의회(政治學校議會)' 시간이 있어서 '입법원의 방법 및 토의법'을 다루었는데, 토론과 연설 등을 통해 직접 의회 활동의 정치적 형식을 체험하기도 했다.[52]

지금까지는 연관성이 있을 것으로 추정된 정도이지만, 『만세보』 논설과 정치학교 강의록을 비교하면 이인직이 동경정치학교에서 학습한 지식을 귀국 후 얼마나 충실하게 활용했는지 알 수 있다. 신문이기 때문에 다소 개론화된 형식을 취하기는 하나, 정치학교에서 배운 경제학·국가학·사회학·법률학 등을 바탕으로 현실을 분석하는 것을 쉽게 발견할 수 있다. 뿐만 아니라 조세와 화폐 제도, 식산(殖産)의 방법론, 헌법과 의무 교육에 대한 논의, 위생과 각종 근대적 제도에 관한 입론 등 정

---

51) 마쓰모토 쿤페이, 앞의 책, 부록 10면.
52) 개설된 교과목에 대해서는 이미 다지리 히로유키가 소개한 바 있어 자세히 다루지 않는다.

치학교 시절 배웠던 내용의 간결한 응용을 바탕으로 쓴 글들의 예는 워낙 많아서 일일이 열거하기 힘들 정도다. 특히 스스로 '과학'이라 칭한 이론적 논의와 관련하여 이인직이 가장 영향을 많이 받은 인물은 당시 정치학교 강사였던 우키다 가즈타미(浮田和民)와 아리가 나가오(有賀長雄)였다.[53) 이인직이 『만세보』 창간호에 쓴 논설 「사회」와 『소년한반도』에 연재한 「사회학」은 우키다의 『사회학』 등을 요약·변용한 것이며, 『만세보』 1906년 9월 19일자부터 연재된 「국가학」은 아리가의 『국가학』을 번역한 것이다.[54)

문제는 우키다와 아리가 모두 동양평화론이라는 이데올로기에 '과학'의 외양을 부여했다는 점, 다시 말해 스스로 합리적 이성의 영역으로 공포한 신학문을 도구적으로 활용하여 아시아 연대의 구상을 실천했다는 점이다. 정치학교에서 학습한 지의 내용이 이인직의 글에 얼마나 충실하게 '반영'되었는가를 비교하는 것은 이 글의 주된 관심사가 아닌 관계로, 한 가지 사례만을 통해 동경정치학교에서 핵심이 되었던 이론 모델의 성격과 그것이 번역을 통해 소개되는 역사적 궤적을 잠깐 살펴보도록 하자. 아리가 나가오는 초기에 스펜서의 개인주의적인 사회학에 관심을 가지고 1883년 『사회진화론』을 저술한 이후, 굼플로비츠(Ludwig Gumplowicz) 등 오스트리아의 사회진화론에 기반한 국가론을 접하여 큰 영향을 받아 1889년에는 『국가학(國家學)』을, 1901년에는 『국법학(國法學)』 2권을 각각 출간했다. 러일전쟁의 승기가 일본으로 기울어갈 무렵 아리가는 『보호국론(保護國論)』를 써서 국제법에 대한 제국주의적 해석을 통

---

53) 조선문제연구회에도 참여한 바 있는 입헌주의적 제국주의자 우키다는 한일합방을 전후하여 군사·정치·경제적 지배 대신 윤리적 영향력 행사가 필요함을 『윤리적 제국주의(倫理的 帝國主義)』에서 피력한 바 있다. 우키다의 사상은 30여 년이 지난 후 교토학파의 젊은 학자들에 의해 대동아공영론을 지탱하는 '모럴에너지론'으로 되살아난다.

54) 浮田和民, 『社會學講義』, 東京 : 開發社, 明治 34; 有賀長雄, 『國家學』, 東京; 牧野書房, 1889.

해 조선의 보호국화를 정당화하는 논리를 구축한다.55)

아리가는 『보호국론(保護國論)』에서 보호국의 종류를 네 가지로 나누어 설명한다. 제1종 보호국은 완전한 자주권을 가지고 문화의 발달 정도가 열국에 뒤지지 않지만 국력이 약해 독립을 보존할 힘이 없을 때 다른 강국이 병합하여 독립을 보존해주며 내정과 외교에 간섭하지 않는 경우로, 구미학자들이 호위적(護衛的) 보호국이라 칭하는 경우다. 제2종 보호국은 후견적(後見的) 보호국 혹은 진정(眞正) 보호국이라 불리는데, 어떤 나라가 문명제국의 교역과 통상에 긴요한 지리적 위치를 점하고 있지만 구미 열강과 문화가 달라 개방이 어렵고 자위력을 갖추지 못할 때, 강국이 주권의 일부를 대리하여 세계 질서에 편입할 수 있도록 도와주는 경우다. 제3종 보호국은 강국이 약소국의 이권을 침탈하고자 병합하는 경우인데, 주권을 강국이 취하고 약소국 군주로 하여금 형식적인 정치 권력을 부여하므로 행정상 보호국이라 칭한다. 제4종 보호국은 강국이 해외의 미개한 나라를 식민지로 삼아 개척하는 경우이며, 식민적 보호국이라 부른다. 보호국법리편(保護國法理編) 3장 '일한보호조약(日韓保護條約)'은 조선이 제2종 보호국일 수밖에 없는 논리를 이와 같은 분류로부터 마련한다.

아리가는 보호국이 '세계 인류의 국제생활상의 자연필요로 인하여 나타났다'고 하는 구미학자의 설을 논의의 출발점으로 삼고 있다. 제국과 식민지가 맺고 있는 몇 가지 관계 모델을 유형화하여 이것이 하나의 자연적 현상임을 전제하면서 「보호국론」은 성립하는 것이다. '여러 보호국들을 비교해서 그 사이에 존재하는 사실을 귀납한 후 보호국의 본연한 성질로 삼아 장래 보호관계의 표준을 정하는 것', 이를 바탕으로

---

55) 有賀長雄, 『國法學』上・下, 東京; 東京專門學校出版部, 1901~1903; 有賀長雄, 『保護國論』, 東京; 早稻田大學出版部, 1906. 『보호국론』은 『외교시보(外交時報)』에 연재되다가 1906년 9월 와세다대 출판부에서 출간되는데, 『황성신문』 등에 일부 번역 소개된 바 있다. 「保護國研究論」, 『황성신문』, 1906.3.13; 「論保護國問題」, 『황성신문』, 1906.3.15; 「保護國論」, 『조양보』 제9~11호; 『태극학보』 제21호, 1908.

'보호국에 적합한 법적 근거를 탐구하여 일본이 공정확실(公正確實)한 이유로 한국을 보호국으로 삼았음을 알리고 일한(日韓)보호관계의 현재 및 장래에 참조할 수 있는 지침을 만드는 것'이 이 글의 목적이었다. 서구의 이론의 번역을 출발점으로 삼아, 정치적 현실을 '자연' 그 자체로 인정하는 경험주의를 방법론으로 하여, 경험으로부터 귀납한 내용을 법리(法理)의 형태로 일반화함으로써 일본의 조선 지배를 정당화한다. 그것이 바로 아리가 등이 서구의 지식을 번역, 재배치하는 메커니즘이었다.

이인직은 졸업을 앞두고 "한국의 땅이 작다고 하더라도 동양의 추기(樞機)에 위치해 있으며 그 위급존망의 이해(利害)가 바로 동양의 전국(全局)에 미치는 점이 적지 않을 것이다. …… 그러므로 양(伴)을 따지지 말고 우방에게 호소하고 그 감응(感應)의 동정(同情)을 구하는 것이 실로 목하(目下)의 급무(急務)일 것이다. 지금 사처(四處)를 돌아봐도 이를 얻을 수 있는 곳은 동양의 문명국 일본 밖에 없다"[56]고 말하고 있다. 제2종 보호국에 대한 논리와 너무도 닮아 있는 이러한 언설이 타국에서 대한을 객관적으로 살펴 도달한 냉정한 현실인식이었을까? 일찍이 동양평화론을 온전히 체현하여 '서세동점(西勢東漸)하여 아시아가 사분오열(四分五裂)에 이른 처지에 오직 일본만이 국가의 기초를 튼튼히 하여 동양의 맹주가 되어 보차순치(輔車脣齒)의 마땅함으로 주변국을 아우르고 백년의 장책(長策)을 세웠다'[57]고 할 수 있었던 것은, 앞서 언급한 메커니즘으로 구현된 「국가학」과 같은 분과 학문을 충실하게 체현하는 가운데 가능했던 것이다.

귀국한 후 이인직은 '국가정신이 부재하여 망상만 일삼는 대한의 국민들'[58]을 위해 "국민의 신면목과 국민의 신정신을 界導喚發홀 實

---

56) 이인직, 「韓國新聞創設趣旨書」, 『都新聞』, 1903.5.5; 다지리 히로유키, 「이인직연구」, 148면에서 재인용. 이후 『미야코신문』에 실린 이인직의 글은 모두 다지리 히로유키의 논문에 부록으로 정리된 글을 재인용한 것이다.

57) 이인직, 「夢中放語」, 『都新聞』, 1901.12.18.

58) 「妄想」, 『만세보』, 1906.8.15.

鑑'"59)이 될 아리가의 「국가학」을 연재한다. 이러한 재번역의 과정을 통해 이인직은 '신학문 중 제일 긴요한 「국가학」'이 '영원히 유전할 만한 제일교과서'가 될 것임을 확신하고 있다. 동양평화론의 이념은 이렇게 이중 번역의 과정을 거치면서 중성화되어 근대적 지식의 형식으로 유입된다. 제국 일본의 담론이 비판적 지성의 간섭을 거의 받지 않은 상태에서 번역되는 사례를 이인직을 통해 확인할 수 있는 것이다.

「혈의루」를 쓰기 오래전부터 그의 머릿속에는 스스로 과학이라 칭한 지식 체계를 기반으로 인간과 인간, 개인과 국가, 국가와 국가 사이의 관계에 관한 구도가 선명하게 서 있었다. 국가학이나 사회학 등의 근대적 지식 체계로부터 정당성과 자명성을 보증 받는 것처럼 보이는 이인직의 '사상'은, 기본적으로 동양평화론의 이데올로기적 구조를 취하고 있다. 이는 러시아와 일본이 전쟁을 벌일 경우 대한은 존속할 수가 없으며, 피치 못할 경우 백인종인 러시아보다 일본을 택해야 한다는 유길준의 현실적인 선택과는 근본적으로 성격이 다른 것이었다.

2) 제4종족 신문기자와 신문소설

정치학교의 교과과정 가운데 이인직 개인에게 특히 큰 영향을 미친 것은 신문학(新聞學)이었다. 경제학·국가학·법률학 등과 더불어 3년 전 과정에 신문학을 개설한 것은 동경정치학교의 특색이었고, 이는 교장 마쓰모토 쿤페이(松本君平)가 '현금 일종의 과학으로 발달하고 있는 신문학의 학리를 강술'하는 것을 매우 중요하게 생각했기 때문이었다. 마쓰모토는 신문이 근대사회를 조직하는 가장 핵심적인 기계라고 확신한다. 그는 신문이 서양에서 프랑스 혁명과 시민 계급의 출현을 가능하

---

59) 「논설」, 『만세보』, 1906.9.18. 『국가학』은 19일부터 11월 22일까지 장기간 연재된다.

게 했고, 작금의 일본에서는 태서 문명의 이기를 번역하는 복음이라고 생각했다. 국민의 지식과 도덕을 양육하는 학교일 뿐만 아니라 문예와 미술을 보급하여 원만한 인간의 도리를 발달케 한다는 것, 그리하여 황금의 힘과 종교의 마력, 제왕의 권능도 이에 미치지 못한다 할 정도로 신문에 대한 마쓰모토의 애정은 지나친 바가 있었다.[60]

미국에서 문학박사학위를 받았으며 뉴욕 트리뷴 기자를 지낸 바 있었던 마쓰모토는 신문기자를 근대사회의 새로운 계급으로 특권화하고 있다. 명치 32년 12월에 낸 정치학교 강의록 『신문학』 첫 장에서 마쓰모토는 영국인 볼크의 말을 빌어 국가를 구성하는 국민의 삼대종족(三大種族)이 귀족·승려·평민이라면 이들 세 계급을 지도할 운명을 지닌 위대한 제4종족이 바로 신문기자임을 강조한다.

사회학 등이 근대국가의 상을 구체화하고 당대의 세계 질서를 이해하는 방식에 결정적인 영향을 미쳤다면, 마쓰모토의 신문학은 이인직이라는 한 개인에게 사회적 실존으로서의 정당성을 마련해주었다. 이인직의 눈에 대한제국은 '비바람과 밤낮을 가리지 않고 권문세가의 집에 드나드는 자'에게나 입신의 가능성이 열려있는 곳으로 비치고 있다.[61] 세상이 뒤집히지 않는 이상 명문세가의 자손도 아니었던 그가 이미 마흔이 넘은 나이로 귀국하여 뜻을 펼칠 수 있는 기회를 찾는다는 것은 상상하기 어려웠을 것이다. 다른 인물들을 제쳐 두고 굳이 윤치호를 '학문이 고명하여 후진들에게 가장 표준이 될 만한 개명인'으로 꼽았던 데에는, 향반가의 서출 출신으로 일찍이 서구 문명을 받아들이는 데 망설

---

60) 松本君平, 앞의 책, 1~12면. 이어 마쓰모토는 신문기자를 다음과 같이 묘사한다. "예언자와 같이 국민의 운명을 알려주고 재판관처럼 국민의 의옥(疑獄)을 판가름하며, 대헌법가(大憲法家)와 같이 법령을 제정하고, 대철학자와 같이 국민을 교육하며, 대성인(大聖人)과 같이 국민의 죄악을 탄핵하고 구세주처럼 국민의 무고한 고통을 듣고 구제의 길을 함께하며(後略)" 마쓰모토는 필라델피아대학을 졸업하고 브라운대학에서 문학박사학위를 취득했다.

61) 「行勢軍」, 『만세보』, 1906.7.7.

임이 없었던 윤치호에 대한 개인적 공감이 크게 작용했을 터였다.[62]

그런 이인직에게 제4종족 신문기자와 신문 사업에 관한 논의는 어떤 신학문보다 매력적이었다. '종문(宗門)의 능력도 신문을 업신여길 수 없고 제왕의 위력으로도 압제할 수 없다'[63]고 마쓰모토의 논리를 반복하면서 '만기 활동(萬機活動)의 원천'인 신문으로 "세계문명을 그대로 옮기는 사진기계(寫眞機械)가 되고 새로운 소식을 말로 전하는 기계가 되겠다"[64]고 선언했을 때, 몽매한 한인을 계도하겠다는 의도만을 가진 것은 아니었다.

신문학은 신문사 운영과 신문 편집 방법 등을 체계적으로 학습할 수 있도록 도와준 강좌였던 한편, 이인직에게 '소설'에 대한 새로운 안목을 열어주었다. 강의록인 『신문학』은 크게 보아 신문사의 조직 및 운영, 편집 방법과 기자의 역할, 해외 신문 사업의 역사를 소개하는 세 부분으로 이루어져 있다. 마쓰모토는 서두에서 기자의 역할을 강조한 데 이어 '구미 문명 제국에서 그러하듯이 당대 문단의 제왕이 신문문학임'을 환기한다. 『레미제라블』을 정치소설로 번역한 바 있었던 그는, 소설이 신문을 구성하는 중요한 글쓰기 가운데 하나라고 여겼다. 마쓰모토는 신문 기사의 유형과 작성법을 논하는 과정에서 특별 기사 다음으로 21장 「잡지 및 신문문학자의 주의(雜誌及新聞文學者の注意)」에서 신문문학을 자세하게 다룬다.[65] 『신문학』의 내용을 곳곳에서 활용하고 있는 이인직이

---

62) 「郵書」, 『만세보』, 1906.7.14.

63) 「新聞權利」, 『만세보』, 1906.11.17. "文明의 世에 一大勢力이 有혼 者는 新聞이니 其勢力은 天下에 抵抗할 者ㅣ 無호도다. … 故로 宗門의 能力도 新聞을 社交的으로 相敬홀뿐이라 一毫라도 敢히 侮視치 못호며 帝王의 能力으로도 新聞을 一法人 資格과 文明機關으로 認홀 뿐이오 壓制의 手段을 莫施호는지라"

64) 이인직, 「入社說」, 『都新聞』, 1901.11.29.

65) 「雜誌及新聞文學者の注意」은 ① 잡지와 신문이 서로 다른 점, ② 잡지 기사의 성격, ③ 단편소화(短篇小話), ④ 아렌 씨의 단편소화작법, ⑤ 베상트 씨의 문가요칙(文家要則), ⑥ 인정(人情)의 사생화(寫生畫), ⑦ 소설가는 사회 활동의 정태를 그려야 한다, ⑧ 문학자가 선택해야 할 범위, ⑨ 대가의 명문걸작을 숙독해야 한다, ⑩ 인물의 성격을 자연적으로 묘사하라, ⑪ 소설작가가 망각하지 말아야 할 요칙과 같은 내용으로 나

신문소설에 관한 마쓰모토의 논의를 지나쳤을 리가 없다.66) 이미 다지리 히로유키가 글의 일부, 특히 단편소설 작법에 관한 부분을 번역 소개한 바가 있다. 하지만 이인직과 연관하여 주목할 대목은 마쓰모토가 신문소설의 가치를 갱신하기 위해 서구 소설이론을 전유하는 방식이다.

마쓰모토는 강의록에서 '문학(文學)'이라는 말을 미술과 대비하여 언어 예술(Art)을 지칭하는 용법으로 사용한다. 일본의 경우 쓰보우치 소요(坪內逍遙)의 『소설신수』67) 이후 역어로서의 '문학(literature)' 개념이 안착되었을 뿐만 아니라, 1880년대 후반에서 1890년대까지 구화주의(歐化主義)를 바탕으로 한 '제국대학령'에 의해 전문 학교들이 서구식 대학 편제를 갖추면서 문학과를 두었던 것을 생각하면 이는 별반 특기할 만한 일은 아니다. 하지만 역어로서의 문학 개념을 수용하고 있음에도 마쓰모토가 「잡지 및 신문문학자의 주의」에서 새로운 가치를 부여하고자 한 것은, 쓰보우치처럼 '미적 가치를 근거로 독립된 자율성을 갖는 문학으로서의 소설'이 아니라 '신문의 가치를 실현하는 허구적 글쓰기 형식으로서의 소설'이었다는 점이 중요하다. 마쓰모토는 신문이 사회의 거울이 되어야 하다는 규정으로부터 사회를 반영하는 신문의 글쓰기 가운데 하나로 소설을 배치한다.68) 마쓰모토는 잡지나 신문에 실리는 글을 두 가지로 분류한다. 실사(實事)와 관련된 묘사적·전기적(傳記的)·논설적인 기사와 논문 등이 사실적인 글이라면, 이와 달리 상상하여 쓴 기사(記事)·패사(稗史)·소설(小說)은 허구적인 성격의 글이다. 그런 가운데 사실과 관련된 기사를 작성하는 방법과 원칙을 세세하게 밝혔던 것

뉘어 있다. 다지리 히로유키는 이 가운데 주로 아렌씨의 소설 작법에 주목하여 이인직 작품과 연관성을 따진 바 있다. 다지리 히로유키, 앞의 글, 30~33면.

66) 『都新聞』, 1901.11.29 및 1903.5.5; 『만세보』 논설, 1906.7.15·11.2·11.17 등.

67) 坪內逍遙, 『小說神髓』, 東京 : 春陽堂, 1932, 참조. 1935년 물론 쓰보우치의 논의에도 문학은 풍교(風敎)를 돕고 우의적(寓意的)이어야 한다는 공리주의적 관점이 여전히 남아 있기는 하다.

68) 마쓰모토 쿤페이, 앞의 책, 11~12면.

처럼 신문 게재물의 한 형식인 소설에 대한 작성법을 「잡지 및 신문문학자의 주의」에서 강술하고 있는 셈이다.

마쓰모토의 신문문학에 대한 논의 또한 서구 이론에 대한 번역으로부터 출발한다. 인용된 여러 명의 소설가와 문필가들 중에 소설 작법에 대한 핵심적인 논리를 제공하는 인물은 미국의 단편소화작가(短篇小話作家) 아렌과 신문기자 올타 베상트다. 마쓰모토는 먼저 단편과 장편소설이 그 정신과 작법에서 차이가 있음을 언급한 후, 아렌의 글을 번역하여 단편소설의 작법으로 삼고 베상트로부터 연재물의 작법을 끌어낸다. 이 글이 명증하게 단편과 장편소설의 작법을 나뉘어 서술된 것은 아니지만, '베상트씨의 문가요칙'부터 이어지는 서술이 대부분 연재물과 연관됨으로써 글의 구도가 크게 단편과 장편의 작법에 관한 내용으로 나뉜다고 볼 수 있다.[69]

'아렌씨의 단편소화작법'은 거의 직역에 가까운 것으로, 단편소설의 미덕과 그것을 갖추기 위해 작가가 힘써야 할 사항들을 충실하게 소개하고 있다. 즉 삶의 순간으로부터 전체를 포착하는 것, 하나의 장면으로부터 인물 전체와 삶의 본질을 포착하는 것이 단편소설이며, 이를 위해 작가는 그 사회의 특수한 측면과 인물의 성격을 묘사하는 방법을 연구해야 한다는 것이 요지다. 하지만 단편이 가진 함축성과 암시성 같은 미적 특질은 신문 기사의 성질과 상반된 것이었다. '소설적 감상(roman sentiment)'과 미(美)'를 추구해야 하는 단편소설가의 자질 역시 신문기자의 그것과는 거리가 멀었다. 이처럼 번역한 단편소설이론에 의하면 문학은 그 자체로 독립된 존재 가치를 가지게 되는데, 이는 신문에 관한 학문적 체계화를 시도하는 과정에서 문학을 신문 글쓰기의 틀 내에서

---

69) 이 글은 서구 이론과 마쓰모토의 일본 신문문학에 대한 이해가 충돌하면서 많은 균열을 만들어내고 있다. 문학(literature)과 사실주의(realism)를 자신의 문제틀 내에서 독특한 방식으로 재구성하고 있기 때문에 직접 원문의 내용을 제시하기보다는 적절하게 재구성한 형태로 전하는 것이 더 나으리라 생각한다.

설명하고 싶었던 마쓰모토의 문제틀과 충돌하는 것이었다. 마쓰모토는 이러한 균열을 사실주의(寫實主義)를 독특하게 변용함으로써 봉합한다.

마쓰모토는 단편 소화 작법을 소개한 다음 신문문학이 무엇을 어떻게 다룰 것인지에 관한 문제로 논점을 옮겨간다. 문필가가 되기를 희망하는 이들은 누구나 염두에 두어야 할 규칙 11가지를 소개한 후, 인간 사회야말로 문학의 오래된 재료임을 말하는 부분까지는 베상트를 번역하는 연장에서 이루어진 진술이다. 하지만 그 이후는 기존의 일본신문 연재물의 가치를 갱신하기 위한 마쓰모토의 주장이 전개된다. 그는 사실주의가 발생한 이유를 현실적이고 세속적으로 변한 독자들의 기호, 넓게는 인류의 성정으로부터 찾는다. 현대인들은 숭고함이나 장엄함을 전하는 이야기보다 살인과 강도·정사(情死) 등 비근(卑近)한 인정화를 더 좋아하기 때문에 소신문의 3면 기사가 인기가 많다고 판단한다. 그리고 이러한 판단의 이면에는, '인류가 군집 동물로서의 의식은 없어도 항상 동류 인민이 어떤 일을 하는지 알고 싶어 한다'는 기묘한 인간 본성론이 깔려있다. 마쓰모토는 사람들이 원하는 것은 '부세화(浮世話)나 세간인정(世間人情)의 사진담(寫眞談)'이기 때문에 게사쿠(戲作)나 모노가타리(物語)의 시대는 이제 끝났다고 말한다.[70] 허버트 스펜서 풍의 책을 좋아하는 독자들도 있겠지만, 대다수의 사람들은 에밀 졸라의 인정소설을 찾고 있다는 사실. 그것이 바로 마쓰모토가 말하는 '현재 시대의 일반 세속이 환영하는 것이자 문학계의 풍조'인 사실주의였고, 사실주의의 가치를 실현한다면 기존 신문연재물의 가치가 새로워질 수 있다는

---

70) "낡은 寓言戲作, 미숙한 鬼神 物語를 환영하는 시대는 이미 지나갔고, 현 시대의 인민의 사상은 오히려 치밀하게 현실적이고 세속적이 되었으므로 옛날 사람이 듣기 즐겼던 神代話나 怪獸談이나 幽靈 物語는 남겨진 독자에게 감동을 줄 수 없는 것이다. 세속의 대다수가 경청하는 것은 오히려 浮世話나 世間人情의 寫眞談이다. 어떤 문학자는 이상적으로 인정을 그리는 것을 즐긴다. 또 어떤 문학자는 추악하고 수준 낮은 人情을 실재적으로 묘사하지 않기를 바라기도 한다. 이것들은 문학자의 기호에 속하는 것으로서, 寫實문학파에 속하는 것이라 할 수 있다." 마쓰모토 쿤페이, 앞의 책, 166면.

가능성을 열어놓는다. 패사소설(稗史小說)[71]은 '활동사회의 정태'를 그려
내는 한 새로운 시대적 가치를 가지게 되는 것이었다.

그런 맥락에서 마쓰모토는 소설을 "현실의 생활을 번역하는 산문"으
로 정의한다. 마쓰모토가 든 사례는 다음과 같다. 어떤 처자가 미친 듯
이 난리를 치며 시중(市中)을 달리다가 강에 빠져 죽었는데 품속에서 유
서 한 통이 나왔다. 이는 세간에서 흔히 있을 수 있는 사건이며, 신문
잡보란에서 종종 마주칠 법한 사건이다. 신문문학가는 이 사건을 소재
로 상상력을 활용하여 광녀의 20년 생애를 역사적으로 그려 소설로 만
들 수 있다는 것이다. 소설이라는 양식을 이런 방식으로 규정함으로써
마쓰모토는 실록소설(實錄小說)과 같은 기존의 신문 연재소설, 좀 더 넓
게 보자면 신문 연재물에 녹아있는 다양한 서사 전통들이 세태를 반영
하고 문체의 갱신을 이룰 수만 있다면 '문학'이라는 이름으로 새롭게
태어날 수 있도록 조정하고 있다. 동시에 서구의 소설 이론과 사회를
반영하는 거울인 신문 및 신문 게재물로서의 소설 사이에 유기적인 연
관성을 만들어낼 수 있었다. 마쓰모토에게 허구는 그 자체로 존재가치
가 있기보다는 사실을 보여주는 또 다른 방법으로 기능하는 한 의미가
있는 것이었다.

마쓰모토는 새로운 시대의 소설을 쓰기 위해 소설가가 다음과 같은
미덕을 갖출 것을 요구한다. 첫째, 걸작을 많이 읽고 참신한 문체(style)를
스스로 연마할 것. 둘째, 현실을 그릴 때 아치한 아름다움(雅致美; artistic
beauty)과 사무적 간명(事務的 簡明; business simplicity)을 적절하게 배합할 것.
셋째, 소설 속의 이야기에 개선진보(改善進步)를 넣어 서술할 것. 넷째,
소설은 수신서(修身書)가 아니므로 권선징악의 표준을 정하지 말 것. 다
섯째, 인물의 성격을 그릴 때 서술자가 의인인지 악인인지 말할 필요가

---

71) 패사소설에 관해서는 노구치 다케히코(野口武彦), 『小說』, 東京 : 三省堂, 1996,
22~27면 참조. 권선징악의 패사소설을 비판하고 새로운 소설(novel) 이론을 전개한 이
가 쓰보우치 쇼요였다.

없으며 이야기의 전개를 통해 인물의 성격을 알도록 할 것. 여섯째, 작가 스스로가 사건과 인물로부터 거리감을 유지할 것. 일곱째, 이 모든 것을 건축가가 재료를 적절히 배치하여 아름다운 누각을 만들 듯이 구성할 수 있는 '사상'을 갖출 것. 주지하다시피 이와 같은 요소들은 안자산·김태준·최서해·이기영·임화 등 이인직 소설의 독자들이 발견한 새로움이자 근대소설의 자질로 풀이된 요소들이다. 이인직 소설의 새로움은 학습한 이론의 수준에서 이미 예비되어 있었던 셈이다. 이광수가 문학을 독자적 심급으로 상정하는 쓰보우치 쇼요의 논의에 직접 자극받았다면, 이인직이 영향 받은 것은 마쓰모토가 이론화한 '신문문학으로서의 소설의 가치'였다.[72]

논리의 수준 외에도 인정 세태를 반영한다는 가치를 실현한 소설들을 이인직은 직접 접할 수밖에 없는 상황에 노출되어 있었다. 청일전쟁 이후 일본신문들은 사회면을 부각했고 대부분의 신문이 소설을 연재하기 시작했는데, 이인직이 견습 생활을 한 『미야코신문』은 일찍부터 연재물을 발전시켜온 대표적인 신문 가운데 하나였다. 1학년 과정에서 신문학의 원리 및 각국의 연혁을 배운 이인직은 2학년 때부터 미야코신문사(都新聞社)에서 실습을 시작한다. 미야코신문의 전신은 1884년 창간한 석간지 『곤니치신문(今日新聞)』이었다. 1888년 11월 16일 석간에서 조간으로 전환하고 제호도 『미야코신문(みやこ新聞)』으로 바꾸었다. 1889년 2월 1일 『미야코신문(都新聞)』으로 이름을 다시 바꾼 후 소설과 연극에 중점을 두는 한편 화류계 광고를 싣는 등의 독특한 편집 방침을 택함으로써 서민들에게 큰 인기를 얻는다. 사장 와타나배(渡辺治)가 『오사카매일신보(大阪每日新聞)』로 자리를 옮기고 1892년 5월 구스모토 마사타카(楠本正隆)의 소유가 되면서 개진당(改進黨)의 기관지로 변모했다. 자유당과 개진당이 연합하여 결성한 것이 헌정당이었고, 헌정당과 깊은 관계

---

72) 이광수에 대해서는 다음의 글 참조. 황종연, 「문학이라는 역어」, 『한국문학과 계몽담론』, 새미, 1999.

를 맺고 있던 정치학교의 학생이 미야코신문사로 파견을 간 것은 자연스러운 일이었다.[73] 그런데 『미야코신문』의 역사에서 우리는 일본 및 한국의 근대소설사와 연관하여 흥미로운 이름 둘을 발견하게 된다. 가나가키 로분(仮名垣魯文)과 구로이와 루이코(黒岩淚香)가 바로 그들이다.

주지하다시피 『곤니치신문』의 주필 가나가키 로분은 게사쿠의 전통으로부터 일본신문소설을 개척했던 인물이다. 가나가키가 현실에서 일어난 사건을 바탕으로 쓴 연재물은 확실히 에도시대의 이야기 양식인 게사쿠와는 다른 크로노토프(chronotope)를 선보였다.[74] 흥미로운 읽을거리를 중시하는 경향은 『미야코신문』으로 바뀐 뒤에도 구로이와 유이코에 의해 이어졌다. 정치 논객이기도 했던 구로이와는 번안소설을 활발하게 연재하여 서양소설 양식이 가진 미감과 재미를 번역했다. 특히 그의 번안작들은 정교한 플롯(plot)을 요구하는 탐정소설이 대부분을 차지함으로써 이야기(story)로서의 성격을 점진적으로 탈각해가던 기존 신문 연재물의 전통을 갱신하여 독자들의 호응을 얻는다. 구로이와는 1889년 『미야코신문』의 주필을 맡아 1892년까지 사설(社說)과 탐정소설을 썼다. 이인직이 견습을 받던 시절 구로이와가 미야코신문사에 있었던 것은 아니지만, 강의록 『獨占及ツラスト, 國家學史』을 보면 이인직이 재학하던 당시 구로이와가 정치학교의 강사였음을 확인할 수 있다.[75] 만약 구로이와가 직접 강의를 했다면, 다른 사람과 구별되는 이력으로 보아 문장 수련이나 외국어문학을 강의했을 것으로 추정된다. 이인직과의 연관성은 작품에 대한 꼼꼼한 분석을 거쳐야 자세하게 드러나겠지만, 일단 조중환 이래 1920년대 초반까지 번안소설 대부분이 구로이와 루이코 번안소설의 재번안이었다는 점만 놓고 보더라도, 이들 인연의 무게

---

73) 유모토 코이치, 앞의 책 629면 및 야마모토 후미오 외, 김재홍 역, 『일본매스커뮤니케이션사』, 커뮤니케이션북스, 2000, 69~122면 참조.

74) 예컨대 「다카하시 오덴 야샤 모노가타리」와 같은 실록소설의 새로움에 대한 자세한 분석은 龜井秀雄, 『明治文學史』, 東京 : 岩波書店, 2000, 17~34면 참조.

75) 石川源三郎 講述, 『獨占及ツラスト, 國家學史』, 東京 : 東京政治學校出版部, 1902.

가 결코 가벼운 것이 아니었음을 알 수 있다.[76]

　신문소설에 관한 이론을 습득하고 여러 가지 유형의 소설을 접한 이
인직은 「과부의 꿈」[77]과 같은 단편소설을 발표하기도 한다. 이때 이인
직은 충실하게 단편소설 작법을 견지하고 있음을 보여준다. 난간에 기
대어 풍경을 바라보는 부인의 모습으로부터 한 인물의 역사와 속내 깊
은 곳을 그려내고 있는 것이다. 대사가 지문으로부터 독립해 있으며, 서
술자 자신의 직접적인 목소리를 소거한 상태에서 꿈과 다른 등장인물
의 대사를 통해 중심인물의 성격과 인생을 보여준다. 습작이라고도 볼
수 있지만 『만세보』에 연재된 「소설 단편」처럼 짧은 서사 구조 내에서
단일하고 통일된 정서와 이미지를 구축하는 단편의 미학을 성취하고
있다.[78] '소설'의 용법이 여러 가지 스펙트럼을 형성하던 1906년 당시,
이인직이 처음으로 '단편'이라는 표기를 사용했던 것은 이 양식에 대한
나름의 이해가 분명했기 때문이었다. 하지만 연재소설을 쓴다는 것은
단편소설을 쓰는 것과는 다른 일이었다. 마쓰모토의 말처럼 연재소설을
쓰기 위해서는 현실로부터 취한 재료를 적절히 엮어갈 수 있는 '사상'
이 필요하고, 무엇보다 그러한 실험을 지속할 수 있는 안정적인 지면이

---

76) 구로이와 1910년대 번안소설의 관계에 대해서는 박진영, 「1910년대 번안소설과
　　'정탐소설'의 매혹」, 『대동문화연구』 52, 2005, 참조.
77) 이인직, 「과부의 꿈(寡婦の夢)」, 『미야코신문』, 1902.1.18~19.
78) 재미있는 점은 이 작품이 이인직의 개인사와 관련되었을 가능성이 높다는 사실이다.
　　「과부의 꿈」에서는 부인의 남편이 죽자 경성의 서쪽 십리 남짓한 데 있는 강상촌(江上
　　村)인 용산 근처의 선산에서 장례를 치렀다고 한다. 족보에 의하면 이인직의 친부 이윤
　　기의 묘가 있는 장소가 바로 서강 성산리(西江 城山里) 정(丁) 방향, 즉 지금의 마포구
　　법정동에 해당한다. 또 부인은 남편을 여인지 13년째로 그 슬픔이 건강을 해칠 정도인
　　것으로 묘사되고 있다. 친부 이윤기는 1866년에 세상을 떴고, 친모 전주이씨는 그로부
　　터 13년이 지난 1879년 사망했다. 어느 정도 성장하여 백부 이은기의 손이 될 수밖에
　　없었던 이인직에게 친부가 돌아가신 이후 어머니가 항상 사무쳤을 것이다. 만약 이 작
　　품이 이인직의 개인사를 소재로 하고 있다면, 그는 소설을 통해 다른 사람과 소통할
　　수 없는 고독한 자신의 내면을 비밀스럽게 그린 셈이다. 지명에 관해서는 이옥, 실시학
　　사고전문학연구회 역주, 『역주 이옥전집』 2권, 소명출판, 2004 및 손성우, 『한국 지명사
　　전』, 경인문화사, 1986, 345 및 371면 참조.

요구되기 때문이다.

앞서 살펴보았듯이 마흔 줄에 접어든 이인직은 동양평화론으로 번역된 근대적 지식 체계를 학습하면서 인정 세태를 조직할 수 있는 사상을 마련하고 있었다. 문제는 스스로가 "유래(由來) 한국의 법령이 언론의 자유를 허가하지 않고 시사득실(時事得失)에 있어서 의논하는 기회를 얻지 못한 것은 모두 아는 사실"[79]이라고 밝혔듯이, 당시 대한제국에 이인직이 설 자리는 없었다는 사실이다. 「혈의루」의 연재, 좀 더 확장해서 말하자면 몇 가지 소설에 대한 새로운 구상이 나타날 수 있었던 사정의 핵심에는, 이인직 등이 공적 담론의 장에서 마음껏 발화할 수 있는 공간이 마련되는 정황의 변화가 자리하고 있다.

4. 동양평화론의 서사적 실천, 「혈의루」

1) 러일전쟁 이후 정황 변화와 『만세보』

이인직이 동경정치학교에서 수학하는 동안 대한제국은 정체(政體)의 측면에서 보았을 때 전제군주국가로 회귀하고 있었다. 경성의정서와 모스크바의정서의 체결로 대외적인 위기가 일단 수면 아래로 잠복하자, 집권 세력은 왕권강화를 위한 제도 정비를 시도한다. 이미 을미사변과 아관파천을 거치면서 개화파의 핵심인사들이 축출된 가운데, 고종을 황제로 추대하고 연호를 새로 재정하자는 움직임이 민간과 조정에서 나타나 1897년 10월 12일 황제 즉위식이 거행되었다.

---

79) 이인직, 「한국 신문창설취지서」, 『都新聞』, 1903.5.5.

한편 안경수·이완용 등 정동파 출신 전현직 관료들이 중심이 되어 사교 모임의 성격으로 출발한 독립협회는 윤치호가 가세하고 매주 독립문에서 토론회를 개최하면서 계몽운동단체로 변모해가고 있었고, 1898년 2월에 이르러 러시아 세력의 진출에 관한 문제를 토론회 주제로 삼아 조직적으로 정치적 입장을 표명하기 시작했다.[80] 이후 노륙법(拏戮法)과 연좌법(緣坐法)을 부활시키려는 정부에 대해 상소문을 올리고 인화문 앞에서 철야 농성을 전개기 시작한 10월 7일부터 강제 해산되는 12월 23일까지, 만민공동회의 열기는 "빅여년 전에 불란셔에 낫던 민변이 대한에 날가 염녀"[81]할 정도로 뜨거웠다. 망명객들도 황실측근파를 제거하고 강력한 내각을 구성하여 국정을 개혁하기 위해 독립협회 및 개혁적 성향의 국내 세력과 제휴를 추진했으나 오히려 고종의 경계심을 자극하는 계기가 되었다. 만민공동회와 중추원에서 제기된 박영효 등용론을 독립협회 세력을 숙청하는 명분으로 삼음과 동시에 개혁적 성향의 대신들까지 정계에서 축출했다. 광무정권은 독립협회와 망명개화파 등 황제권에 도전하는 세력들을 제압한 후 안정기에 접어들 수 있었던 것이다.[82]

독립협회와 만민공동회가 강제 해산 된 이후, 1899년 8월 「대한국 국제」가 선포됨으로써 광무황제는 500년간 전래된 전제군주권을 근대적 법어(法語)로 보장받았다. 광무 정권은 식산흥업 정책과 같은 개혁을 추

---

80) 이완용은 집회는 열되 자신과 윤치호는 불참하자고 종용하였다. 신변의 위협을 느낀 이완용은 전북 관찰사 임명을 받아들여 이탈한 반면, 안경수는 지방관으로의 전출을 거부하고 한성에 머물면서 쿠데타를 준비했다. 윤치호도 31개조의 새 회칙의 수정 및 통과에 시간을 보냈다. 이완용이 초대 독립협회 회장에 선출되었으나 이후 퇴출된 것은 외부대신 시절 열강에게 이권을 넘겼기 때문만은 아니었던 것 같다. 『윤치호일기』, 1898.3.13.

81) 『독립신문』, 1898.7.9.

82) 윤병희, 「일보명시절 유길준의 쿠데타음모사건」, 『한국 근현대사 연구』 제3집, 1995; 김현철, 「제1차 일본망명시기 박영효의 활동과 갑신정변 가담 개화파」, 『한국 정치외교사논총』 21, 2000; 현광호, 『대한제국의 대외정책』, 신서원, 2002; 현광호, 「대한제국기 망명자문제의 정치 외교적 성격」, 『史學硏究』 59집, 1999 등 참조.

진하기도 했지만 황제권 강화가 모든 정책 수립의 필요조건이었다. 개혁 정책은 의정부를 압도할 정도로 확대된 황실 산하의 궁내부가 주관하였으며, 황제 친위군의 성격을 띤 원수부가 창설되었고, 권력 기구를 확실히 장악하기 위해 궁내 경무부를 황실 직속의 경위원으로 독립시키기에 이른다. 대외적 자위력을 갖추지 못한 까닭에 열강 사이에서 중립을 실현할만한 대외적 강제력이 없었던 반면, 대내적 권력의 구심점은 더욱 확고해져갔던 것이다.

그 결과 입헌제를 바탕으로 하는 근대국가에 대한 모색 및 새로운 지식 담론의 생산은 소강상태에 빠지게 된다. 1895년부터 꾸준히 진행해 온 학부의 교과서 편찬이 거의 중단되다시피 했고, 민간 차원의 서적 출판 또한 몇몇 개인의 저술과 신문사들의 번역서가 전부였다.[83] 민족지로는 『황성신문』과 『제국신문』만 덩그러니 남아 대황제 폐하에 대한 충성과 대한제국의 모순 사이에서 입장을 정리하지 못하고 있었다. 황제권을 부정하는 어떤 정치적 논의도 허용되지 않았기 때문에 "정치 체제에 대한 개혁 논의는 물론이고 근대 문명에 대한 논의 전체가 위축되었다"[84]는 분석은 1900년대 초반의 상황을 적절히 표현하고 있다. 보안검열법 제정의 움직임이 일어나고 참형이 부활하는 등 대한제국의 시간은 역행하고 있었던 것이다. 하지만 러일전쟁을 진원(震源)으로 하여 벌어진 일련의 사건들은 이 모든 것을 바꾸어 놓았다. 주권체로 여겨졌던 황제권이 러일전쟁 발발 이후부터 약화되기 시작하여, 보호국으로 전락하는 과정에서 그 의미를 완전히 상실하기 때문이다.

1903년 7월 16일월 정치학교를 졸업했지만 이인직은 귀국을 미루다가 러일전쟁이 일어나자 1904년 2월 22일 일본 육군성으로부터 한어통

---

83) 김봉희, 『한국 개화기 서적문화연구』, 이화여대 출판부, 1999 참조.

84) 김동택, 「『국민수지』를 통해 본 근대 '국민'」, 『근대계몽기 지식 개념의 수용과 그 변용』, 소명출판, 2004, 199면; 왕현종, 「대한제국기 입헌논의와 근대국가론」, 『한국 근대사회와 문화』 1, 서울대 출판부, 2003 등 참조.

역부 제1군사령부에 소속되어 종군한다. 개전 전부터 일본 내에서는 정우회를 중심으로 조선 보호론과 합병론 등이 제기되고 있었다. 시세의 변화에 민감할 수밖에 없었던 유학생들이 다양한 경로로 귀국하기 시작한 것은 이러한 정세 변화 탓이었다. 이인직 역시 '오백년 압제(壓制)의 악풍이 아직도 이어져 정부가 내정과 외교를 독단적으로 처리하고 인민은 입이 있어도 말을 하지 못하던'[85] 대한제국에 어떤 식으로든 변화가 생길 수밖에 없음을 예견했을 것이다. 국사범의 낙인이 찍힌 망명객들은 을사조약이 체결된 이후에나 귀국할 수 있는 처지였지만, 무명의 이인직은 운신에 제약이 없었다.

자의인지 타의인지 알 수 없으나 통역으로 임명된 지 3개월이 못 되어 해임된 후, 이인직은 진작부터 계획했던 신문 사업을 추진한다. 1904년 9월 이인직은 서병길(徐丙吉)·이윤종(李胤鍾)과 함께 국민신보사(國民新報社)를 설립하기 위해 자본금 3만원에 일고금을 50원으로 하여 주식을 공채했다. 음력 10월부터 『국민신보』를 발간하기 위함이었다. 유학 당시 기획했던 신문의 형태를 『국민신보』를 통해 실현하고자 했던 것으로 보인다. 국민의 개명진보를 위해 지면을 넓힐 계획이었으며, 국한문을 교작으로 기재한다는 것으로 보아 이때부터 부속국문체를 사용할 의도가 있었음을 알 수 있다. 또한 문명한 만 가지 사상 외에도 위생부·교육부·농업부·상공업부·경제부의 체제로 신문을 편집하고자 했다.[86] 당국자에게 기염을 토했다가 입막음을 당하느니 정치외교를 논함을 버리고 식산흥업과 문학 등 인생에 일용할 수 있는 지식을 전하겠다고 선언했던 것처럼, 이인직이 알리고자 했던 것은 일본의 선진 문명이었다.[87]

---

85) 「이시이비」, 『만세보』, 1906.7.17.
86) 「잡보」, 『대한매일신보』, 1904.9.8; 「광고」, 『국민신보』 및 『황성신문』, 1904.9.6.
87) "우리나라 국민이 구미인에 대해서는 사랑도 없고 증오심도 없다고 하더라도 일본인에 대해서는 무서운 전쟁의 역사에 대한 관념을 갖지 않은 자가 없다. 또한 근래 정부의 소충돌(小衝突)로 더욱 민간의 감정이 상했기 때문에 일의대수(一衣帶水) 밖에

러일전쟁으로 인해 전제군주권이 흔들리기 시작했지만 이인직의 이러한 시도가 쉽게 성사될 수 있을 정도는 아니었다. 오히려 평소 우려하던 위기가 현실화되자 광무 정권은 친일 정치범들의 처형을 서두르는 등 지배 권력을 유지하기 위한 공권력 행사를 시도한다. 1904년 3월 반역을 음모한 대역죄인은 조모자·추종자 구분 없이 참형에 처한다는 『대전회통(大典會通)』의 규정에 따라 장호익·조택현·김홍진 등이 참형을 선고받았다.[88] 『제국신문』은 동년 3월 『한성신보』의 기사 「사형실황(死刑實況)」을 번역 게재했다가 사장 이종일이 4개월간 경무청에 구속되었다.[89] 이런 상황에 베델과 같은 구미 열강의 외국인도 아닌 일본 유학생 출신 이인직이 신문을 발간하고자 했고, 더구나 주식 공모의 방법을 취했으니 상당한 권력층이 도와주지 않는 이상 애초부터 신문 발행은 불가능했다고 할 수 있다. 신문 발간이 좌절된 이인직은 조중응과 함께 동아청년회에 가입하는 등 서울과 동경을 오가며 정치적 인맥을 쌓는 데 힘을 쏟았다.[90]

전세(戰勢)가 일본으로 기울어가면서 광무 정권은 국가 권력으로서의 통제력을 상실하기 시작했는데, 이는 곧 그동안 침묵해야 했던 근대국가와 근대 문명에 관한 논의가 다시 가능해짐을 의미했다. 1904년 8월에 그리스도신문사에 임시 사무소를 둔 국민교육회가 발촉된 이후, 기독교계 외국인들이 참여하면서 국민교육회는 본격적으로 출판, 교육운

떨어져 있지 않은 인국(隣國)의 문명이 금일까지 우리나라에 수입되지 않고 있다. (…중략…) 혼자 생각건대 그 존숭(尊崇)하는 문명국인에게 향해서 악감정을 품는 것은 예의에 어긋나는 것은 물론 불이익도 비할 바가 없다. (…중략…) 그러므로 초연하게 정치론 외에 나아가 인류사회에 인도상애(人道相愛)의 적심(赤心)을 가지고 우리나라 남녀교육 및 실업의 기관인 신문을 설립하려고 하는 것이다." 이인직, 「한국 신문창립 취지서」, 『미야코신문』, 1903.5.5.

88) 『고종실록』, 광무 9년 5월 9일자.
89) 『황성신문』 잡보, 「警務廳問答」(1904.3.23) 및 「社員被因」(1904.3.25)
90) 다지리 히로유키, 「李人直과 浮田和民의 『倫理的 帝國主義』」, 『어문연구』 제32권 1호, 2004년 봄 참조.

동을 벌이기 시작한다. 회원 대부분은 독립협회와 만민공동회 등 1890
년대 후반 결성된 민간단체의 구성원이었는데, 이들은 외국에서 유학을
하거나 국내에서 근대적 교육을 받은 인물들로 1906년 이후에 활발하
게 일어나는 학회운동을 주도하기도 했다. 1905년 5월 중순에 결성된
헌정연구회는 독립협회 해산 이후 국내에서 자취를 감추었던 입헌군주
제에 관한 논의를 다시 부활시킨다. 헌정연구회의 구성원은 주로 독립
협회 관계자들과 개신 유학자들이었다.91)

　　1905년 일본이 한반도에 대한 국제적 우위를 승인 받고 을사조약을
통해 대한제국을 보호국화한 후 다시 한 번 거세게 일어났던 정체 개혁
및 계몽운동은, 먼저 담론 생산 주체의 측면에서 1890년대 후반과 구별
된다. 19세기 말 근대국가를 기획하고 열강의 문명을 번역했던 이들은
서구와 일본을 유학한 신진 관료들이었다. 개명 관료들은 기본적으로
관주도의 근대화를 모색했고, 대부분의 관심이 근대국가 수립에 집중되
어 있었다. 하지만 1905년 이후 계몽운동의 주체는 다양한 지식인 그룹
으로 바뀐다. 이들 또한 국민국가의 문제를 가장 큰 화두로 삼았지만,
당시 학회지의 체제에서 볼 수 있듯이 이들이 추구한 근대적 지식의 다
양성은 개명관료들과 비교할 바가 아니었다.

　　러일전쟁 이후 공론장에 등장한 여러 그룹 가운데 빼놓을 수 없는 것
은 동학 세력이다. 손병희는 정부의 탄압을 넘어설 방법을 찾지 못하고
1901년 일본으로 일종의 정치적 망명을 시도한다. 일본에 머무는 동안
손병희는 박영효·조의연·권동진·오세창 등의 망명객과 교류하면서
동학의 변화를 모색했다.92) 19세기 말 서로 적대적이던 동학 교주와 망
명개화파가 대한제국기 일본에서 조우하는 모습은, 이념의 차이나 정치

---

91) 헌정연구회의 입헌논의에 관해서는 최기영, 「헌정연구회에 관한 일고찰」, 『1900년대
　　의 애국계몽운동연구』, 아세아문화사, 1993 및 김동택의 앞의 글 등을 참조할 수 있다.
92) 『천도교회월보』, 1915.2, 16~17면. 조의연·권동진·오세창 등은 손병희가 일본에
　　체류하는 동안 동학에 입교하기도 했다.

적 은원관계만으로는 설명하기 어려운 당시의 복잡한 판도를 상징적으로 보여준다. 손병희로서는 시세가 변하면 망명객들의 힘이 필요할 것이라 생각했고, 박영효 등은 동학의 자금력과 민회(民會) 세력을 활용할 의도가 있었을 것이다.93) 잘 알려져 있다시피 손병희는 러일전쟁이 시작되자 황인종을 도와 백인종을 배척하는 뜻을 표하기 위해 일본 정부에 1만원을 기부했다. 또한 망명객들과 협의하여 국내 동학 세력의 관리를 맡고 있던 이용구에게 진보회(進步會)를 조직할 것을 지시하는 등, 러일전쟁의 파장을 틈타 동학이 공인될 수 있는 길을 여러 가지로 타진하고 있었다.94)

광무 정권이 전복되지 않는 이상 동학이 살아남을 수 없다는 이와 같은 판단은 결국 진보회와 일진회의 결합을 낳았다. 동학은 일진회와 공조함으로써 공인된 형식은 아니었으나 정부의 탄압에서 벗어날 수 있었다. 물론 이런 조짐을 국내의 여론이 좋게 여길 리가 없었다. 『황성신문』은 동학의 민회 활동뿐만 아니라 동학 자체에 대해 부정적인 여론을 조성했고, 유림의 시선은 더욱 곱지 않았다.95) 특히 을사조약을 앞두고 일진회가 보호청원선언을 발표하자 손병희는 난처한 처지에 몰린다. 사정이 이러했으니 대중을 떠나 존립할 수 없는 동학으로서는 일진회와 결별하는 한편, 정교 분리를 단행하여 근대적 종교로 전환하기 위해서 천도교로 개편할 것을 시도한다. 손병희가 국내에 없는 동안 이용구의 세력이 너무 비대해진 것도 문제였다. 손병희 등은 이용구와 송병준의 세력을 무력화하고 교권을 장악할 필요가 있었다.96) 이런 의도로 창간

---

93) "선생이 일본으로 망명한 의사는 다시 한국정계의 망명객이 다수히 일본에 잇슴으로 어느 때던지 한국정치상 변혁도 일본 망명객이 이르킬 것이오 만약 그럿케 된다하면 그들과 미리 교제하여 두어야 일후에 텬도교도 자유로 포교할 수 잇겟다는 생각이 엇고" 『천도교회월보』, 1922.6~7, 26면.

94) 『천도교회월보』, 1915.2, 19면 및 1915.3, 21~22면.

95) 『황성신문』 논설, 1904.7.28, 9.19.

96) 최기영, 『대한제국기 신문연구』, 일조각, 1991; 황선희, 『한국 근대사상과 민족운동』 1, 혜안, 1995, 123~180면; 장원석, 「夜雷 이돈화의 유신론과 진화론의 융합체로서의 천

된 신문이 바로『만세보』였다. 손병희 등은『만세보』를 통해 천도교가 종교적 자유와 신앙에 바탕한 '종교'임을 알리며, 동시에 일진회와의 거리를 분명히 하고자 했다. 이인직이 일진회 기관지『국민신보(國民新報)』의 주필을 지내다가『만세보』주필로 자리를 옮긴 까닭은 그와 같은 흐름에 동참하고 있었기 때문이었다. 이인직은『만세보』에서 자신이 맡은 정치적 역할을 적절히 수행하면서 한번 좌절한 바 있었던 신문 사업에 대한 구상을 실현했다.97) 이렇게 안정적인 지면이 확보된 가운데 신문소설「혈의루」가 연재될 수 있었던 것이다.

2)「혈의루」와 신소설의 역사적 성격

이인직이「혈의루」를 연재할 당시, 결국 소설로 수렴될 다양한 서사적 글쓰기가 신문과 잡지를 중심으로 시도되고 있었다.『황성신문』은 백화체 공안소설인『신단공안』을 1906년 5월 19일부터 연재하기 시작했다. 천주교에서 발행한『경향신문』은 주로 우화적인 짧은 이야기들을 싣는 소설란을 상설했다. 창간 초부터 한문산문문체를 변용한 서사적 논설을 싣던『제국신문』은 그로부터 발전한 연재물을 게재하기 시작한다.『대한매일신보』는 문답체와 같은 전통적 서사 양식을 활용한 이야기로부터 역사 서술의 의미를 새롭게 발견해가던 도중이었다. 추구한 이야기의 유형도 다양했으며, 그러한 유형을 추구하게 된 이유 또한 매체마다 차이가 있었다. 재미를 통해 독자를 확보하기 위한 경우, 우언으로 독자를 감화시키고자 하는 경우, 때로는 검열로 인해 연재물을 게재한 경우도 있었다. 이런 가운데 이인직은 일본에서 학습한 소설의 새로

도교 해석」,『종교연구』38호, 2005 등 참조.

97) 일진회를 비판한 글로는「일진회」,『만세보』논설, 1906.8.26;「송병준」, 1906.8.30;「이용구」, 1906.9.2;「천도교와 일진회」, 1906.9.25 등.

운 미덕과 당대 지식 담론의 최종 심급이었던 국민국가의 문제를 접목한다. 즉 「혈의루」에서 조선의 운명을 서사화하는 가운데 마쓰모토가 말했던 '현실의 생활을 번역한다'는 신문소설의 가치를 실현하고자 했던 것이다.

지금까지 「혈의루」는 무엇보다 당대를 반영한다는 측면에서 높은 평가를 받아왔다. 이는 「혈의루」의 독자였던 근대 작가들, 그리고 연구자들에 의해 형성된 가치이다. 예컨데 '갑오경장 당시의 조선사회를 여실히 보여준다'[98]는 식의 진술이 그 시초일 터인데, 1930년대에 이런 언급을 했던 김태준은 '상상력을 활용하여 현실을 반영하는 소설(novel)'의 모습을 「혈의루」에서 보고자 했다. 하지만 정작 이인직 자신이 강조하고자 했던 「혈의루」의 새로움은 달랐다.

1906년 3월 29일 『만세보』는 「혈의루」의 광고를 처음으로 게재한다.[99] 「소설광고」라는 제목이 달려있는 이 광고문은 많은 사람들이 「혈의루」를 옥련전이라 칭하면서 분전수에게 단행본으로 출간할 것을 독촉하던 소설이라고 소개한다. 실제로 『만세보』 독자 가운데 김승지라는 이가 '소설기자족하 옥련의 소식을 왜 다시 전하지 아니하시오'라는 투서를 보낸 적이 있을 정도로 「혈의루」는 나름의 독자층을 형성하고 있었다.[100] 그런데 김승지는 「혈의루」를 고전소설의 연장에서 이해하고 있고, 광고문을 작성한 이 역시 이를 자연스럽게 받아들이고 있다. 이런 점으로 보아 29일자 광고는 광학서포에서 자체적으로 만들었을 것으로 생각된다. 고전국문소설을 판매하기도 했던 김상만서포가 광학서포의 전신이었으니, 서포의 운영자들이 고소설을 접하던 감각으로 「혈의루」

98) 김태준 저, 박희병 교주, 『증보조선소설사』, 한길사, 1990, 227면.
99) 「小說廣告」 "血의淚는 昨年 秋에 萬世報上에 連載ᄒ던 小說이온뎌 愛讀ᄒ시는 諸氏는 此를 玉蓮傳이라 稱ᄒ고 其下 篇續載됨을 萬世報 分傳手에게 督促ᄒ던 小說이온뎌 本館에셔 此를 發刊ᄒ이 昨日붓터 發賣ᄒ오니 購覽코자ᄒ시는 諸氏는 陸續來購ᄒ심을 望홈" 「광고」, 『만세보』, 1907.3.29.
100) 「소춘영월」, 『만세보』, 1906.12.8.

의 광고를 제작한 것은 무리가 아니다. 소설 외에도 교과서와 각종 역사서를 출판했다는 점을 들어 의미를 확대한다면 고소설의 독자층을 끌어들일 계획이었을 것이라는 정도로 해석할 수 있겠다. 그런데 29일 광고가 나간 바로 다음날 광고 내용이 완전히 바뀐다.[101] 누군가 첫 번째 광고가 「혈의루」의 가치를 심각하게 훼손하고 있음을 감지했기 때문이었다.

새로 고친 광고에서 먼저 눈에 띄는 것은 「혈의루」에 대한 호명을 소설에서 신소설로 바꾼 점과 작가 이름 옆에 책의 가격을 기재했다는 점이다. 저자의 이름과 책의 가격을 같이 병기함으로써 지적 산물에 대한 사적 소유를 명확히 설정하는 구도다. 여기서 문안을 작성한 사람이 무엇보다 강조하는 것은 「혈의루」가 '평양성중에 살던 옥련이라는 김씨 여아'가 겪은 실사(實事)로부터 출발했다는 점이다. 이는 앞서 살펴보았듯이 마쓰모토가 예로 든 광녀의 죽음에 관한 이야기와 같은 것으로, 김태준 등이 염두에 둔 리얼리즘의 가치와는 근본적인 차이가 있다. 예술의 현실 반영은 허구화의 원리에 의해 현실을 재구성함으로써 현실과는 다른 가치를 지닌 독자적인 세계를 만드는 일이고, 상상력에 의해 그러한 가치의 창출이 가능하다. 하지만 「신문문학자의 주의」에서 교묘하게 말하고 있듯이 실사로부터 재료를 취하여 '현실을 번역하는 신문소설'에서, 상상력은 역술의 기교로써 사람을 울리고 분노하게 할 수는 있지만 현실로부터 독립된 가치를 만들어 내거나 현실을 넘어설 수 있게 하는 힘은 아니기 때문이다. 이것이 바로 광고에서 「혈의루」를 명명한 호칭 '신소설'의 특성이자 '소설(novel)'과 구분되는 점이었다. 또한 전

---

101) "此小說은 純國文으로 昨年秋에 萬世報上에 續載ᄒ얏던 거시온디 事實은 日淸戰爭時에 平壤以北人民이오 鬪에 鯨背가 坼ᄒ과 如히 兵火를 經ᄒ는 中에 平壤城中에 玉蓮이라ᄂ 金氏女兒가 無限ᄒ 困難을 經ᄒ고 外國에 流離ᄒ며 留學ᄒ 實事가 有ᄒ니 此小說은 讀ᄒ면 國民의 精神을 感發ᄒ야 無論男女ᄒ고 血淚를 可히 灑홀 新思想이 有홀지니 此ᄂ 西洋小說套를 模範ᄒ 거시오니 購覽君子ᄂ 細讀ᄒ심을 望홈" 「광고」, 『만세보』, 1907.3.30.

통소설의 가치를 일신하는 한편 문명적 글쓰기로서 현실을 다루어야 하는 이중의 요구에 봉착한 상황에서, 제국 일본과 교통하는 가운데 형성된 근대계몽기의 독특한 소설 구상이기도 했다.

현실로부터 재료를 취하는 것으로부터 「혈의루」가 출발한다면 다음의 문제는 그러한 재료들을 배치하는 원리로서의 '사상'일 터인데, 이는 소설 내에서 시공간을 어떻게 조직할 것인가와 직결된 사안이기도 하다. 이인직이 현실을 인식하는 방식의 기저에는 동양평화론의 이데올로기로 번역된 근대적 지식 체계가 놓여 있었고, 이는 앞서 살펴본 바와 같이 이인직이 조선의 위기를 사유하기 위해 자발적으로 수용한 제국의 담론이었다. 국제공법·국가학·사회학 등은 독립된 주권을 가진 국가 수립이 어떻게 가능하며, 개인과 국가 및 국가와 국가가 서로 어떻게 관계할 수 있는가에 관한 학문이다. 결국 이러한 학문들은 나 자신의 위치를 사회와 국가 내에서 파악하도록 하며, 다시 타국과의 관계 속에서 파악할 것을 강제한다. 그 결과 이인직은 마쓰모토의 논의에서는 찾아볼 수 없는 국가의 문제를 직접 다룰 뿐만 아니라 소설의 시공간형식에도 구조화하게 된다.

『만세보』 논설에서 이인직은 언제나 세계지도를 펼쳐놓고 그 위에서 벌어지고 있는 역학관계를 독자들에게 설명한다. 이를 테면 대륙 국가 가운데는 러시아가 가장 강국이지만 일본은 단합된 국민정신으로 러시아와 대등해졌고, 미국과 일본 사이에 전쟁이 벌어질 것이라는 정보도 있지만 서로 혜안이 있어 대결하지 않으니 이런 때 일본과 대한이 순차보치의 관계를 맺어 서로의 이익을 도모해야 한다는 식이다.[102] 이러한 진술에는 물리적으로 같은 시간대에 공존하는 국가들이 개선 진보를 향해가는 하나의 시간 축 위에서 상이한 발전 단계에 처해 있다는 진보의 시간관이 작동하고 있다. '비동시성의 동시성'[103]이라 부를 수 있는

---

102) 「의산의운」, 『만세보』, 1906.12.15, 12.18.
103) 라인하르트 코젤렉, 『지나간 미래』, 문학동네, 1998.

이와 같은 시간관은 국가만이 아니라 같은 사회에서 살아가는 개인들에 대해서도 예외가 아니다. 이인직에게 신학문을 익힌 개명인과 유학의 고루함을 버리지 못한 완고당은 같은 사회에 존재하지만 진보의 시간 축에서 볼 때 전혀 다른 삶을 살고 있는 사람들이다.

「혈의루」가 전대 소설뿐만 아니라 1906년 당시의 다른 소설들과도 확연히 구분되는 점은 시공간을 직조하는 방식이다. 「혈의루」는 청일전쟁으로 뿔뿔이 흩어진 옥련 가족의 이합집산을 그린 이야기다. 「혈의루」에서 인물의 이합집산은 국제적인 경로를 그리며, 문명선진국 미국을 향해 이동하는 시공간의 형식을 구현하고 있다. 이인직의 머릿속에 있는 세계지도 위에서 이야기가 전개되고 있는 것이다. 「혈의루」의 시공간성은 물리적으로 같은 시간대를 살고 있는 인물들이지만 머무는 공간에 따라 발전의 정도뿐만 아니라 삶의 질조차 달라지도록 구조화되어 있다. 옥련은 일본인 군의관의 양녀가 되어 일본으로 갔다가 구완서를 만나 미국으로 이동하면서 더욱 진선한 문명인으로 발전한다. 반면 집 밖으로 나가 조선을 체험한 모친 최춘애를 기다리는 것은 고난의 연속이다. 성적 수난을 겪기도 하고 자살을 기도했다가 겨우 구조되어 남편과 자식만을 기리면서 희망 없이 살아간다. 뿐만 아니라 개별 인물이 위기로부터 구원을 받고 만났다 헤어지는 과정에 개입하는 서사적 인과관계의 설정에도 동양평화론으로 세계를 읽는 감각은 오롯이 각인되어 있다.

「혈의루」에서 김관일과 구관서는 '개선진보'를 외치며 끊임없이 자신의 위치를 사회 속에서, 국가 속에서, 국제관계 속에서 포착하려 한다. 이미 서양의 문명한 풍습에 젖어 결혼에 대한 입장을 옥련과 직접 영어로 말하기를 제안하는 구완서는, 혁신의 기운이 유입되지 않는 이상 조선에서 희망을 발견한다는 것은 불가능하다고 진술한다. 마찬가지로 이인직은, 섬나라에 불과한 일본이 국가학과 같은 학문을 국시로 삼아 국민의 뇌수에 주입함으로써 러시아를 이길 수 있었듯이, 신학문을 익힌 이들이 조선으로 돌아와 국민정신을 창출할 것을 유일한 문명진보의 방법으로 여겼다.104) 이인직은 당시 지식 담론의 최종 심급인 국민국가의 문제를, 조선의 내부는 피폐하지만 조선 바깥을 여행하는 옥련의 성장 과정을 보여줌으로써 국가의 성장을 그려내는 방식으로 서사화했다. 광고 문안을 작성한 사람은 독자들이 실존 인물인 옥련의 운명을 따라가면서 '국민정신의 감발'에 이르기를 원했고, 그런 까닭에 음독(音讀)이 아니라 '세독(細讀)'을 하라는 독법까지 요구할 수 있었다. 이는 「혈의루」를 흥미로운 읽을거리나 황탄(荒誕)한 이야기로 볼 것이 아니라 '풍부한 사상에 의해 현실을 번역한 기록'으로 읽어달라는 부탁이었다.

이처럼 「혈의루」가 보여준 새로움의 핵심은 실사로부터 출발한다는 점과 동양평화론에 의해 직조된 시공간성이라 할 수 있다. 그럼으로써 전통소설과 변별되는 소설의 가치를 만들어냄과 동시에 사무적 간명 속에서 개선진보의 사상을 고취하여 '「혈의루」는 작품의 길이 자체는 짧은 것이었어도, 그 구성법은 복합 구성의 기법'105)에 근접할 수 있었고, '독자 대중이 소설이 구현한 흥미로운 세계 속에 빠져 들어가 긴장과 쾌락을 느낄 만큼의 분량과 규모'106)를 갖추게 되었다. 만약 이인직이 정치학교에서 배운 신학문을 구미의 '신지식'이라고 생각했던 것처럼, '신문문학자의 주의'를 구미 소설 이론의 번역이라 여겼다면 서양소설투를 모범한 「혈의루」를 '신소설'이라 칭한 것은 정한 수순이었다.107) 이런 점들로 보아 광고문을 수정한 인물은 이 모든 것을 조율하던 이인직 외에는 달리 없었을 것이다.

---

104) 「國是」, 『만세보』, 1906.7.12; 「國民精神」, 1907.3.19.
105) 김영민, 『한국 근대소설사』, 솔, 1997, 201면.
106) 한기형, 『한국 근대소설사의 시각』, 소명출판, 1999, 54~55면.
107) '신소설'의 용법에 대한 역사적 고찰은 김영민, 「1910년대 신문의 역할과 근대소설의 정착과정」, 『한국 근대소설의 형성과정』, 소명출판, 2005, 147~150면 참조. 신소설이란 하나의 동일한 양식이라 부르기 어려울 정도로 그 내부의 편차가 다양하지만, 적어도 이인직의 경우 그 용법에 대한 제한된 기준이 있었다고 생각한다.

상상을 통해 현실을 번역한다는 신문소설의 가치는 다른 서사 양식들과 차별화를 꾀하면서 신소설 전반을 관통하는 테제가 되어갔다.108) 이해조는 이인직과 함께 『소년한반도』를 기획했고, 이인직이 「혈의루」 하편을 연재할 때부터 『제국신문』의 기자가 되어 이후 신소설 연재를 전담한 바 있다. 이해조는 이인직처럼 통언어적 실천의 중심에 있지는 않았다. 또한 체험한 경험 공간이 국제적 감각을 일상화하는 수준도 아니었기 때문에 「혈의루」와는 다른 서사 구조를 만들어냈지만, 현실을 번역하는 것이 신문소설이라는 테제는 공유하고 있었다. 이해조가 그 유명한 「화의혈」 서문에서 밝혔던 것처럼, 신소설 작가는 스스로를 기자로 한정하면서 실적(實跡)을 소재로 삼은 소설의 기록적 가치 및 그로 인한 사회적 효과를 부각하고자 했다.109)

신소설이 서사적 글쓰기의 장에서 헤게모니를 확보해갈 수 있었던 것은 이인직 등이 내세운 기록적 가치 때문만은 아니었다. 이를 위해 『제국신문』의 소설이 「혈의루」 하편으로 대체되는 장면을 잠깐 언급하도록 하자. 『제국신문』의 소설은 서사적 논설로부터 발원한 연재물이 점차 장형화되는 가운데 검열 등 현실적 조건이 허용하는 한에서 점진적인 변화를 꾀하고 있었다. 하지만 1907년 그와 같은 전통을 주도했던 개신 유학자 이종일이 떠나고 정운복이 사장으로 취임한 다음 『제국신문』의 소설은 이인직과 이해조의 신소설로 대체된다.110) 을사조약 이후 계몽

---

108) 이러한 현상의 이면에는 제국과 식민지 사이의 번역 상황 외에도 당대 소설 생산의 주체들이 자연스럽게 습득하고 있던 서사에 대한 전통적 관념이 중요하게 작용하고 있다. 이인직을 비롯한 신소설의 저자들 역시 역사전기소설의 작가들과 마찬가지로 '서사(敍事)'의 근본은 역사 서술, 다시 말해 '실사(實事)'를 기록하는 것으로부터 출발한다는 관념을 공유하고 있었다. 이는 1900년대 서사문학의 성격을 이해하는 데 중요한 지점이며, 조선 후기 소설론의 전개와도 맞닿아 있는 문제로 다음 기회를 빌려 상세히 논하고자 한다.

109) 권보드래는 대부분의 신소설이 사실을 기록한다는 의식에 압도되어 있었음을 보여준다. 권보드래, 앞의 책, 122~130면.

110) 자세한 내용은 구장률, 앞의 글, 286~288면.

운동의 역사를 살피다 보면 자주 만날 수 있는 정운복은, 1897년 이지용을 따라 영국에 유학한 바 있고 1899년에 귀국한 후 1901년 이지용의 도당(徒黨)으로 지목되어 흑산도에 4년간 유배되었던 인물이다. 재정과 검열의 압박 때문에 더 이상 신문사를 유지하기 힘들었던 이종일은 계몽운동을 통해 알게 된 정운복에게 1907년 5월 신문사 운영을 넘겼고, 정운복은 이인직 이해조 등과 사전 협의를 한 상태에서 『제국신문』을 인수받아 개편에 착수한다. 전과 달리 새로운 편집진은 검열제도나 보호국 체제를 긍정함으로써 큰 어려움 없이 언론 활동을 유지할 수 있었다.

「혈의루」를 연재할 당시만 해도 통감부의 시정 개선 사업 등에 대해 어느 정도 비판적 거리를 유지하던 이인직은, 1907년 5월 이완용 내각이 출범한 것을 수구파와의 대결에서 개화당이 승리한 것이라 판단하면서 신내각으로부터 희망을 발견하고 있다.[111] 조중응이 법상이 된 것을 국민의 행복으로 선전하고, 그 이름을 큰 활자로 처리함으로써 관습상 대황제 폐하에게 사용하던 시각적 특권을 일개 대신에게 부여했다.[112] 6월 27일을 마지막으로 『만세보』는 일말의 언급도 없이 종간되고, 이인직은 『만세보』사의 시설을 인수한 이완용 내각의 기관지 『대한신문』 사장에 취임한다. 『제국신문』의 소설이 신소설로 대체되는 장면은 식민 체제가 안착되어감에 따라 이인직과 같은 이들이 공론장을 장악해가는 과정을 상징적으로 보여준다.

---

111) 「신내각(新內閣)」, 『만세보』, 1907.5.29; 「희망(希望)」, 1907.6.1.
112) 「법률계 희망(法律界 希望)」, 『만세보』, 1907.6.2; 「通譯」, 1907.6.22.

5. 이식문학론을 넘어서

문명국 인민을 지칭하는 정도로 간간이 사용되던 '국민'이라는 용어는, 황제권을 중심으로 근대국가를 건설하려던 시도가 급격하게 위축됨과 동시에 역설적으로 근대적 정체에 대한 논의가 가능해짐으로 인해 주권체로서의 실천적 함의를 전유하게 된다. 을사조약 이후 일본의 제국주의적 본성을 실감하는 과정에서 생물학적 인종의 의미를 넘어선 민족 개념이 등장할 수 있었다.『대한매일신보』논자들은 그러한 '민족'의 파토스를 고양할 수 있는 서사적 글쓰기를 역사 서술로부터 발견하는 가운데 또 다른 근대소설의 가치를 만들어갔다. 이인직의 신소설 또한 앞서 살펴본 바와 같은 고유한 정황 속에서 출현했다. 한편에서는 독립된 근대국가를 만들고자 하는 실천이 활발하게 벌어지고, 다른 한편에서는 통감부를 중심으로 식민 체제가 서서히 안착하는 그 모순된 역사적 순간에「혈의루」는 연재되었다.

「혈의루」는 청일전쟁과 러일전쟁을 통해 제국으로 변모하고자 했던 일본과 교통하는 지점에서 만들어진 산물이다. 그런 점에서 제국 일본과 보호국 조선 사이의 문화 교차 형식 및 러일전쟁 이후의 정세 변화가 구조화하고 있으며, 식민지 주체의 자기 구성 원리를 구체적으로 보여주는 사례이기도 하다. 이때 문제가 되는 것은 그러한 문화 교류의 성격, 다시 말해 번역의 방향성과 그 정치적 성격일 것이다.

임화는 과도기 문학의 식민성 문제를 '이식'이라는 개념을 통해 사고했다. 임화의 문제틀 내에서 '이식'은 '자기에의 철저한 회귀와 심원한 반성' 없이 개화의 마당으로 창황히 달려 나갈 때, 토착 세력의 힘이 약하여 타력에 의한 근대화가 유일한 길이 되는 때에 발생하는 일방적 문화 교류의 형태를 뜻한다.[113] 그러나 신문학사에서 이식은 어디까지나 동양과 서양의 문화 교섭 과정에서 나타나는 현상으로 설명된다. 차후에 '이러한 일방적 교섭은 정치적 침략의 정신적 표현'이라는 비교적 선명한 의미를 얻기는 하지만, '이식'이 표현하는 문화적 식민성의 문제는 서구 중심의 근대화 과정에 초점이 맞추어져 있으며, 일본은 단지 서구의 세계관과 문물을 내면화한 또 다른 서구일 따름이다.[114]

일방적 교섭의 주체를 대한제국을 식민화한 일본이 아닌 근대성의 구조를 폭력적으로 관철한 서구로 설정하는 방식으로부터 「개설 신문학사」를 지탱하는 신구의 대립과 지양이라는 자기운동의 변증법이 성립할 수 있었는지도 모른다. 해방 이후에 쓴 「소설문학의 20년」이나 「조선민족문학 건설의 기본 과제에 관한 일반보고」 등은 일본제국주의가 조선문학에 미친 영향을 간략히 서술하지만, 급박한 정세의 변화 속에서 전략적인 글쓰기를 해야 했던 임화는 과도기의 문학을 전처럼 상세하게 다룰 수 없었다. "타일(他日) 별(別)로 상론할 기회를 가져 본편이 성권(成卷)할 때 증보하겠"[115]다고 했던 약속을 지키지 못했던 것이다. 이를 두고 '제국주의적 규정성에 대한 몰각'[116]이라고 지적한 경우도 있다. 하지만 일제의 파시즘이 극단을 치닫는 가운데 황군작가위문단의 실행위원으로 임명되는 등 친일의 압박이 거세지던 상황 등을 고려한다면, 임화가 침묵할 수밖에 없었던 처지를 이해해 볼 수 있다.[117]

신구의 변증법적 지향이라는 구도를 지탱하는 또 하나의 전제가 있다. 당대의 독보적 이론가였던 임화조차 자명한 것으로 받아들였던 역어로서의 문학(polite literature) 개념과 제도이다. 문학(文學)을 정(情)의 분자 혹은 미적 자율성에 기반하여 현실뿐만 아니라 다른 지식 체계나 예술

---

113) 임화, 「개설 신문학사」, 『조선일보』, 1939.10.10, 56면.
114) 임화, 「조선문학 연구의 일 과제」, 『동아일보』, 1940.1.18.
115) 임화, 「개설 신문학사」, 『조선일보』, 1939.12.8.
116) 김재용, 「진보적 문학가 임화의 삶과 문학」, 『민족문학운동의 역사와 이론』, 한길사, 1990, 160면.
117) 임화의 '이식 개념'이 어떤 이론틀 내에서 작동하며, 임화가 어떤 상황에서 신문학에 대한 논의를 전개할 수밖에 없었는지에 대해서는 문학사상연구회, 『임화문학의 재인식』, 소명출판, 2004 참조.

의 범주들로부터 상대적 자율성을 갖는 것으로 제한하는 한, 문학에 대한 역사적 접근은 'Literature'를 향한 목적론적 발전사를 구성하고자 하는 욕망으로부터 결코 자유로울 수 없다. 임화뿐만 아니라 임화의 논의를 왜소하게 변형시킨 백철이나 조연현에게도 문학(Literature)과 소설(Novel)이라는 지표는 인식 일반의 틀로 작동하고 있고, 그 결과 이인직과 신소설이 신문학사의 주인공이 될 수 있었다.

'이식문학'은 분명 일본을 서구와 동일시하고 문학을 'Literature'로 규정하는 문제틀 내에서 성립하는 개념이다. 근대문학에 대한 보다 생산적인 문제 구성은, 지식과 제국이 동아시아 내에서 이동하는 경로 및 메커니즘을 따지고 문학(Literature)의 외부를 사유할 수 있을 때 가능할 것이다.

이인직의 현실인식과 그 모순

관비유학 이전 행적과 『都新聞』 소재 글들을 중심으로

함태영

1. 문제적 인물, 이인직

국초 이인직은 최초의 신소설 「혈의루」의 작가이자 이완용의 비서 역할을 한 친일파로 잘 알려져 있다. 이인직이 활동했던 19세기 말 20 세기 초는 우리 역사에서 중세 봉건사회에서 근대 자본주의사회로 이행된 역사적 격동기였다. 이러한 이행은 경국대전적 세계관에서 만국공법적 세계관으로의 전환으로, 당시 지식인들의 공통된 화두는 부국강병을 위한 계몽이었다. 문학 면에서 보더라도 당시 발간된 모든 신문 잡지의 대부분의 작품들이 이러한 근대적 계몽을 성취하기 위한 문학적 도구들이었다는 점은 부정할 수 없는 사실이다. 여기에 이인직도 예외가 아님은 물론이며, 그가 펼친 모든 문학적·정치적 활동은 이 같은 근대적 문명개화를 완수하기 위한 것이라고 할 수 있다. 하지만 그가 추구한 문명개화의 이상이 강력한 친일로 귀결된다는 데 문제의 심각성이 있다.

이 논문에서는 그동안 해명되지 않았던 1900년 이전 이인직의 행적을 추적하고, 그의 최초 문필 활동이라 할 수 있는『都新聞』에 실린 그의 글들을 대상으로 그의 사유 체계를 분석하려고 한다. 이를 통해 이인직 자체에 대한 보다 정밀한 이해는 물론 그의 문학과 문학에 내재된 사유의 구체적 이해를 위한 원천적이고 포괄적인 시각을 확보가 가능해질 것이다.

2. 일본 망명과 동경정치학교

1) 조중응과의 동반 망명

국초 이인직은 1862년 7월 27일(음력)에 태어났다.[1] 한산이씨 양경공파 25세손으로 이윤기와 전주이씨의 차남이었다. 이인직은 9세 때 3대조 면채의 손자인 은기의 양자가 된다. 그가 5세 때인 1866년 생부 윤기가, 18세 때인 1879년엔 생모 전주이씨가 각각 사망한다. 양부 은기의 사망 연대는 알 수 없으나, 양모 남원 윤씨는 1872년, 그가 11세 때 사망한다.[2] 그리고 1907년 그가 자필로 작성한 그의 이력에 따르면,

---

1) 이인직의 정확한 출생지에 대해서는 현재까지 논란이 되고 있다. 田尻浩幸은, 이인직이『만세보』발간 시 경기도 음죽군에 귀성해 있었던 것과『만세보』창간 청원서에 있는 이인직의 주소가 경기도 음죽군 거문리로 되어 있다는 사실을 들어 출생지를 경기도 음죽군(현 이천군)으로 추정한다. 田尻浩幸,「이인직 연구」, 고려대 박사논문, 2000, 7면.
2) 한산이씨양경공파보소,『한산이씨양경공파세보』3, 1982, 18~19면, 88~91면 참조.

1900년 2월 일본 동경 관비유학, 1900년 9월 동경정치학교 입학, 1903
년 7월 16일 동경정치학교 졸업, 1904년 2월 22일 러일전쟁시 일본 육
군성 제1군사령부 한어(韓語)통역으로 임명됨, 1904년 5월 청국 봉황성
에서 해고됨,[3] 1906년 10월 2일 『국민신보』 주필, 1904년 6월 『만세보』
주필로 전이(轉移), 1907년 7월 『대한신문』 사장, 1907년 9월 19일 선릉
참봉, 1907년 9월 25일 의원면본직(依願免本職)된다.[4] 이후 중추원 부찬
의를 거쳐 1911년 7월에는 경학원 사성이 되어[5] 『경학원잡지』의 편찬
발행인을 지내다 1916년 11월 25일 23시 신경통으로 총독부의원에서
사망한다.

최근 이인직의 행적이 추가로 확인되었지만 모두 1900년 이후의 것
이다.[6] 현재로선 1900년 그가 38세의 나이로 관비유학을 떠난 이후에

이밖에도 족보엔 이인직에 대해 다음과 같이 서술되어 있다. "字 聖文, 號 菊初, 一九
〇六年 丙午 新小說 血의淚 發表 新小說 開拓 新劇運動家, 配 東萊 鄭氏父基俊十
一月十四日卒"(88~89면).

3) 1907년 9월 27일 당시, 일본 육군대신 데라우치 마사타케(寺內正毅)는 러일전쟁에
공적이 현저한 한국인들(총 28명)에 대한 부상 수여를 일본 정부에 건의한다. 이인직
만 아래의 표로 소개한다.

今回賞賜セントス 八據兹	查委員所見	調查委員所見	最後調製官所見	現在位動	官氏名	明治四十年十月十日現有官等位動
八十圓	功勞甲	功勞甲	功勞甲	陸軍通譯判任待遇李人稙		大韓新聞社長

「勳審發第二三六號」,『駐韓日本公使館記錄』25, 國史編纂委員會, 1998, 33~34면.
실제 포상은 그 이듬해인 1908년 3월 말~4월 초에 이루어진 것으로 보인다. 『황성신
문』은 다음과 같이 보도하고 있다. "日本에서 日俄戰爭時에 日軍에 從軍호 韓國軍
人과 其他人에게 勳章과 幾十圓式을 頒給홈이 如左호니 …… 孫震喜 農商工部書記
官, 張範益, 大韓新聞 社長 李人稙 三氏는 金八十圓" 『황성신문』, 1908.4.3.

4) 국사편찬위원회, 『대한제국관원이력서』, 1972, 68면.

5) 『매일신보』, 1916.11.28.

6) 이인직이 1905년 무렵 일본 동경에서 '漢城樓(韓山樓)'라는 한국 식당을 경영했다는
사실이 최근 확인되었다. 李建志, 「朝鮮料理韓山樓主人・李人稙-日本最初の朝鮮
料理店の思想と特性」,『京都ノートルダム女子大學研究紀要』第32号, 2002; 田尻浩
幸, 「이인직과 浮田和民의 『윤리적 제국주의』」,『어문연구』121, 한국어문교육연구회,
2004. 또한 구장률은 당시 학부 기록을 통해 1900년 9월 동경정치학교에 입학하기 전
의 이인직의 상황을 확인하였다. 이인직은 관비유학생이었음에도 불구하고 식대를 제

대해서만 알 수 있을 뿐이다. 이인직의 55년 생애에서 16년간의 생애만 알려졌을 뿐 나머지 38년은 아직도 수수께끼인 것이다.

여러 기록을 종합해볼 때 이인직은 1900년의 일본행이 첫 도일(渡日)이 아닌 것이 확실하다. 이인직은 1896년 일본에 정치적으로 망명한 망명객이었다.7)

얼마나 더운 여름밤인가 하면서 尋常한 방문으로는 너무 늦었다고 생각되는 10시경에 갑자기 한 사람의 손님이 남산의 관사에 와 우리에게 면회를 요구했다. 명함을 보니 이인직이다. 때가 때인 만큼 우리는 의심하지 않을 수 없었다. **이 이인직이라는 남자는 조중응과 함께 동경에 망명한 사람이었다.** 그 성질은 극히 순박하고 정직했고 學才가 있었다. 귀국 후는 저술과 신문 주재를 했다. 조중응과는 둘도 없는 친위[無二の親友]인 동시에 이완용의 신임을 받고 있었다. 그 때는 그 비서역에 있었다. **메이지 30년 전후에 우리는 호시 토오루(星亨), 마쓰모토 쿤페이(松本君平) 등이 창립한 간다(神田)의 정치학교에서 列國政治制度 강의를 한 적이 있다. 그 시절에 조중응과 이인직이 科外生이 되어 그 강의를 講習한 관계로** 우리가 메이지 39년 초에 이토(伊藤)통감과 함께 경성에 온 이래, 우리를 舊師 · 賢師 등으로 부르면서 식사 대접을 하거나 그들의 친구를 소개해 주며 보통이 아닌 호의를 보여주었다. 특히 이인직은 때때로 우리집에 놀러와 학문상의 이야기를 즐겨 했다.8) (강조는 인용자, 이하 동)

대로 내지 못해 피소되는 등 경제적으로 매우 어려운 상황에 있었다고 한다. 구장률, 「신소설 출현의 역사적 배경」, 『동방학지』 135, 연세대 국학연구원, 2006, 258~259면 참조.

7) 이인직의 일본 망명설은 최근 고재석에 의해 제기된 바 있다. 고재석은 고마쓰의 『明治外交秘話』(原書房, 1976)를 통해 이인직과 조중응의 동반 망명설을 언급하였다. 고재석, 「이인직의 죽음, 그 보이지 않는 유산」, 『한국 어문학연구』 42, 한국 어문학연구학회, 2004. 고재석의 이 논문은 이인직의 일본 망명을 최초로 제기했다는 미덕을 갖고 있다. 하지만 고마쓰의 회고에만 의존하고 있다는 점과 이인직의 전 생애를 이야기하는 가운데 일부분으로 다루어졌다는 한계가 있다. 즉 고마쓰의 회고에 대한 구체적 확인(조중응 일본 망명에 대한 것, 동경정치학교에 대한 것, 1898~1904의 고마쓰의 구체적 행적 등)이 있어야 하는데 그것이 결여되어 있다.

8) 小松綠, 『朝鮮併合の裏面』, 東京 : 中外新論社, 1920, 124~125면.

얼마나 더운 여름밤인가 하면서 尋常한 방문으로는 너무 늦었다고 생각되는 10시경에 갑자기 한 사람의 손님이 남산의 관사의 문을 두드려(실은 벨을 울려) 저자에게 면회를 청했다. 명함을 보니 이인직이다. 이 남자는 15년 이전에 조중응과 함께 일본에 망명해 학업을 연마한 후 귀국한, 性來能文의 남자로 저술과 신문을 주재하고 있는, 農相 조중응과는 둘도 없는 친우[無二の親友]이다. 또한 수상 이완용의 신임을 받아, 이 때는 그 비서 역할을 하고 있었다. 메이지 30년 전후에 이타가키 타이스케(板垣退助)・호시 토오루(星亨) 등이 고문, 마쓰모토 쿤페이(松本君平)의 주간으로 간다(神田)에 동경정치학교를 창립한 적이 있다. 그 때 저자는 列國政治制度와 國際法 강의를 맡았는데, 이 이인직과 조중응이 함께 聽講生이었던 관계로 저자가 경성에 왔을 때부터, 두 사람이 저자를 舊師나 賢師라 하며 선생 대접을 해 주었기에 저자는 그들에게 초대받기도 하고 그들을 초대하기도 해서, 이른바 詩酒徵逐의 교제를 이어왔다. 이 때문에 저자는 사생활에 특별한 유쾌를 느낄 뿐만 아니라 공무상에도 적지 않은 편의를 얻었다.[9]

신소설 작가 중에 먼저 손꼽을 사람은 이인직이다. 호는 국초(菊初)요 강원도 강릉 출생으로 광무 10년경에 연세가 40에 가까웠다 하니(최찬식 씨 談) 메이지(明治) 2, 3년경에 탄생한 이일 듯하다. 개화운동 관계로 동경에 망명한 일도 있고 그 곳에서 수학하였다는 말은 있으나 자세치 않고 좌우간 그가 광무 말년에 귀경하여 『만세보』의 주필로서 기자생활을 시작하면서 소설 창작에 붓을 든 것은 사실이다.[10]

일본의 전문 외교관리로 통감부와 총독부의 초대 외사국장을 역임한 고마쓰 미도리(小松綠)의 회고록과 임화 문학사의 일절들이다. 고마쓰 미도리는 현재 이인직의 동경정치학교 시절의 스승으로 알려진 인물이며, 한일합방을 위해 이인직과 나눈 심야의 밀담은 잘 알려져 있다.

고마쓰는 그의 회고록에서 이인직에 대해 '조중응과 함께 일본에 망명'했다고 기록하고 있다. 하지만 현재 이인직은 1900년에 관비유학생

---

9) 小松綠, 『明治外交秘話』, 東京 : 千倉書房, 1936, 441~442면.
10) 임화, 「개설 신문학사」, 『조선일보』, 1940.2.14.

으로 일본에 건너갔다고만 알려져 있다. 관비유학과 망명은 정반대의 성격을 띤 도일(渡日)이다. 전문 외교관 출신인 고마쓰가 관비유학과 정치적 망명을 착각했으리라고는 믿을 수 없다. 그리고 임화의 기록을 통해 적어도 일제시대에는 이인직의 망명설이 회자되고 있었던 것을 알 수 있다. 이렇게 보았을 때 임화가 소문으로만 알고 있었던 이인직의 일본 망명설은 사실임에 틀림없는 것이다.[11] 또한 두 번째 인용문에서는 그 시기가 '15년 이전'이라고 밝혀져 있다. 첫 두 인용문은 모두 1910년 8월 4일 지금의 서울 남산에 있었던 통감부 관사에서 이인직과 고마쓰가 밀담을 나누는 장면을 기술한 부분이다. 고마쓰가 이야기한 '15년 이전'은 1895년을 가리킨다. 따라서 이인직은 조중응과 함께 1895년경 일본으로 망명했으며, 그 이유는 '개화운동 관계'였음을 알 수 있다. 그리고 어떤 이유에서인지는 모르지만 다시 귀국하여 1900년 관비유학을 떠난 것이다.

현재 이인직이 일본에 망명했다는 기록은 고마쓰의 회고록 이외엔 없다. 따라서 이인직의 망명—고마쓰의 회고를 입증하려면 조중응의 일본 망명에 대한 기록을 살펴보아야 한다. 이인직보다 2살 위인 조중응은 '무릇 일본인의 비위에 맞출 일이라면 창귀(倀鬼) 노릇을 하지 못할 것이 없'[12]었을 정도의 대표적인 친일파이다.

조희연은 군부에서 순검이 오는 것을 보고, 유리창을 깨부수고 뒷문으로 도

---

11) 이인직의 일본 망명설은, 이인직에 대한 최초의 연구자라 할 수 있는 전광용도 제기한 바 있다. 전광용도 고마쓰의 회고록을 인용하면서 갑오 직후에 일본으로 망명한 것으로 추정하고 있지만 확실한 판단은 유보하고 있다. 전광용의 견해는 다음과 같다. "前記한 小松 綠의 合邦 當時를 基準한 記錄속에서 十五年前이라고 한 것을 보면 菊初가 渡日한 것은 甲午 直後인 듯하나 다음에 引用하는 新聞記事의 內容에서 보면 亡命이 아니라 1900年 舊 韓國 政府의 官費 留學生으로 東京에 派遣되었다고 하니 亡命과 派遣의 差異 및 年代의 齟齬는 좀 더 考慮하여 볼 問題라고 생각한다." 전광용, 「이인직 연구」, 『논문집』 6, 서울대, 1957, 166면.
12) 황현, 임형택 외역, 『역주 매천야록』 하, 문학과지성사, 2005, 391면. 황현에 의하면 당시 사람들은 조중응을 가리켜 '왜충노(倭忠奴)'라고 불렀다고 한다.

망했다. 장박은 자기 집에서 있다가 심복이던 순검의 통지를 받고는 역시 달아났다. 얼마 되지 않아 세 사람은 일본 공사관에서 양복으로 갈아입고, 일본 병사의 보호를 받으면서 모두 일본으로 달아났다. 이진호, 이범래, 외부 교섭 국장 육종윤, 법부 형사국장 조중응도 일본으로 도망했다.[13]

　　양대신(김홍집과 정병하 — 인용자)의 慘死 후 내무대신 유길준은 가까스로 도망쳐 일본인의 庇護를 받았고, 군부대신 조희연은 일본 수비대 내에 숨은 후 기회를 보아 일본에 망명했다. 법부대신 장박 · 경무사 권형진 · 前 훈련대장 이두황 · 同 우범선 · 훈련대 제2대대장 이범래 · 同 제1대대장 이진호 등의 6명 및 기타 30여 명도 또한 함께 일본으로 달아났다.[14]

　1896년 2월 고종의 아관파천으로 김홍집을 수반으로 한 친일 개화파 내각이 붕괴된다.[15] 이때 친일파 인사들이 택한 길은 일본으로의 망명이었다. 1896년 2월 당시 법부 형사 국장이었던[16] 조중응도 이때 일본으로 달아났(망명했)다.[17] 1896년이라면 고마쓰가 회고하고 있는 '15년 이전'과도 정확하게 들어맞는다. 조중응과 '무이(無二)의 친우(親友)'였던 이인직은 1896년 2월 '기타 30여 명' 속에 포함되어 함께 일본으로 달아난 (망명한) 것이다.[18] 그리고 이인직은 1895년에 일어난 을미사변에도 관계

13) 정교, 조광 편, 이철성 역주, 『대한계년사』 2, 소명출판, 2004, 158면.
14) 『京城府史』 第一卷, 京城府, 1934, 639~640면 참조.
15) 이광린, 『개화기의 인물』, 연세대 출판부, 1993, 65~163면; 『한국사 11 − 근대 민족의 형성』 1, 한길사, 1995, 132~146면; 신용하, 『갑오개혁과 독립협회의운동의 사회사』, 서울대 출판부, 2001, 57~104면.
16) 조중응은 1895년 8월 25일 법부 형사국장에 임명된다. 『관보』, 1895.8.26. 참고로 을미사변의 민비 시해는 1895년 8월 20일 새벽이며, 8월 22일 김홍집 내각에서 민비의 폐위조직을 발표한다.
17) 조중응의 사망을 애도하는 『매일신보』의 「사설」에서도 조중응이 김홍집 내각의 붕괴와 함께 일본에 망명했다는 사실을 지적하고 있다. 「사설」 · 「조중응자홍거」, 『매일신보』, 1919.8.26. 이외에 다음의 기록도 확인할 수 있다. "조중응〈을미년(1895)에 김홍집(金弘集)의 패거리로 일본으로 도망했다가 전년에야 비로소 귀국했다〉은 통감부 통역관으로 한결같이 일본인의 지시를 받던 자이다." 정교, 조광 편, 이철성 역주, 『대한계년사』 8, 소명출판, 2004, 113면; 大垣丈夫 編, 『朝鮮紳士大同譜』, 朝鮮紳士大同譜發行事務所, 1913, 25~26면 참조.

했었던 것으로 추정된다. 조중응은 을미사변 당시 '일제의 사주를 받아 폐비조칙을 강행하는 등 적극적인 친일 정책을' 편 '친일내각'의 '법부 형사 국장'[19]인 '그 실무 책임자의 위치'[20]였다. 그리고 당시 일본측으로부터 을미사변 관계 망명자인 '을미망명자'로 분류됐기 때문이다.[21] 앞으로 구체적 확인 작업이 필요하겠지만, 이러한 조중응의 행적에는 반드시 이인직도 관련되어 있음에 틀림없다. 이인직과 조중응은 고마쓰 회고를 비롯한 일본측의 여러 기록, 다른 나라로의 정치적 '망명'에 함께 했다는 사실 자체가 그것을 증명하는 것이라고 판단된다. 이인직은 구한말부터 친일적 성향을 가진 친일 개화파 인사였으며, 갑오경장―을미사변―아관파천으로 이어지는 구한말 격동기 정국의 한복판에 서 있었던 인물이었던 것이다. 이 맥락에서 보면 임화가 막연하게 알고 있던 '개화운동 관계' 운운도 자연스럽게 그 의문이 풀린다. 임화가 알고 있던 '개화운동'은 김홍집·유길준으로 대표되는 친일 온건 개화파 정권의 활동과 그것의 실패였던 것이다. 따라서 이인직이 전 생애에 걸쳐 펼치는 모든 문학적·정치적 친일 활동은 한말 친일 개화파와 그들 논리의 연장선상에 그 뿌리가 닿아 있음을 알 수 있다.

18) 1896년 2월의 일본 망명은 조중응 자신의 자필 이력서에서도 확인된다. "建陽二年 奔日本國 以國事犯關係", 국사편찬위원회, 『대한제국관원이력서』, 1972, 754면.
19) 법부 형사국은 '治罪·刑殺·復査·형사사건 심의·보석·징역·감형·복권 등의 사무를 관장'했다. 신용하, 앞의 책, 27면 참조.
20) 북악사학회, 『역사에 비춘 한국 근현대 인물』, 백산출판사, 1994, 73~80면 참조.
21) 당시 일본 정부에서는 1901~1904년 사이 일본에 있던 한국인들을 유형별로 분류했는데, 조중응은 '乙未亡命者' 31인 속에 포함되어 있다. 「亡命者及乙類似ノ韓國人ノ日本ニ在留スル者ノ人名」, 『駐韓日本公使館記錄』 17, 國史編纂委員會, 1996, 94면 참조.

2) 고마쓰 미도리(小松綠)와 동경정치학교

앞서 살펴본 대로 이인직은 1896년 2월 조중응과 함께 일본에 망명했다. 하지만 무슨 이유에서인지 1898~1900년에 다시 귀국하고, 1900년에 관비유학생으로 선발되어 일본으로 재차 도일한다. 고마쓰는 이인직과 조중응이 동경정치학교에서 자신의 강의를 들었다고 회고하고 있다. 또한 고마쓰와 이인직은 동경정치학교 시절에 만난 스승과 제자의 관계로 알려져 있다. 현재 학계에 알려진 이인직의 동경정치학교 시절— 고마쓰의 강의를 들었다는—이란 1900년 이후 관비유학 시절이다. 하지만 이인직은, 1900~1903년의 관비유학생으로서의 동경정치학교 시절에는 고마쓰의 수업을 듣지 못했으며, 따라서 만났을 가능성은 거의 없다. 이인직이 관비유학생으로 동경정치학교에 정식으로 재학한 1900~1903년엔 고마쓰가 동경정치학교에 재직하고 있지 않았기 때문이다.[22]

동경정치학교는 마쓰모토 쿤페이(松本君平)가 1898년 10월 17일 정치가(代議院의 議員)나 신문기자, 외교관을 양성할 목적으로 설립한 학교이다.[23] 수업 연한은 3년이며, 한 학년은 전기(9~2월)와 후기(3~6월)로 나뉜다. 당시 일본의 다른 고등교육 기관과 같이 9월에 신학기를 시작했으며, 수업료는 연 15엔이다. 17세 이상의 남자만 학생이 될 수 있었다. 개교 당시인 1898년에는 강사 40명·학생 97명, 1901년 강사 10명·학생 120명, 1902년 강사 10명·학생 135명이 재직 또는 재학하고 있었다. 또한 동경정치학교의 가장 큰 특징은 (당시의 다른 법률전문학교에 비해) 전문 교육을 통해 정치학이나 신문학 등 사회과학의 전문적 지식을 몸

---

22) 이는 고재석도 그 가능성을 인정하고 있다. 고재석은 이인직이 1900~1903년에 동경 정치학교에서 '고마쓰의 강의를 듣지 못했을 가능성이 크'며, 그 이유는 고마쓰가 '당시 외국에서 파견 근무를 하고 있었'기 때문이라는 것이다. 고재석, 앞의 글, 225~230면 참조. 하지만 고재석은 고마쓰의 당시 행적을 구체적으로 입증하지는 못하고 있다.
23) 동경정치학교는 이 점을 당시 다른 일본의 여러 전문학교와 다른 점이라고 그 설립 취지에서 강조하고 있다. 「東京政治學校設立의 趣旨」, 『新聞學』, 東京 : 博文館, 1899, 7면.

에 익힌 정치가나 신문기자 등의 직업인 양성을 의도했다는 점이다. 즉 동경정치학교에서는 무엇이 현실의 정치·사회적 문제인지를 인식하고, 해결책을 도출하기 위한 실천적인 능력 함양을 가장 강조하였던 것이다. 그 중에서도 특히 힘을 기울인 것은 신문기자의 양성이었다.[24]

바로 이 동경정치학교의 강사 명단에 '외무성(外務省) 번역관(飜譯官)' 고마쓰 미도리가 있다. 고마쓰는 개교 직후인 1898년 11월 현재 〈정치제도(政治制度)〉(월요일 2교시, 목요일 2교시)라는 과목을 담당하고 있었다.[25] 하지만 고마쓰는 동경정치학교에 그리 오래 재직한 것 같지는 않다. 현재 남아 있는 기록을 보았을 때, 고마쓰는 개교 직후인 1898년이나 길어야 1899년까지만 재직했을 것으로 추정된다.[26] 고마쓰는 1896년 미국

---

24) 成瀨公策, 「松本君平の立憲思想形成と東京政治學校」(上), 『靜岡縣近代史研究』 27, 靜岡 : 靜岡縣近代史研究會, 2001, 62~89면 참조. 이렇게 보았을 때, 이인직의 『都新聞』 견습을 새롭게 주목할 필요가 있다. 동경정치학교의 철저한 실무 중심의 커리큘럼과 신문기자 양성에 특히 힘을 쏟았다는 점을 생각하면 이인직의 『都新聞』 견습은 자연스럽게 이해가 된다. 이인직의 『都新聞』은 견습은 '재정적 문제의 해결'과 단순한 '신문 업무를 배우기 위'(고재석, 앞의 글, 228면)한 것이 아닌, 동경정치학교의 교육목표와 커리큘럼의 일환이었던 것이다. 실제 동경정치학교의 설립 취지문에는 '이론'과 '실제'와의 '격리'를 당시 일본 지식계의 '통폐'로 인식하고, 3년 교육과정을 통해 '실지문제'에 대한 '해결'을 '강구'하고자 한다는 것이 뚜렷이 강조되어 있다. 「東京政治學校設立の趣旨」, 『新聞學』, 7~8면 참조. 田尻浩幸도 '실지훈련 때문일 것'이라고 추정하고 있다. 田尻浩幸, 「이인직 연구」, 29면 참조. 구장률도 다음과 같은 견해를 제시하고 있다. "자유당과 개진당이 결성한 것이 헌정당이었고, 헌정당과 깊은 관계를 맺고 있던 정치학교의 학생이 미야코신문사로 파견을 간 것은 자연스러운 일이었다." 구장률, 앞의 글, 279면.

25) 『大日本』 第三卷 第八號, 1898(成瀨公策, 「松本君平の立憲思想形成と東京政治學校」(上), 『靜岡縣近代史研究』, 2001, 27, 89면에서 재인용) 현재 일본 국회도서관에는 동경정치학교의 강의록 일부가 남아 있다. 그것을 통해 고마쓰가 〈政治制度〉 외에 〈國際公法〉도 강의했음을 알 수 있다. 田尻浩幸, 「이인직 연구」, 30면. 고마쓰가 강의한 〈列國政治制度〉는 영·불·미·독·러 등 열강 제국의 정치제도와 그 동태의 소개 등에 대한 강의였다. 〈國際公法〉은 만국이 국제법을 준수한 필요성에 대한 역설이 주 내용이었다. 成瀨公策, 「松本君平の立憲思想形成と東京政治學校(下)」, 『靜岡縣近代史研究』 28, 靜岡 : 靜岡縣近代史研究會, 2002, 40~41면 참조.

26) 1899년 12월 발간된 동경정치학교의 강의록인 『新聞學』엔 당시 동경정치학교의 강사 명단이 있다. 고마쓰는 '外務省 飜譯官マスター, オブ, アーツ 小松綠'이라 소개되어 있다. 「東京政治學校講師」, 『都新聞』, 17면.

유학을 마치고 귀국하여, 바로 외무성 번역관이 된다. 이후 미국 공사관 서기관, 태국 대리 공사를 거쳐 1905년 통감부 설치와 함께 한국에 부임하는 인물이다.[27] 고마쓰는 외무성 공무원 신분—번역관—으로 동경정치학교에 출강했던 것이다. 좀 더 고마쓰의 행적을 살펴보도록 하자. 고마쓰는 1900년 9월 아타미(熱海)에서 가토 타카아키(加藤高明) 외상(外相)의 명령을 받아 분주했으며,[28] 그 직후 1905년까지 미국 워싱톤 주재 일본 공사관에서 근무한다.[29]

이 같은 고마쓰의 이력에서 주목할 점은, 고마쓰가 1900년 9월 이후 동경정치학교에 재직할 수 없는 상황이라는 것이다. 그런데 이인직은 관비유학생의 자격으로 1900년 9월 동경정치학교에 입학한다.[30] 이인직이 입학했을 때는 고마쓰는 동경정치학교에 없었으며, 따라서 그의 강의를 들을 수 없는 상황이었음을 알 수 있다. 하지만 고마쓰는 이인직과 조중응이 '망명자(亡命者)'의 신분으로 '과외생(科外生)'·'청강생(聽講生)'이 되어 자신의 강의를 수강했음을 거듭 밝히고 있다. 이는 이인직이 1900년 이전, 즉 관비유학 이전에 도일(渡日)했음을 뚜렷이 증거하는 것이다.

또한 여기서 고마쓰가 이야기한 '과외생'·'청강생'에 주목할 필요가 있다. 이는 이인직이 동경정치학교의 정규 학생 신분이 아니었음을 말해주는 것이다. 실제로 동경정치학교에는 특정 과목을 선택해서 수강할 수 있는 '찬과(撰科)'·'교외생(校外生)' 과정이 설치되어 있어서, 학교의 교육 내용에 조금이라도 흥미·관심이 있는 청년들에게 폭넓게 문호를 개방했다. 「동경정치학교학제일람(東京政治學校學制一覽)」에 의하면 '찬

---

27) 阿部薫 編,『朝鮮功勞者名鑑』, 民衆時論社, 1936, 27면; 成漱公策, 「松本君平の立憲思想形成と東京政治學校(下)」, 앞의 책, 36면; 강창일,『근대 일본의 조선침략과 대아시아주의』, 역사비평사, 2002, 257면.
28) 小松綠,『明治外交秘話』, 229~230면. 고마쓰는 이때 이토오 히로부미(伊藤博文)와 알게 되며, 그 인연으로 통감부와 총독부의 주요 요직을 맡게 된다.
29) 小松綠,『明治外交秘話』, 152·208·229면, 356~359면 참조.
30) 국사편찬위원회,『대한제국관원이력서』, 1972, 68면.

과'는 1~2과목을 과목당 50전을 내고 수강하는 과정이며, '교외생'은 직접 학교에 출석해 수강할 수 없는 학생들을 위한, 일종의 '원격 통신 교육' 과정이다.31) 이렇게 보았을 때, 이인직은 동경정치학교의 '찬과생(撰科生)'으로 고마쓰의 강의를 청강했던 것이다. 고마쓰가 말한 '과외생'·'청강생'은 정규 과정 학생이 아닌 바로 이 '찬과생'을 가리킨 것임을 알 수 있다. 덧붙여 '서구문명·사상의 수용자이며, 당시로서는 톱인텔리'32) 중의 한 명으로 인정받았던 고마쓰가 정치적 망명객과 관비유학생을 착각했으리라고는 도저히 믿어지지 않는다. 또 관비유학생이 '과외생'·'청강생' 또는 '찬과생'·'교외(校外) 학생(學生) 제도생(制度生)'이 된다는 것도 상식적으로 납득할 수 없다. 현재 남아 있는 당시 학부(學部)의 기록도 이인직이 동경정치학교의 정규 학생이었음을 증거하고 있다.33) 따라서 이 모든 기록은 이인직이 1900년 관비유학생 선발 이전, 일본에 망명했다는 사실을 명백히 증거하는 것이라고 할 수 있다. 이인직은 정치적 망명객이었기에 정규 학생이 아닌 '과외생'·'청강생' 또는 '찬과생', '교외 학생 제도생' 신분이 될 수밖에 없었던 것이다. 나아가 관비유학생이 되어서도34) 이때의 경험이 동경정치학교를 선택하는 이유가 됨을 알 수 있는 것이다.35)

---

31) 「東京政治學校學制一覽」, 『新聞學』, 13면; 成漱公策, 「松本君平の立憲思想形成と東京政治學校(上)」, 앞의 책, 80면.

32) 成漱公策, 「松本君平の立憲思想形成と東京政治學校(下)」, 앞의 책, 39면.

33) 당시 學部 기록엔 다음과 같이 기록되어 있다. "李人稙, 목적 : 政治, 定期學年 : 三年, 卒業年月 : 광무 8년(1904년) 7월" 「現在官費留學生學況一覽表」, 1902.5, 10~51면.

34) 이인직이 1900년에 관비유학생으로 선발된다는 사실은 고마쓰의 강의를 수강한 후, 1898년 말~1900년 초에는 귀국했음을 말해준다. 고재석, 앞의 글, 225~230면 참조. 하지만 현재로선 그 이유를 알 수 없다. 다만 어떤 유력한 후원자가 있었을 것이며 그 후원자는 이완용이라고 짐작할 수 있을 뿐이다. 김영민은 이에 대해 다음과 같은 의견을 제시하고 있다. "이인직이 그 당시부터 어떤 친일 정객의 후원을 받고 있었다는 추측을 가능하게 한다 (…중략…) 유학생 선발에 절대 권한을 가진 관료가 학부대신인 바, 친일 정객 이완용이 바로 학부대신을 지내면서 일본과 구한국 정부 사이의 유학생 파견 계약을 맺은 장본인이며, 후일 이인직이 이완용의 충실한 비서 역을 수행하게 된다는 점 등도 우연한 일로만 보기 어렵다." 김영민, 『한국 근대소설사』, 솔, 1997, 194~195면.

35) 당시 學部 기록엔 이인직 외에 정치를 목적으로 한 관비유학생이 2명이 더 있다. 김

3. 이인직의 문명개화론

1) 조선의 현실에 대한 인식

이인직을 특징짓는 요소는 '개화'와 '친일'이며, 이의 뿌리는 멀리 온건 친일 김홍집 내각의 그것과 연결되어 있음을 확인하였다. 이인직에게 있어 '개화'와 '친일', 이 둘은 각각 다르게 기능하는 것이 아닌, 일종의 동전의 앞뒷면의 관계와 같다고 할 수 있다. '개화'를 위해선 '친일'을 해야 한다는 논리이기 때문이다. 이인직이 '개화'를 주장할 수밖에 없었던 것은 당시 조선을 미개화 상태, 봉건적 유습이 지배하는 야만의 상태로 파악했기 때문이다. 따라서 이인직에게 있어 반봉건의 문제는 절실할 수밖에 없었다. 그의 여러 작품에서 새로운 세계에 대한 기대나 건설보다는 과거의 유습을 혁파하는 내용이 주를 이룬 것은 이 때문이다. 이렇게 보았을 때, 이인직에게 있어 글쓰기는 봉건 체제에 대한 이데올로기 투쟁[36]이라는 지적은 타당한 것이라고 할 수 있다. 다음과 같은 임화의 평가는 이러한 이인직의 반봉건성을 날카롭게 포착해 낸 것이다.

> 거기에서 낡은 사회 기구의 부패상이나 몰락과정뿐만 아니라 그 가운데 있는 계층적인 제 모순과 사회적인 제갈등이 투쟁의 높이에까지 고조되어 표현되고 있다. 즉 봉건적인 학정하에 신음하는 인민의 참을 수 없는 상태와 더불어 그들의 반항심과 그것이 유발하는 행위가 부패한 구기구와 더불어 자연스

상연(金祥演)과 한규복(韓圭復)이 그들인데, 이들은 동경정치학교가 아닌 東京專門學校 소속이다. 「現在官費留學生學況一覽表」, 앞의 글, 10~51면. 와세다대학의 전신인 東京專門學校는 당시 유수한 사립학교 중의 하나였다.

36) 한기형, 「신소설 작가의 현실인식과 그 의미」, 『한국 근대소설사의 시각』, 소명출판, 1999, 78면.

럽게 취급되고 있다. 이 점은 범백의 신소설 중『은세계』를 가지고 최고봉을 삼지 아니할 수 없다.[37)

그동안 이인직의 현실인식 즉 반봉건성에 대해서는 주로 그의 소설 특히『은세계』를 통해 고찰되어왔다. 이인직에게 있어서 소설은 매우 중요한 계몽의 언어였으며 또 다른 형태의 논설[38)이라고 할 수 있다. 하지만 소설은 어디까지나 작가의식의 간접적 노출이다. 이인직이 동경 정치학교 시절 견습했던『都新聞』에는 몇 편의 이인직의 글(논설)들이 있다. 모두 8개의 글로 1901년 11월부터 1904년 1월까지 발표했던 일종의 논설문들이다. 이 글들은 당시 조선을 일본에 소개하는 글로, 당시 이인직의 조선에 대한 인식을 여과 없이 확인할 수 있다. 아울러 이인 직이 문학을 비롯한 본격적인 근대를 학습하고 체험한 일본 유학시절 의 글이라는 점에서 그 중요성은 매우 크다고 하겠다.

이인직은 당시의 조선을 아직 잠이 덜 깬 상태로 인식하고 있다. 문 명국 일본에서 조선을 돌아보니 곁에서 잠꼬대를 하고 있는 모습이다. 이인직 자신도 팔베개를 하고 40년 동안 참 잘 잤다고 한다.[39) 근대계 몽기에 많이 불려졌던 "잠을 깨세 잠을 깨세 사천년이 꿈속이라" 류의 우국가사의 인식과 같은 것이다. 이인직은 조선의 어떤 모습을 꿈속, 잠 이 깨지 않은 상태라고 보고 있는가? 이인직은 그 원인을 4가지로 제시 한다. 관리의 폭렴, 화폐 제도의 불완전, 한민(韓民)의 타약(墮弱),[40) 피폐 해진 자연 등이 그것이다. 이것들은 각각 따로 기능하는 것이 아닌 복 합적으로 섞여 제시된다. 여기서 이인직이 가장 강조하는 것은 관리의 폭렴 즉 탐관오리의 수탈 횡포이다. 특이한 점은 관리의 폭렴의 문제를

37) 임화,「개설 신문학사」,『조선일보』, 1940.2.27.
38) 심보선,「1905~1910년 소설의 담론적 구성과 그 성격에 대한 사회학적 연구」, 서울 대 석사논문, 1997, 52~55면 참조.
39) 이인직,「入社說」,『都新聞』, 1901.11.29.
40) 이인직,「韓國實業論 下」,『都新聞』, 1902.12.24.

경제적 재원의 빈약 문제와 결부시켜 제시하고 있다는 것이다.

> 인삼은 너무 값이 나가는 것이므로 산지인 개성은 물론 지방에서도 출하한
> 다. 그러므로 만약 이를 확장해 생산을 증가시켜 청국으로 수출하면 거액의
> 돈을 벌 수 있다. 그렇지만 소위 탐관오리의 방해 때문에 해마다 쇠퇴하여 지
> 금 인삼밭은 옛날의 백분의 일에도 미치지 못한다 (…중략…) 백가의 마을 중
> 한 집은 자기의 생활에 걱정이 없고 아흔아홉 집은 거의 걸인과도 같다. 그래
> 서 아흔 아홉집은 금전상의 심통(心痛)만 안고 있는데, 조금 부자인 집은 따로
> 탐리(貪吏)에게 물리게 될까 걱정한다.[41]

> 이와 같은 재원(인삼-인용자)도 이제는 정부재신(政府宰臣)의 탐욕으로 수
> 십 년이래 팔도의 인삼을 유린하여 옛날의 삼밭은 해마다 변해 보리밭이 됐
> 다.[42]

이인직은 조선의 미개화의 원인을 먼저 빈약한 경제력에서 찾고 있
다. 빈약한 경제력은 화폐 제도의 불완전과 철도 등 사회 간접 자본의
미비를 말하는 것이다. 이인직이 보기에 한국은 인삼, 양질의 실, 명태,
직물, 목축 등 '한국은 천부(天富)의 나라'[43]이다. 하지만 한국은 화폐 제
도의 불완전으로 항상 곡가가 낮아 농민들이 밭을 황무지로 만들며, 철
도·항구 등 사회 간접 시설의 미비로 무역을 할 수 없고, 좋은 원자재
가 있어도 그것을 가공하는 기술이나 인력이 없기 때문에 아직 미개 상
태에 있다고 한다. 이인직은 우리 조선이 원래부터 이렇게 열악한 상태
에 있지는 않았다고 한다. '보리를 먹는 인민도 지난날에는 쌀을 먹었
고, 병이 들면 인삼을 먹으며 지금보다 조금 나은 생활 상태'에 있었던,
'천연적으로 지질이 좋'은 '하늘이 내린 풍요국'[44]이었다고 한다. 여기

---

41) 이인직, 「韓國雜觀 續」, 『都新聞』, 1902.3.2.
42) 이인직, 「韓國實業論 上」, 『都新聞』, 1902.12.20.
43) 이인직, 위의 글.
44) 이인직, 위의 글.

에 관리의 탐학과 민의 타약함이 보태져 꿈속 같은 상태로 전락하고 말았다는 것이다. 이인직은 이러한 예를 제주도에서 찾고 있다. 제주도는 목축·갓·귤 등의 천연 자원과 '강완'한 인민이 있는 지역이다. 제주도의 이러한 풍요로움은 목민관에게도 좋은 수탈거리이며, 이는 제주도 목민관직의 가치를 높여 '예뢰(禮賂)'를 후히 해야 그 자리를 얻을 수 있다고 한다. 따라서 조선은 좋은 조건을 갖추고 있음에도 불구하고 관리의 탐학으로 인해 산업이 '위미의 조짐'을 보이고 있다는 것이다. 따라서 '정치만 좋은 것을 얻으면 한국의 산업이 흥기'[45]할 수 있다는 것이 이인직의 결론이다. 이는 당시 조선이 '미개 상태'인 이유를 정치적 봉건성과 그로 인한 부패에서 찾는 이인직의 현실인식을 보여준다. 이인직의 이러한 의식은 『은세계』에 극명하게 드러나 있다. 강원감사에게 수탈당하는('관리의 폭렴'에 시달리는) 최병도를 통해 강력하게 드러나는 이인직의 조선의 현실에 대한 반봉건의식은, 그가 유학 초기에 발표한 글들에서부터 확인할 수 있는 것이다.

이인직이 제시하는 또 다른 원인인 한민의 타약함은 게으름과 요행을 바라는 심리이다. 이것은 '국인의 몽매한 지식과 미개함'[46]으로 표현된다. 이인직은 당시 한창 건설되고 있던 경부철도의 인부들을 한민(韓民)·일본인·지나인으로 구분한다. 이 중 가장 열심히 일하는 사람은 지나인이며 가장 게으르고 타락한 자는 한민이라고 한다. 한민들은 하루 50전 벌어 반을 술값으로 허비하며, 만약 하루 이틀 비용의 여유가 있을 때는 노동을 쉬거나 도박에 빠진다고 한다. 이인직은 이러한 한민들을 '정신의 방만', '타락의 상태'라고 진단한다.[47] 따라서 '도로에 유리락역하는 걸인'과 '산야에 횡행 몰역하는 도적'이 늘어나는 것은 당연할 수밖에 없다.

---

45) 이인직, 「韓國實業論 下」, 앞의 글.
46) 이인직, 「韓國新聞創設趣旨書」, 앞의 글.
47) 이인직, 「韓國雜觀 續」, 앞의 글.

또한 재정의 빈약과 관리의 탐학, 여기에 보태어진 국인의 몽매와 미개함은 자연산천도 그냥 두지 않는다. 이인직은 그 상태를 다음과 같이 지적한다.

옛날은 청산이었지만 지금은 붉은산이다. 옛날의 산은 삼림이었지만 지금의 산은 모래와 자갈뿐이다 (…중략…) 여금천산(如今千山)은 탈락하여 하나의 숲도 없다 (…중략…) 게다가 초부는 산에 나무가 없기 때문에 어쩔 수 없이 나무의 뿌리를 파내 그것을 간신히 땔감으로 사용한다 (…중략…) 옛날 개천은 석순수(石洵水)이지만 지금은 사천(沙川)이다 (…중략…) 비에 씻겨 산에서 흘러내린 모래와 조약돌이 백천(白川)을 덮어 석면은 매장되고 천원(泉原)은 길을 잃게 된 것이다[48]

이인직은 이 같은 변화를 '작은 상전벽해'라고 한다. 이렇게 된 원인은 '관리의 탐학', '우리나라 백성들의 나태함'[49] 때문이라는 것이다.

이상에서 살펴본 이인직의 당시 조선의 현실은 극히 부정적이다. 하루빨리 극복하고 청산해야 한다는 주장의 다른 표현 방식이라고 할 수 있다. 이인직에 의하면, 우리가 옛날부터 이렇진 않았다고 한다. 이인직은 '옛날에는 좋았는데 지금은 그렇지 못하다'는 수사법을 즐겨 사용하는데, 그 원인에 대해서는 직접 설파하지는 않고 있다. 하지만 그 원인을 찾을 수 없는 것은 아니다. 『都新聞』의 글들을 통해 살펴본 결과, 이인직이 극히 부정적으로 조선의 현실을 진달할 수밖에 없는 근본 원인은 2가지임을 확인할 수 있었다. '관리의 탐학'과 '천성의 게으름'이 각각 그것이다. 이 두 가지가 근본 원인으로 작용하여 '하늘이 내린 풍요국'에서 '타락의 상태에 떨어지'고 만 것이다. 따라서 이인직이 당시 조선의 '타락의 상태'를 다음과 같이 함축적으로 이야기할 수밖에 없는 것은 충분히 수긍이 가는 점이다.

---

48) 이인직, 「韓國雜觀 續」, 『都新聞』, 1902.3.27.
49) 이인직, 「韓國新聞創設趣旨書」, 앞의 글.

그 뒤에 호랑이의 포효만 있고 인애(仁愛)함을 모두 저버렸다. 기린이 없기 때문이다. 눈앞의 생명을 보전하기 위해 우매한 인민은 슬피 울면서 부모의 고국을 떠난다.50)

2) 사회진화론의 수용과 이인직의 선택

이인직이 위와 같이 조선의 현실에 대해 극히 부정적인 인식을 갖게 된 이유는 사회진화론의 영향 때문이라고 판단된다.

사회진화론은 19세기에 스펜서가 다윈의 생물진화론과 맬더스의 인구론을 접목하여 사회학에 응용한 것이다. 19세기 말에 이르면 서양에서는 다양한 사회사상이 대두되어 상호 간에 열띤 논쟁이 벌어지는데, 그것은 자본주의 발전에 따른 제 모순을 어떻게 해결할 것인가하는 것이었다. 스펜서가 처했던 시대는 산업혁명으로 자본주의 체제가 급속히 발달함으로써 치열한 경쟁과 계급 갈등, 노동 갈등이 첨예화되던 때였다. 스펜서는 인류의 성장뿐 아니라 우주 · 유기체 · 무기체의 전 영역을 지배하는 법칙을 통해 인류의 역사와 운명을 설명하고자 했다. 그것은 생존경쟁 · 적자생존 · 사회유기체설로 나타났다. 스펜서의 이러한 이론은 사회주의운동의 저항 이데올로기 즉 당시 자본주의 모순을 은폐하고 부르주아적 지배 질서를 정당화하기 위한 논리였으며, 인종주의 · 팽창주의 · 제국주의를 합리화하고 그것들이 보다 굳건한 뿌리를 내리게 하는 데 기여했다.51) 이러한 사회진화론이 우리나라에는 1870년대 중엽부터 중국 · 일본을 통해 유입되기 시작했으며, 이는 화이론적 세계관과 이를 파지하고 있던 당시 지식인들에게 커다란 반향을 불러일으켰다.52)

---

50) 이인직, 「韓國雜觀 續」, 『都新聞』, 1902.3.9.
51) 주진오, 「독립협회의 사회사상과 사회진화론」, 『손보기박사정년기념 한국사학론』, 지식산업사, 1988, 755~761면 참조.
52) 구한말 사회진화론의 유입 및 영향관계는 다음의 글들을 참고했다. 주진오, 앞의 글;

이인직과 사회진화론과의 관계는 그의 동경정치학교 시절부터 시작된다. 다지리 히로유키(田尻浩幸)는 동경정치학교의 〈국가학(國家學)〉·〈열강정치제도(列强政治制度)〉 등의 교과목을 통해 사회진화론을 접했을 것으로 추정하고 있다.[53] 물론 이인직이 도일 전 사회진화론을 접했을 가능성도 배제할 순 없다. 하지만 그의 '바다 건너에 와보니' 운운하는 말과 일본에 와서야 당시 조선의 현실이 극히 몽매에 빠져있음을 자각한다는 언급을 보았을 때, 일본에서 본격적으로 접했음을 알 수 있다. 더구나 〈열강정치제도(列强政治制度)〉의 담당 강사가 고마쓰였다는 점도 주목을 요하는 부분이다.

기존의 이인직의 사회진화론을 다루고 있는 연구자들은 이인직의 1906~1907년 글들(『만세보』·『소년한반도』)을 대상으로 한다. 그러나 『都新聞』에 발표된 글들에서도 어렵지 않게 그 모습을 확인할 수 있다. 앞에서 분석한 『都新聞』 소재 글들의 특징은 일본을 모델로 시급히 개화해야만 하는 조선의 현실을 그리고 있다는 점이다.[54] '우리 한국은 문명의 도가 아직 낮기 때문에'라는 언급[55]과 조선의 실정을 무지몽매한 상태로 소개하고 있는 것은 이미 일본과 조선의 문명화의 상대적 차이를 전제하고 있는 것이며, 이는 동시에 사회진화론을 파지하고 있기에 가능한 논리이다.

오늘에 있어서의 세계의 대세를 성찰하면, 또 완연히 대몽(大夢)이 교착함

신연재, 「동아시아 3국의 사회진화론 수용에 관한 연구」, 서울대 박사논문, 1991; 박성진, 「한말—일제하 사회진화론 연구」, 한국정신문화연구원 박사논문, 1999; 전복희, 『사회진화론과 국가사상』, 한울아카데미, 1996; 박찬승, 『한국 근대정치사상사연구』, 역사비평사, 1992; 김도형, 『대한제국기의 정치사상연구』, 지식산업사, 1994.

53) 田尻浩幸, 「이인직 연구」, 고려대 박사논문, 2000, 19~21면 참조.
54) 신영덕은 이인직이 이 시기, 즉 일본 유학기에 가졌던 태도를 가리켜 '대일의존적 태도'라고 한다. 신영덕, 「이인직의 일본관 연구」, 『국어국문학』 130, 국어국문학회, 2002, 271~279면 참조.
55) 「韓國實業論 中」, 『都新聞』, 1902.12.21.

과 같다. 우리 한국은 아무런 사기(邪氣)도 없는 천진(天眞)의 몽이며, 지나는 새벽녘의 잔몽(殘夢)이다. 러시아인들은 여순 및 만주에 욕화(慾火)의 몽이 있고 서장에서 그 잔몽을 일으키고, 영국인의 몽은 향항(香港) 및 해삼위에 따르고, 독일인의 몽은 교주만에, 불란서인의 몽은 안남에 각각 일개의 괴영(怪影)을 그리고 있다.[56]

『서유견문』의 미개 → 반개화 → 개화를 연상시키는 사회진화론적 인식과 서세동점의 제국주의 열강의 치열한 각축을 이인직이 명확하게 파악하고 있었음을 알 수 있다. 이인직이 생각한 당시 조선의 상태를 유길준의 논리로 말하면, 조선은 미개 상태의 단계가 된다.[57] 여기에서, 앞에서 분석한 이인직의 조선의 현실에 대한 부정적 인식이 그 정당성을 획득하게 된다. 이는 이인직이 진화론적 시각을 갖고 있었다는 명백한 증거이며, 그러한 시각 하에서 비로소 조선의 현실이 '발견'된 것이라고 할 수 있다. 생존경쟁의 치열한 국제 현실 속에서 아시아의 작은 변방 국가임에도 불구하고 청일전쟁의 승리 등 당당히 열강으로 군림하고 있는 일본과 그 문명을 현장에서 목격한 이인직에게 있어 당시 조선의 현실이 극히 부정적으로 투영된 것은 아주 당연한 것이었다. 즉 이인직은 사회진화론을 이론적 기반으로 하여 국제 정치의 현실을 설명한 것이며, 나아가 당시 조선이 낙후된 원인을 분석[58]한 것이다.

또한 이인직의 사회진화론적 시각에서 주목해야 하는 것은 사회유기체설이다. 스펜서는 사회도 생물유기체와 마찬가지로 하나의 유기체일 수밖에 없다고 하였다. 이는 루소 등의 사회계약론 및 천부인권설과 대립되는 논리로 사회를 유기적 전체로 파악함으로써 개인을 사회(또는 국

---

56) 이인직, 「夢中放語」, 『都新聞』, 1901.12.18.
57) 이 같은 개화의 정도에 따른 등급분류는 윤치호도 같은 생각을 가지고 있었다. 윤치호도 야만(미개) → 반문명(반개화) → 문명(개화)의 단계로 역사가 발전한다고 생각했다. 이나미, 『한국 자유주의의 기원』, 책세상, 2001, 83~84면 참조.
58) 전복희, 앞의 책, 188면.

가)에 종속되는 존재로 인식하는 논리이다. 이러한 사회유기체설은 일본의 사회진화론 수용의 커다란 특징이다. 일본 사회진화론 수용에 있어가장 큰 특징은, 사회유기체설을 중심으로 자유민권운동 대신 관민협조론이 득세했다는 사실이다. 이러한 사회유기체설이 중심이 된 사회진화론은 '제국주의 정신을 가지고 인민을 교육'하며, '사회를 위한 개인의희생을 요구'할 것 등을 교육이념으로 하는 등 당시 일본 교육계에도큰 영향을 끼쳤다.[59]

이러한 상황의 일본에서 수학한 이인직의 사회진화론적 사고는 다음과 같이 전개된다.

> 然而 其 發展ᄒ야 一定의 職能을 遂ᄒᄂ 小社會와 此等 小社會ᄅ 包含ᄒᄂ 大社會의 間에ᄂ 重要ᄒ 差別이 有ᄒᆷ으로써 (…중략…) 其 社會의 骨格되고 構造된 者―니라 生物學上의 語ᄅ 籍ᄒ야 말ᄒᆯ진ᄃ 其 機關이라 稱ᄒᆯ만ᄒ 者라 (…중략…) 吾人은 社會의 一分子이라 (…중략…)[60]

> 盖 國家의 大職能은 內部의 睽離와 外部의 攻擊에 對ᄒ야 臣民을 保護ᄒᄂᆫ바라 此와 如히 一切의 社會的 制度ᄂ 善惡의 各種人을 一社會的 團體에 結合ᄒᆫ 것인ᄃ 其 團體ᄂ 相適ᄒ 競爭者와 競爭ᄒᄂ 一單位라 夫 自然淘汰의 諸法은 此 社會的 團體 上에 行ᄒ며 此 團體ᄂ 社會進化過程에 重要ᄒ 單位라[61]

> 然而 各 個人은 社會內에 存在ᄒ 者인ᄃ 眞正ᄒ 個人의 攻究에 其 習慣과 理想과 知能的 活動이 總히 個人을 成員ᄒ 團體의 心的 生活에 依存ᄒ 줄로 認치 아니ᄒᆷ이 不可ᄒ도다[62]

---

59) 주진오, 앞의 글, 765~767면 참조.
60) 이인직, 「사회」, 『소년한반도』 1, 1906, 12~13면.
61) 이인직, 「사회학 속」, 『소년한반도』 3, 1907, 8면.
62) 이인직, 「사회학」, 『소년한반도』 4, 1907, 10면.

생물유기체론을 적용한 사회유기체론임을 확인할 수 있다. 이인직에게 있어서 사회는 곧 국가이며 경쟁의 단위이다. (생존)경쟁과 그 경쟁에서 도태되는 단위를 국가로 인식하는 것이다. 국가 간 치열한 생존경쟁에서 도태되지 않으려면 국가 내의 각 성원들은 그들의 직능을 국가를 위하여 최대한 발휘해야 한다. 유기체의 각 부분은 끊임없이 전체를 유지하고 또 그렇게 함으로써 스스로가 유지된다는 논리로, 이는 이인직만이 아닌 당시에 보편적으로 받아들여진 논리였다.[63] 이러한 논리에서는 개인의 권리보다는 국가의 그것이 우선시된다.[64]

그러면 이러한 사회진화론 및 사회유기체설을 받아들인 이인직은 당시 시급한 조선의 문명개화를 위해 어떠한 길을 선택했을까?

이인직이 사회진화론을 수용하여 본격적으로 계몽운동에 투신하는 시기는 귀국 후인 일제의 통감 정치하이다. 이인직은 국가를 중시하는 사회유기체설을 받아들였는데, 이는 곧 통감 정치를 승인하는 논리로 작용한다. 치열한 생존경쟁에서 도태되지 않으려면 문명개화를 이루어야 하는데 경쟁의 단위는 국가이므로 그 속의 개개인들은 국가를 위해 최대한 그 직능을 발휘해야 한다는 논리가 그것이다. 이러한 논리를 당시 현실에 그대로 대입하면 치열한 서세동점의 제국주의 경쟁에서 조선이 도태되지 않으려면 문명개화를 이루어내야 하는데, 이를 이해선 당시의 실질적 국가—정부—인 통감부의 시책을 받아들이고 이를 위해 최대한 노력해야 하는 한다는 것이 된다. 근대적 문명개화를 위해선 일본에 의한 보호국 체제는 불가피하다는 논리인 것이다.

슬프다. 나라의 세력과 백성의 힘이 쇠미해짐이 이와 같이 심하니 어찌 마

---

63) 김도형, 앞의 책, 100~103면 참조.
64) 이 같은 국가 우선의 논리는 다른 곳에서도 쉽게 확인할 수 있다. "統治權은 國을 統一裁治홈에 必要호 命令强制의 權力이니 他種人格者(國內 一般 法人 及 自然人)의 意思를 限定ᄒ야 此呈 强制ᄒ는 意思外表의 範圍呈 謂홈이라 故로 國家가 統治權의 主體라" 이각종, 「국가학 속」, 『소년한반도』 3, 1907, 16면.

음을 놓고 있을 수 있겠는가. 그러므로 양(洋)을 따지지 말고 우방에게 호소하고 그 감응의 동정을 구하는 것이 실로 목하의 급무일 것이다. 지금 사처(四處)를 돌아봐도 이를 얻을 수 있는 곳은 동양의 문명국 일본 밖에 없다 (…중략…) 원컨대 선진한 일본국 인인군자(仁人君子)는 그 동정을 찬성하여 문명의 모범을 가르쳐주시기를[65]

따라서 이인직이 일제의 시책을 적극 받아들이고 수용하는 것은 당연한 귀결일 수밖에 없다. 이인직의 일제의 대동합방론·아시아연대론·일본맹주론 등의 수용은 이런 맥락에서 이해해야 한다. 이인직의 대동합방론은 이미 그의 유학시절에 형성된 논리였다.

방금 서세동점하여 아주일폭(亞洲一幅)은 거의 사분오열에 이르려고 한다. 단 일본은 홀런히 국초(國礎)를 굳게 하여 동양의 우이를 잡고 보차순치(輔車脣齒)의 의(宜)를 인방(隣邦)에게 두텁게 하여, 백년의 장책을 이에 확립하였다.[66]

『은세계』의 옥남이가 의병을 상대로 삼진연방을 설파하는 논리는 이미 일본 유학시절에 완성되어 있었던 것이다. 이는 앞에서 본 사회유기체설의 범아시아적 확대판이라고 할 수 있다. 1930년대 이후 대동아공영권으로 부활되는 이 논리는, 일본을 맹주로 한 황인종의 동양이 백인종의 침략에 맞서 문명을 보존하려면 일본을 맹주로 하여 조선·청·만주·대만이 그 목적을 위해 직능을 다해야 한다는 논리이기 때문이다.

사실 이러한 사회진화론 및 사회유기체설, 아시아연대론은 이인직만의 논리가 아닌 당시 지식인계에 폭넓게 받아들여지고 있던 논리였다. 하지만 사회진화론의 수용 및 인정에는 매우 중요한 함정이 내재하고 있다. 진화론 자체가 자본주의사회의 성립 과정에서 형성되어, 기본적

---

65) 이인직, 「韓國新聞創設趣旨書」, 앞의 글.
66) 이인직, 「夢中放語」, 앞의 글.

으로는 사회의 강자＝부르주아 지배와, 나아가 세계의 강자＝제국주의국가의 침략·지배를 현실적으로 인정하는 논리가 되기 때문이다. 여기서 진보는 결국 세계의 강자가 되는 것을 말한다. 즉 이인직에게 있어 그 실현은 일본 같은 근대 문명을 달성했을 때 비로소 가능했던 것이다. 따라서 이인직은 약자의 강자화와 근대화가 제국주의와의 결탁 아래 이루어진다고 하여도 하등의 갈등을 느낄 수 없었고, 이런 맥락하에서 (일본)제국주의의 침략이 오히려 문명개화를 수용 및 달성할 수 있는 기회로 인식했음을 알 수 있는 것이다.67) 결국 사회진화론에 내재한 이러한 모순을 이인직은 간파하지 못했던 것이다. 이는 아시아연대론에 대해서도 마찬가지이며, 이인직이 친일이라는 파탄적 행보를 걷게 되는 강력한 원인으로 작용한다. 따라서 사회진화론은 이인직이 친일을 선택한 파탄된 지식인이라는 함정에 빠지게 만든 결정적 논리였던 것이다.

  이인직이 평생에 걸쳐 행한 모든 친일 행각은 바로 이러한 논리의 연장선상에서 살펴보아야 한다. 이인직에게 있어서는 근대적 문명개화를 위해 가장 시급한 것은 봉건적 구습의 탈피였고, 이를 성취하기 위해 그가 찾은 방법은 일본을 따르는 것이었다. 나아가 한일합방은 이인직에게 있어 문명개화의 완결점이었다. 따라서 이인직이 친일의 길로 나아간 것은 봉건적 구습을 탈피하고 근대적 문명개화를 이루기 위해 선택한 길이었던 것이다. 하지만 그렇다고 이인직에게 결코 면죄부가 주

---

67) 김도형, 앞의 책, 64~66면 참조. 이와 관련한 전복희의 다음과 같은 논의는 많은 시사점을 제공하고 있다. "당시의 진보적 지식인들은 독립과 부국강병이라는 국가적 지상목표를 위한 이론적 수단으로서 사회진화론을 수용하는 과정에서 서구의 사회진화론이 발전해온 사상사적 배경과 이론적 평가에 따라 사회진화론을 변형하여 해석하고 이를 적용하였다. 서구에서의 사회진화론의 배경과 기능과는 상관없이 한국의 사회진화론은 부국강병이라는 국가적 대의명분에 봉사하기 위한 계몽적 지식인들의 임의적 수용에 따른 선택적 토착화의 길을 걸었던 것이다. 서구에서 단지 강자의 권리를 정당화하는 이데올로기로서 기능하였던 사회진화론은 따라서 한국에서는 서구의 사회진화론의 주장과는 달리 약자가 강자가 되기 위한 의식적 행동의 필요성을 설명하는 이론으로 변형되었다." 전복희, 앞의 책, 188면.

어질 수는 없다. 그는 당대의 상황에 분명히 잘못 대응한 지식인이었다. 이인직이 반봉건성 고취를 통한 근대 국민국가의 수립이라는 목표 달성을 위해 자주적 방법이 아닌 외세에 의존한 점과 문학을 그 도구로 사용했다는 것은 한국 '근대소설의 창조자'[68]라고 평가받는 이인직에게, 우리는 비애를 느낄 수밖에 없으며, 또한 비판받아 마땅한 일이라고 하겠다.

4. 친일, 이인직의 도달점

이인직은 한국 근대소설사에 있어 가장 선두에 위치하는 인물로 그 문학사적 의의는 새삼 말할 필요도 없다. 이인직은 1910년 8월 한일합방의 막후에서 실무 책임자 역할을 훌륭히 완수한 후, 그로선 만족한 여생을 보낸다. '대한제국'이 아닌 '대일본제국의 식민지 조선'이라는 정치적 상황은 그가 그토록 바라던 이상적 나라만들기의 최후 도달점이라고 할 수 있다. 1913년 『매일신보』에 연재하는 「모란봉」은 그것을 단적으로 증명한다. 「혈의루」 · 「귀의성」 등 앞 시기의 작품에 비해 현격히 떨어지는 서사의 완성도와 통속 연애담으로의 전락, 돌연한 연재 중단은 경학원 사성으로서의 분주함 탓이라기보다는, 더 이상 계몽의 도구로서의 소설을 쓸 필요를 느끼지 못한 탓에서 비롯된 점이 결정적이기 때문이다.

이 논문에서는 이러한 이인직의 친일적 사유의 뿌리를 확인하고자, 그의 알려지지 않았던 1900년 관비유학 이전의 생애에 대한 복원과 초

---

68) 김동인, 「근대소설의 승리」, 『김동인 전집』 16, 조선일보사, 1988, 222면.

기 글들을 분석하였다. 이인직은 1895~1896년의 을미사변과 아관파천으로 인한 온건 친일 김홍집 내각의 몰락과 함께 일본으로 망명했다. 이 사실을 고마쓰의 기록을 토대로 이인직과 '무이(無二)의 친우(親友)'였던 조중응을 추적하여 확인하였다. 이인직은 망명객 시절 1898년 개교하는 동경정치학교의 '찬과생'이 되어 고마쓰의 강의를 청강했다. 동경정치학교는 철저한 실무교육을 중시하는 학교로 신문기자의 양성에 특히 힘을 쏟은 학교였다. 고마쓰는 동경정치학교의 강사로 재직한 적이 있는데, 그 시기는 개교 직후에 불과했으며, 따라서 이인직은 1900년 관비유학 시절 고마쓰를 만날 수 없었다. 이것은 이인직의 1896년의 일본 망명을 더욱 명확히 입증하는 사실이 된다. 그동안 학계에 알려진 고마쓰와 이인직이 사제 관계라는 사실은 1900년 이후의 관비유학 시절이 아닌 1900년 이전에 맺어진 것이었다. 따라서 이인직의 작가론은 1900년의 관비유학이 아닌 1896년 2월의 일본 망명에서 출발해야 한다.

『都新聞』에 실린 8편의 글들을 통해서는 관비유학 시절의 사유 체계는 물론 전체 이인직 사유의 원천을 확인할 수 있었다. 이인직은 여기서 당시 조선은 '미개화 상태', '봉건적 유습이 지배하는 야만의 상태'이며, 그 원인은 '관리의 탐학'과 '천성의 게으름'에 있다고 하여 극히 부정적으로 바라보고 있다. 이인직의 이러한 조선의 현실에 대한 부정적 인식은 당시 일본에 만연되었던 사회진화론의 영향 탓이었다. 특히 이인직의 사회진화론의 중요 근간은 국가를 우선시하는 사회유기체론이다. 이인직의 이러한 논리는 결국 일본의 통치를 수용하는 길로 나아가게 된다. 이인직이 사회유기체설에서 강조하는 국가는 곧 통감부(→총독부)이기 때문이다. 이인직은 이를 달성하기 위해 소설가·저널리스트·정치가·연극개량가·연설가 등 다양한 모습과 방법으로 활동했던 것이다.

1900년 관비유학 이전의 이인직 생애의 발굴과 『都新聞』 소재 글들의 분석을 통해, 「혈의루」에서 보이는 이인직의 친일적 경향의 기원이

1890년대 초중반의 온건 친일 김홍집 내각에까지 닿아 있음을 확인할 수 있었다. 또한 소설 창작, 저널리스트 활동 등을 통해 그가 지향한 친일 계몽의 논리는 이미 일본 관비유학 시절에 형성되어 있음을 보았다. 하지만 아직도 이인직의 전기적 사실에 대해선 규명되어야 할 점이 너무나 많다. 우선 1862~1896년의 생애는 물론이거니와, 1898~1900년에 이루어진 것으로 보이는 귀국도 큰 미스테리이다. 또한 이인직이 수학했던 기간의 동경정치학교의 커리큘럼과 강의록 분석도 귀국 후 이인직의 여러 활동에 대한 다양한 근원 탐색이라는 점에서 시급히 이루어져야 한다고 보며, 이는 모두 차후의 과제로 남긴다.

1910년대 나혜석 문학의 또 다른 근대성

양문규

1. 1910년대 한국문학의 근대성

1910년대는 한국 근대문학의 출발점이다. 이 시기 문학을 개화기 문학의 연장선상에 놓여 있는 것으로 보는 견해도 있기는 하지만, 대체로 이러한 견해들도 1910년대 문학을 새로운 문학이 발생하여 1920년대의 본격적인 근대문학으로 넘어가는 과정에서 과도기적 역할을 수행한 것으로 간주한다. 그리고 이러한 논의의 중심에는 항상 이광수와 최남선의 문학이 놓여왔다.

그런데 1910년대 문학을 전대의 개화기 문학과 관련된 계몽주의문학이 아닌, 1920년대 사실주의문학과의 관련성 안에서 고찰하기 시작하면서 종래의 이광수 등에 국한된 연구 방식에서 벗어나, 그 연구 대상이 현상윤 등의 '유학생 창작계층'으로 폭이 넓혀지기도 했다. 이와 더불어 북한 학계의 사실주의 논의에 영향을 받아 양건식 등의 작품이 주목을 받음으로써 1910년대 한국문학의 사실주의적 성과가 논의되었다.

그리고 1910년대 소설에서 사실주의문학의 현실 비판의 성과를 묻다 보니, 1910년대 시문학에서도 종래의 계몽성으로부터 자립하여 개인의 리리시즘과 자유시의 형식을 성취하면서도 현실과의 긴장 관계를 잃지 않고자 했던 최소월·김여제·현상윤 등의 시들이 논의의 주요 대상으로 부각되었다.

다시 말해 1910년대 문학은 계몽주의문학의 틀 안에서, 또는 사실주의문학과의 관련 안에서 그 근대적 성격을 규명 받아왔다고 볼 수 있다. 이에 비해 나혜석은 1910년대 그 자리에 분명 있었음에도 불구하고 기존의 문학사가 인지를 못하다가, 여성주의문학론이 부상하면서 문학사 안으로 편입해 들어왔다. 그런데 나혜석은 이 시기 계몽주의 또는 사실주의문학이 보여주고 지향했던 근대성과 경합하며 이를 넘어 한국 근대문학이 나아갈 수도 있었던 또 다른 근대의 가능성을 보여주고 있다. 이 글은 이러한 가능성을 나혜석 문학과 1910년대 문학을 비교해보는 방식으로 규명해보고자 한다.

2. 여성의 문제를 통한 근대성의 모색─1910년대 나혜석의 수필

1910년대 나혜석이 처음 쓴 수필 또는 평론 형식의 글이 「이상적 부인(理想的 婦人)」(『학지광』, 1914.2)이다. 새로운 근대 풍조에 맞춰 여성의 권리를 주장한 이 글은 이 시기에서 아주 독특하다. 당시 『학지광』·『청춘』의 가장 중요한 의제는 '자아의 각성' 또는 '개성의 구현'이다. '개성의 구현'은 한 인간의 권리와 독립성을 보장하는 출발점이다. 따라서 『학지광』의 자매지 격인 『여자계』 역시 이와 보조를 맞춰 여성의 '자아의 각성' 또는 이를 통한 '여권 확립'을 강조하고 있다.

그런데 여권을 주창하는 이들의 글은 거의 예외 없이 분열된 생각을 드러낸다. 이들의 글은 전반부에는 여성의 개성 확립을 통하여 여성의 권리, 교육 등을 주장한다. 그러나 후반부에는 자녀의 생산과 교육이라는 여성의 역할에 초점을 맞추면서 '량처현모론(良妻賢母論)'이라는 '권리'가 아닌 '도리(의무)'를 강조하는 것으로 결론을 이끌고 간다.1) 그리고 이러한 결론을 도출하는 과정에서 신여성의 부정적 행위 양태들을 사례로 들어 이를 개탄하거나 비방한다.2) 즉 신여성들이 요구하는 자아실현의 내용들은 결국 '량처현모'와 대립되는 경우가 많다고 보며 이는 비판의 대상이 된다. 요컨대 표면적으로는 여권을 강조하지만 이면적으로는 여성의 권리와 독립을 불안한 시선으로 바라보고, 여성의 독립성에 대하여 근본적으로 회의하고 있다.

나혜석은 이러한 글들이 주류를 이루고 있는 상황에서 그러한 '량처현모론'은 "現在 敎育家의 商賣的 一好策"이며, "女子를 奴隷 맨들기 爲한" 방편으로 간주하고 있다고 단호하게 발언한다. 물론 나혜석의 이러한 발언은 이 시기 일본에서 유행한 여성해방론의 영향을 받은 것으로 짐작된다.3) 그러나 같은 시기 이에 동일하게 노출되어 있던 다른 유학생들 글에서는 이러한 성격의 글이 단 한편도 발견되지 않는다는 점에 비춰 볼 때 나혜석의 글은 선진적이다. 더욱이 나혜석은 이 글에서 이 시기 일본의 대표적 여성운동론자인 히라츠카 라이쵸(平塚雷鳥), 요사

---

1) "량처현모가 되야 국가에 동량을 만들어 스회에 공헌ᄒ고 민족을 살녀 가명에 영광을 스는 것이 녀즈에 칙임이겟고 (…중략…)"(김녑, 「신구츙돌의 비극」, 『여자계』, 1918.3, 31면)가 대표적 예이다.

2) 여학생을 "부질업는 히사시가미(서양풍을 모방한 머리 모습)와 보기 슬인 양쪽이며 격에 메지 안은 구쥬(구두)를 신고, 맛지 안는 비단식 량산을 쓰고, 교만ᄒ고 아는 체하"(김녑, 「신구츙돌의 비극」, 『여자계』, 1918.3, 35면)는 자들로 비판하고 있다.

3) 이상경, 『인간으로 살고 싶다―영원한 신여성 나혜석』, 한길사, 2000, 85면.

노 아키코(與謝野晶子) 등을 언급하고 있지만 이들에 전적으로 동의하고 있는 듯이 보이지도 않는다.4)

이 시기 근대주의자들의 여권론은 여성을 새로운 근대적 국민국가에 통합시키고자 하는 근대 프로젝트의 일환으로 주장되고 있다. 이해조의 「자유종」(1910)의 '자녀공물론(子女公物論)' 및 이광수의 「자녀중심론(子女中心論)」(1918)은, 여성은 모성으로 자녀 양육을 통해 국가에 공헌해야 한다고 주장한다. 그러나 나혜석은 「이상적 부인」에서 현재 '량부현부(良夫賢父)의 교육법'이라는 말을 들어본 적이 없음에도 불구하고, 여성들에게 "량처현모(良妻賢母)"라는 이상을 정하게 한 것을 꼬집으며, 이는 기존의 가부장제가 시행해왔던 남녀의 이분화 된 체계와 역할을 지속적인 형태로 작동하게끔 하는 것이라고 파악하는 듯하다. 나혜석은 여성이 남성들과 같이 교육을 받고 근대의 틀 안에 편입된다고 해서 결코 그것이 진정한 여권의 획득이 될 수 없고 여성 해방에 이를 수 없음을 간파하고 있다. 어떻게 보면 나혜석의 이 글이야말로 근대의 혜택을 받고 있지만 "근대를 물어 찢고 태어난 '근대의 미운 오리 새끼'"5) 같은 성격을 띠고 있다.

이 시기 모든 대부분의 계몽주의자들은 근대성을 민족·국가 또는 문명개화로 고정화시키고 있다. 그러나 나혜석의 글들은 근대성을 그러한 보편의 추상적 대의로부터 시작하는 것이 아니고 여성 자신의 구체적 문제를 매개로 구체화 시켜 나가고 있다. 1910년대에 발표된 나혜석의 나머지 두 편의 수필 역시 여권에 관한 글이다. 단지 「이상적 부인」과 달리 자신의 경험을 중심으로 진솔하게 얘기해나가는 방식을 취하

---

4) 일본 페미니즘은 성립 당시부터 북유럽계 '모성주의'와 친밀성을 지니고 있었으며 앵글로 색슨적인 개인주의적 평등주의를 멀리하는 경향이 있었다고 한다. 가령 1918년 모성 보호 논쟁 당시에도 부인 참정권운동은 아직 이루어지지 않고 있었으며, 모성주의자 히라츠카는 당초 부인 참정권 요구에 냉소적이었다(우에노 치즈코, 이선이 역, 『내셔널리즘과 젠더』, 박종철출판사, 1999, 40·42면 참조).

5) 우에노 치즈코, 이선이 역, 『내셔널리즘과 젠더』, 박종철출판사, 1999, 96면.

고 있다.

「잡감(雜感)」(『학지광』, 1917.3)은 필자가 '언니'라는 청자를 대상으로 상호 간 대화를 나누듯이 글쓰기를 전개한다. 그리고 유학생들 학우회의 망년회에서 겪었던 일상의 구체적 체험을 실마리로 이야기를 이끌어나간다. 이는 구체적 일상을 매개로 하지 않고 개념과 추상으로 일관되는 다른 지식인의 수필들과 비교된다. 특히 여러 가지 참신한 비유를 통해 논지를 전개해가는데 글 후반부는 새벽녘 눈 덮인 산정으로 향한 길 풍경의 이모저모를, 조선의 여성이 거쳐나가야 할 지난한 역정에 비유하면서 '이야기 체'의 방식으로 전개한다.

또 "넓은 湖水의 스케팅 터를 (…중략…) 져네들은 져러게 날카라온 스케트를 신고도 自由로 쮜어 드니건마는 나는 암만히도 이 넙젹흔 신을 신고라도 한 거름도 것지 못흐고 나잡바질 것ㅅ소 아모라도 밋그러져서 머리가 터질 覺寤로 밟아나 볼 慾心이오"(55면)라는 묘사는 조선의 여자 지식인이 처한 상황을 실감난 비유로 보여준다. 「잡감—K언니에게 여(與)함」(『학지광』, 1917.7)에서도 조선의 여자들은 "아직 實力이 업스니까 充分히 수양히가지고 그쩌 事業을 흐자"는 소극적 자세로부터 탈피할 것을 주문하면서, 이를 "狂雨가 쏘다지오 (…중략…) 어노듯 地震까지 이러나오. 왼집이 흔들이오. 아이구 이를 엇지흐오? 어디로 避흐여야 산단 말이요? (…중략…) 아모러나 나가다가 벼락을 마져 죽든지 진흙에 밋그러져 亡身을 흐든지 나가볼 慾心이오"(68면)라고 비유하는데, 이러한 적확한 비유들은 생각의 진솔함에서 비롯된다.

이 시기 나혜석의 수필들이 다른 이들의 것보다 돋보이는 이유는, 수필 안에서 가장 잘 묘사되고 있는 것이 다름 아닌 나혜석 자신의 열정이라는 사실 때문이다. 계몽주의자들의 수필은 개성과 자아를 수도 없이 강조하지만, 실제 들리는 것은 개성과 자아를 강조하는 개념의 목소리일 뿐, 그 결의가 실감으로 다가오는 글들이 전혀 발견되지 않는다. 이에 비해 나혜석의 글은 자아와 개성을 주장으로서가 아닌 경험적 사고로 보여준다. 요컨대 이 시기 계몽주의자들의 수필들의 주장은 추상적 개념을 통해서만 접근하는 등 그 방식이 극히 과거적인 것이라는 느낌을 준다. 그리하여 그 내용들이 생의 구체적인 풍요함에서 유리된 추상적 공허함을 드러낸다.

나혜석의 글이 이러한 추상적 공허함을 깰 수 있었던 것은 인간의 원초적 정감의 표출을 지향하는 구어적 수사법도 일조를 하기 때문이다. 정감은 인위적 가식이나 경직된 규범에서 벗어나기 때문에 소박한 진실성을 담는다. 그리고 이는 관습적 억압에 대한 저항과 분노의 열정을 드러낼 수 있기도 하다. 그의 글에 나타나는 구어체 및 사람의 행위를 묘사하는 의태어 · 부사어 · 동사어의 현저한 쓰임은 이의 결과이다. 서구의 문학에서도 여성들의 활약은 특별히 구어체나 노래체의 시, 즉 발라드 · 동요 · 주문 · 수수께끼 · 민요 등과 연관된 시 전통에서 두드러진다고 본다. 여성들이 구어체 시를 많이 썼다는 사실은 여성들이 오랫동안 고전 교육으로부터 배제되어온[6] 것과 관련이 있지 않은가 하는 짐작을 하게 한다. 그러나 어찌 했든 이러한 글 형식들은 남성 주도의 1910년대 문단에서 주변화 된 소수자의 글이기 때문에 이 시기 문학사에서 주목받을 수가 없었다.

3. 여성 문제의 소설화가 성취한 근대성—「경희!」

1) 1910년대 젠더 이데올로기에 대한 반론—「노처녀」와의 비교를 통하여

나혜석의 「경희!」(『여자계』, 1918.3)는, 백대진의 「노처녀」(『반도시론』, 1917.6~7)가 '경희'라는 등장인물을 빌려 신여성을 일방적으로 비난하고 있는 사실에 비춰 볼 때, 이에 대응코자 한 작품이 아닌가 하는 짐작을 갖게 한다. 앞서 지적했듯이, 이 시기 근대적 지식인들은 표면적으로는 여성의 권리, 여성의 교육 및 사회적 진출을 허용하고 있는 듯하지만, 결국은 여성의 역할을 '량처현모'에 두면서 여성의 독립성에 대하여 회의적이고 부정적 태도를 드러낸다. 특히 이러한 남성과 여성의 분리된 사회틀을 해체시킬 수 있는 위험한 여성들을 바로 신여성 또는 여학생 계층으로 간주한다. 따라서 이 시기 남성 지식인들은 학교·사회 등의 공적 영역에 새롭게 등장한 신여성을 호기심 있게 바라보는 시선도 있지만 결국은 곱지 않게 보고 더 나아가 심한 거부감 내지 적대의식을 보여준다. 이 시기 최찬식과 백대진이 이러한 의식을 대표하는 작가들이다.

최찬식의 「종소리」(『반도시론』, 1917.5)에서 신교육을 받은 '이문상'은 '고등과'를 졸업한 신여성 '안영자'와 사랑에 빠진다. 그러나 문상의 어머니는 "오날날 조선 사롬의 졍도로는 아즉 녀학싱 며느리를 엇을 시더가 못 되엇느니라"(77면)는 이유로 영자와의 혼인을 반대한다. 더욱이 문상에게는 부모가 정한 시골여인 '옥선'이 있기 때문이다. 그럼에도 문상은 어머니를 설득해 안영자와의 결혼에 성공한다. 그러나 이후 문상은 별로 확실치도 않은 아내의 부정한 행실을 알게 되고, 그런 이유로 이혼을 하는 등 이야기가 우스꽝스럽게 전개된다. 좀 더 희극적인 것은 문상으로부터 파혼 당한 옥선은 "나는 졀코 실졀(失節)흐는 녀즈가 되기를 원치"(81면) 않는다며 출가하여 비구니가 된다. 이후 홀로 된 문상은 과거를 후회하며 비구니가 된 옥선을 찾아가 다시 부부의 연을 맺고자 하나 거절당한다. 옥선은 "부모에게 순종하고 정절을 지킨" 올바른 여자이나, 안영자로 대변되는 신여성은 연애 스캔들이나 일으키는 성적으로 방종한 무리이다. 그리하여 이 시기 신여성의 욕망은 가부장적 이데올로기로 재단되고, 처벌당하고 회개토록 유도되고 있다.

---

6) 팸 모리스, 강희원 역, 『문학과 페미니즘』, 문예출판사, 1997, 140면.

백대진의 「노처녀」는 아예 여학생을 주인공으로 삼아 여학생에 대해 가졌던 남성 지식인들의 시각을 좀 더 직설적인 방식으로 그린다. 「노처녀」의 경희는 막 학교를 졸업한 신여성이다. 경희의 어머니는 그녀를 멀리 시골로 보내 교사를 하게 하는 것은 싫고 적당한 혼처가 있을 때까지 집에 데리고 있고자 한다. 그러나 경희는 게으르기 짝이 없고 맵시나 부리고 자신의 어머니를 "물 어미"같이 부려먹거나, 아니면 어머니에게 "독살"이나 부린다. 그리고 외출하여 친구들을 만나 "우미관 구경"이나 다니면서, 종래는 돈 많은 "하이칼라" 남자를 만나 "양옥"에서 새 가정을 이루고자 하는 공상을 갖는다. 게다가 어른들이 소개하는 신랑은 안중에도 두지 않는다. 이 시기 일각에서 자유혼인 담론이 유행하던 것과는 다르게, 「노처녀」에서는 '신여성'이란 어른들이 정해주는 혼처를 마다하는 철없고 건방진 것들로 그려진다.

더욱이나 작가가 경희를 일부러 학교를 "우등으로 졸업"한 여학생으로 설정하고서도, 경멸의 시선을 보내는 것은 앞에서 지적한 대로 남성들이 공적 영역에 등장하게 된 모든 여성들에 대하여 무조건적으로 적대적 의식을 드러내고 있다는 사실을 짐작하게 한다. 예컨대 "학교란 무엇을 가리키는지, 미일 꼭두식견에 이러나어나, 분 세슈며, 밉시너놀 법만 아리키는지 (…중략…) 학교를 심(십?)년이나 단여서, 뎨일 잘 비운 것이 향슈 바르는 법인가 보드라"(1회, 69~70면)는 식으로 매도한다. 특별한 소설적 필연성도 없이 신여성 경희가 일방적으로 부정적 인물로 형상화된다는 사실 자체가 작가의 편향된 시각을 반증한다. 백대진은 현금의 문학은 "인생의 암면(暗面)"을 묘사하는 자연주의 문학"[7]이 되어야 한다고 주장한 근대론자이지만, 여성 문제에 대해서는 지극히 보수적이다. 여성문제와 같은 구체적 일상들에 대한 민주적 사고 없이 결코 진보적 사고가 가능할 수 없음은 백대진이 노골적으로 친일적 기자 생활

---

7) 白大鎭, 「現代朝鮮에 「自然主義文學」을 提唱홈」, 『신문계』, 1915.12.

을 했다는 전기적 사실8)에서도 가늠이 된다.

이에 반해 나혜석은 「이상적 부인」에서 '량처현모론'을 반박했듯이, 「경희!」를 통해 「노처녀」로 소설화된 이 시기 지식인의 젠더 이데올로기를 반박한다. 우선 이 작품의 서두는 동경 유학서 들어온 주인공 경희가 오라버니 댁과 함께 "버선을 깁고 재봉틀에 오라버니의 양복 속적삼을 하"는 데서부터 시작된다. 게으르고 밥 하나 지을 줄 모르는 「노처녀」의 경희와는 대조적이다. 즉 「노처녀」의 경희가 게으르고 허영에 들뜬 신여성이지만, 「경희!」의 경희는 집안일에도 성실하고 매사에 진지한 인물이다.

이러한 '경희'의 형상화는 의도적인 것으로 당대 여학생들에 대한 세간의 편견을 바로 잡으려는 나혜석의 의도가 역력히 엿보인다. 그리고 이러한 의도는 상당히 설득력 있게 진행된다. 우선 경희는 일반 계몽주의소설의 주인공과 같이 어설프게 대중을 계몽코자 하거나, 대중에 대한 우월한 자세를 취하지 않는다. "경희의 입살은 간질간질ᄒ엿다 (…중략…) 여러가지 례를 들어 설명도 ᄒ고 싶헛섯다 (…중략…) 일절 입을 담울엇다"(61면)라는 어구들이 상징하듯, 대중을 설득하기에 앞서 대중들을 향해 어떤 방식으로 대응해 나갈 것인가에 대해서 진지한 고민과 해결책을 모색한다.

당연히 주인공은 결코 외부와 단절되어 폐쇄된 내면으로 고립되지도 않는다. 「경희!」의 언어는 지식인들 집단에서 소통되는 언어가 아닌 민중들과의 교류에서 얻어지는 경쾌하고 해학적 성향의 언어들로 이뤄진다. 사돈 마나님을 비롯한 구여성들이 여학생에 대해 갖고 있는 적대감에 대한 나름대로의 이해, 떡 장사와의 시시콜콜한 이야기들, 동경서 귀국할 때, 여종 시월이의 애들에게 장난감 선물을 마련하는 일화 등, 아낙네들의 사소하고 보잘것없는 것에 대한 작가의 따듯한 감성적 연대

---

8) 김복순, 『1910년대 한국문학과 근대성』, 소명출판, 1999, 53면.

야말로, 남성 근대론자들과 비교할 때 나혜석이 갖고 있는 우월성이다. 이 시기 어느 소설에서도 「경희!」에서와 같이 아낙네 계층들의 목소리를 듣기란 쉬운 일은 아니었다.

2) 일상적 풍속과 구어의 세계를 통한 자아의 성찰 - 「핍박」 · 「슬픈모순」 과의 비교를 통하여

사실주의문학과 연관되어 1910년대의 소설적 성과로 흔히 현상윤의 「핍박」(『청춘』, 1917.6)과 양건식의 「슬픈모순」(『반도시론』, 1918.2) 등이 언급된다. 「경희!」와 이들 작품은 공통적으로 지식인의 비판적 자기 인식과 이에 따른 자기의 각성이 형상화된다. 그러나 「경희!」는 두 작품과 달리 일상과 풍속의 세계가 풍요롭게 나타난다. 경희가 시월과 함께 음식을 준비하고, 소제를 하는 등 '몸소' 집안일을 거들면서 나타나는 일상과 풍속의 세계는, 단독적이고 고립적 주체가 관조하는 그것과는 풍요로움의 크기에서 차이가 날 수밖에 없다.

「경희!」에서 이러한 일상과 풍속이 풍요롭게 작동할 수 있는 데에는 말할 필요도 없이 「핍박」 등의 주인공들이 다양한 인간관계 모두에서 거의 고립되어 있는 것과 달리, 「경희!」의 주인공은 철저하게 경희의 가족과 이웃 인물들과의 관계 안에 놓여 있기 때문이다. 「핍박」 등에서는 대화가 거의 나타나지 않아 사회와 단절된 채 내향적이고 폐쇄적인 주인공의 절망적 성격이 잘 나타난다. 그리고 모든 일어나는 일 또는 주변 인물들이 아래의 예와 같이 철저히 주인공 '나'의 시선을 통해서만 인식의 대상이 된다.

　이즘은 病인가 보다. 그러나 무엇으로든지 病일 理由는 업다. 新鮮한 空氣가 맥힘 업시 들어오고 玲瓏한 光線이 가림 업시 빗치고 새는 울고 곳은 웃

고 샘은 맑고 山은 아름다운데- 조곰도 病일 까닭은 업다.(86면)

(…중략…)

긴 담배대 문 尊位님도 안잣고 (…중략…) 누구누구 여러 사람이 안잣는데 모도 다 나를 보고는 입살이 한편으로 찌여지면서 비죽비죽 웃는 模樣이라. 아모리 생각하야도 우슴 바들만한 일은 업다. 그럼으로 무엇이 우슬 만한 것이 머리에 잇나 하야 머리를 쓸어 보아도 아모 것도 업다.(88면)

(…중략…)

얼마 잇더니 들 밧그로서 農軍의 쎄가 들어온다. 가래 멘 이도 잇고 호미 멘 이도 잇고 쇠시랑 든 이도 잇고 낫 든 이도 잇다. (…중략…) 나는 거름을 옴긴다. 옴길 쌔마다 醉客과 農軍들이 눈압헤 보이면서 나를 물그럼이 보며 비웃는 듯하다. 슬프다. 이것이 人生이다. 안이 이것이 人生의 多數로다.(90면)

이에 반해 「경희!」는 소설 서두가 아예 대화로 시작되고 많은 부분이 대화로 이뤄지다시피 한다. 모든 인물의 묘사가 인물들과의 관계인 대화로 이뤄지다 보니 인물들의 생동감을 성취하는 문제뿐만 아니라, 소설 내 다양한 목소리의 경합과 충돌 속에서 작가 내지 주인공이 가진 문제의식이 선명해지게 된다. 경희와 사돈마님, 경희와 어머니, 아버지, 올케, 경희와 시월이, 떡장사ㅡ등장하는 모든 인물들이 경희와 빠짐없이 대화를 나눈다.

「쏙 심혼 시집살이 혼 손갓고나. 女學生들 손은 비단결 갓흐다는데 네 손은 웨이러냐」(60면)

「사너니 골을 간단 말이냐? 郡主事라도 혼단 말이냐」(…중략…)「저 계집 아이를 누가 데려가나」(61면)

「女學生들은 예사로 시집 말들을 흐더라 아이구 망칙훈 세상도 만하라」(61면)

「학성도 바누질을 다 흐나요」(…중략…)「어듸 바누질이나 제법 안져서 비 홀 새나 잇나요, 그리도 차차 철이 나면 주연히 의사가 나는 보아요 가라치지 아니힌도 제절노 쑤미게 되던구면요 어려운 공부를 흐면 의사가 틔우나보아요」(62면)

「따님은 그러케 공부를 식혀서 무엇흐나요?」(…중략…)「누가 아나요 이

세상에는 계집이라도 비화야 혼다니까요」(63면)

「계집이가 시집가기를 실타니 그런 망측한 일이 어디 잇셔 남이 알가보아 무섭지 발셔 適合흔 婚處를 몃 군디를 놋쳣스니 엇더케 혼잔 말이야ㅡ」(…중략…)「아이 아니쯤운 년 그리기에 계집이를 가라치면 건방져서 못 쓴다는 말이야 (…중략…) 오작흔 집에서 婚姻을 썩구로 혼단 말이오」(68면)

이에 비해 「핍박」 등의 주인공은 진지하나 답답한 엄숙주의 안에 갇혀 있다. 물론 「핍박」·「슬픈모순」은 사회와 대립된 개인, 사회로부터 소외된 개인의 긴장감들을 날카롭게 제기한다. 그러나 이러한 소외를 야기하는 사회적 모습은 일상이 제거되어 있기에 추상적이다. 물론 「경희!」의 성과는 생동감 있는 일상의 반영에 멈추는 것은 아니다. 중요한 것은 여성 개인을 둘러싼 자잘한 일상적 억압을 보여주면서 인간의 자아 성찰 또는 자아 확립이라는 이 시기 지식인의 의제를 제기한다는 점이다. 아버지가 정한 혼처를 물리치며 "여자이기에 앞서 사람이어야 한다"는 각오를 단단히 하지만, 정반대로는 아버지에게 "네" 하고 혼사를 받아들이지 못한 것을 후회하며, 닥쳐 올 막막한 미래에 밤새 괴로워하는 경희의 내면이 격렬한 몸짓으로 묘사된다.

경희는 흙흙 늣겨운다. 방바닥에 업듸리기도 흐다가 이러안기도 흐고 또 이러셔셔 壁아에다 머리를 부듸친다. 기둥을 불꼰 안고 핑핑돈다. (…중략…) 아아 경희는 어느 길을 擇ᄒ여야 當然흔가? 엇더케 살아야만 조흔가? 마치 길가에 탄평으로 몸을 느려 기어가든 비암의 꽁지를 집힝이 끗으로 조곰 근듸리면 느려졋든 몸이 밧짝 옥으러지며 눈방울이 디룩디룩ᄒ고 쑈죡흔 혀를 毒氣잇게 자조 닐미는 貌樣갓치 이러흔 생각을 할 쩌마다 경희의 몸에 미달닌 두 팔이며 느러진 두 다리가 밧짝 가슴 속으로 비속으로 옥으라 드러온다. 마치 어느 作亂감 商店에 노은 디가리와 몸뚱이 쑨인 作亂감갓치 된다. 그리고 十三貫의 體重이 急작이 白紙 한 장만치 되여 바람에 날니는 것갓다. 또 머리 속은 저도 알 만치 쎙ᄒ고 서ㅡ늘해진다. 눈도 깜짝으릴 쥴 몰누고 壁에 구멍이라도 쑤을 것갓다. 등에는 쌈이 흠쌕 괴이고 四指(?肢)는 죽은 사룸과 갓히 차듸차다.(70~71면)

어느 시대 어느 사회에서나 일상적이면 일상적일수록 그 사건은 보편성이 있다. 「경희!」는 아주 극히 조선의 일상의 가정생활 안에 처한 여자 지식인의 문제를 소재로 하기 때문에 그만큼 보편성이 강해진다.

그리고 「경희!」가 이러한 일상의 풍요로움을 획득하는 데는 이 시기 대부분의 단편소설과 달리, 구어에 가까운 국문체를 실현하고 있기 때문이다. 『학지광』·『청춘』의 대부분의 남성 작가들은 순국문체 또는 구어체를, 그들이 부정적으로 생각했던 고대소설이나 신소설 따위의 이야기 형태의 소설을 기술하는 데 적합한 것으로 생각했다. 즉 오락적이고 경박한 성격을 띤 줄거리, 사건 중심의 고소설이나 신소설의 기술은 순국문체로 가능하나, 그것이 내면화된 생을 중시하는 근대소설의 기술에서 사색적인 진지함을 담을 수 있는 것으로 적당하지 않았다고 생각했던 듯하다.

따라서 1910년대 소설에서 국한문 혼용체가 득세하면서 소설의 문장들도 중요한 변화를 보여준다. 하나의 단적인 예로 종전의 소설이 부사구 위주의 서술어구로 구성된, 즉 동사적 문장이 주를 이루는 것에 비해 명사형 어휘의 비중이 상대적으로 늘어난 명사적 문장으로 바뀌게 한다. 그리하여 "내 얼굴은 열(熱)하고", "고통(苦痛)하엿나이다", "혼미(昏迷)하엿섯습니다", "혼수(昏睡)하는 동안"(이상 「어린벗에게」에서) 등의 어색한 글투가 출현한다.

이러한 국한문 혼용체의 선호는 일본 지식인의 서구에 대한 맹목적 추수와도 깊게 관련되어 있다. 일본 지식인들은, 서구의 것은 선진 문명을 배후로 한 상등의 것이기에 그 번역을 일상어와는 격이 다른 막연하고 모호하기조차 한 한자의 조어(造語)로 표현해내고자 했다. 일본에서는 메이지시대 접어들어 이렇게 새롭게 만들어진 한자숙어를 대량으로 사용한 문체 자체를 '구문직역체'(歐文直譯體)로 불렀는데 번역어인 한자숙어가 많아지며 많아질수록 그것은 서구적으로 '문명개화'한 주체라는 것의 증거였다. 그리하여 이러한 한자숙어 없이는 지식인들 사이에서

지적으로 의미 있는 의사소통이 불가능했다.9)

그리하여 이 시기 소설의 국한문혼용체는 지식인들의 지적인 과시를
드러내는 수단이 되기도 한다. 화려한 문장으로 평가받는 이광수의 「어
린 벗에게」의 문장도 아래의 예에서 볼 수 있듯이, 실은 대중과는 유리
된 그 시기 특정 지식인 계층 내부에서 통용되던 일종의 사회적 방언으
로 이뤄진다.

> 空氣에 對流作用이 업섯던들 그의 깨끗한 肺에서 나온 입김이 그냥 그 자
> 리에 잇서 왼통으로 내가 들이마실수 잇섯슬것이로소다. (…중략…) 椅子에
> 힘업는 듯 지대고 섯는 양이 참 美妙한 藝術品이러이다. (…중략…) 마치 그
> 말이 엑스光線 모양으로 封套를 께쑬코 내 쓰거운 머리에 直射하는 듯하더
> 이다. (…중략…) 그의 가슴속에는 日光이 차고 春風이 차고 詩누가 차고 美
> 와 사랑과 溫情이 찻도다. 이에 외롭고 싸늘하게 식은 靑年은 그 흘러넘치는
> 깃븜과 美와 사랑과 溫情의 一滴을 얻어 마시려고 무릅흘 쑬고 두손을 들고
> 눈물을 흘리며 그 압해 업더졋도다. (…중략…) 只今 내 身體를 組織한 모든
> 細胞는 깃븜과 滿足에 쒸며 소래하고 熱한 血液은 律呂마초아 循環하는도
> 다.10)

따라서 이 시기 최남선의 『청춘』 문체와 이를 계승한 춘원이 이룩했
다는 언문일치의 성과는 재고해보아야 한다. 가라타니 고진의 지적대
로, 언문일치의 표면상 목적은 문자어를 구어에 맞게 만드는 것이었지
만, 실제적 목적은 기존의 문어를 대신한 새로운 문어를 만들었던 것으
로, 이광수 등이 시도한 언문일치는 구미―일본어의 번역체를 합성하여
만든 신식 문언이지 구두상의 속어를 주된 원천으로 한 대중언어는 아
니었다. 다시 말해 그것은 언문일치의 문제가 아니라 이 시기 지식인들
이 주도했던 또 하나의 에끄리뛰르(글쓰기)의 창조인 셈이다.11)

---

9) 코모리 요이치, 정선태 역, 『일본어의 근대』, 소명출판, 2003, 140~141면.
10) 『청춘』 9호, 1917.7, 104·113·118면.
11) 백지운, 「근대 중국 언어운동의 스펙트럼」, 『역사비평』, 2005년 봄, 362면 참조.

그러나 「경희!」의 언어는 이러한 질서로부터 이탈되어 있다. 작가에게 길들여진 친숙한 구어는 서술자의 태도를 당당하게 하며, 따라서 책에서 읽은 지식에 억압당할 필요도 없고 무엇을 표현해야 한다는 강박관념에 시달릴 필요도 없게 한다. 더불어 장식으로서의 문학을 거부하고 활달한 이야기꾼이 될 수밖에 없고 이야기하는 욕망을 직접 드러내는 스타일의 화법을 취할 수 있게 한다.

4. 공동체적 연대와 개별적 고립─「회생한 손녀에게」와 「어린 벗에게」

「어린 벗에게」(『청춘』, 1917.7~11; 이하 「어린 벗」)는 1910년 이광수의 대표적 단편소설이다. 서간문의 형태를 띤 이 작품은 상당히 급진적인 방식으로 자유연애를 주창하며 장황하면서도 과장된 미문(美文)으로 꾸며져 있기 때문에, 이전 소설에 비해 독자들에게 충격적인 반향을 일으켰다. 박영희의 회고에 의하면 이광수의 이 작품은 당시의 문학청년들에게 선망과 동경의 대상이었다.12) 「어린 벗」과 유사한 형태를 띤 나혜석의 「회생한 손녀에게」(『여자계』, 1918.9; 이하 「회생」)가 이 작품을 의식한 것인지 확언하지는 못하겠지만, 이와 관련된 몇 가지 흥미로운 사실들은 있다.

우선 「어린 벗」에 등장하는 여성 김일련의 모델이 나혜석이란 소문이 문단에 있었던 모양이다. 예컨대 소설 속의 김일련이 화자의 친구인 김일홍의 누이동생이란 것, 김일련의 약혼자(최소월로 추정됨)가 폐병으로 죽었다는 것 등이 나혜석으로 추리하게 하는 근거가 된다.13) 그리고 나

---

12) 「초창기 문단측면사」, 『현대문학』, 1959.8 참조.
13) 김윤식, 『이광수와 그의 시대』 1, 솔, 1991, 630면; 이상경, 『인간으로 살고 싶다─영

혜석의 「회생」에서는 화자가 바로 '최소월'로 짐작되는 인물을 애도하는 부분이 작품에 삽입되고 있다는 점에서 「어린 벗」과 「회생」의 관련성을 짐작케 한다.

작품 내적으로도 「어린 벗」과 「회생」의 상호텍스트 성을 짐작케 하는 것이 비록 「회생」은 서간문 형식은 아니지만 화자가 '손녀'를 대상으로 이야기하는 형식을 빌리고 있다. 또 전자는 화자가 병상에 있으면서 한 여인의 도움을 받아 회생을 하게 되는 이야기이고, 후자는 화자가 한 병인을 도와 그를 회생케 한다는 점에서 모티프에서 유사한 양상을 드러낸다. 물론 「회생」이 「어린 벗」에 비해 작품 스케일 또는 분량 면에서 미달하는 면이 있지만, 「회생」은 오히려 「어린 벗」이 갖고 있는 문제의식의 허구성을 드러낸다.

「어린 벗」의 작중화자 나는 조도전(早稻田, 와세다)대학 시절, 친구 누이인 '김일련'에게 사랑을 고백하나 기혼자라는 이유로 실연을 당한다. 그 후 나는 낯선 타국[上海]에 머물다가 병석에 눕고 그 곳서 뜻하지 않은 상봉을 한 김일련의 정성어린 간호로 소생한다. 이후 그들은 러시아의 해삼위(海蔘威, 블라디보스토크)'로 가는 선상에서 재차 만나고 도중 배가 난파되는 위기를 겪지만 요행히 살아남아 소백산중(小白山中, 시베리아) 삼림을 향해 정처 없이 기차여행을 떠나는, 당시 소설로서는 퍽 이국적인 소재와 이색적인 장면으로 끝을 맺는다.

「회생」은 이에 비해 아주 단순한 스토리를 갖는다. 일본에서 유학 생활을 하는 화자는, 동료 또는 후배로 짐작되는 여학생[손녀]이 병상에 있을 때 그녀의 할머니의 역할을 자임하면서 그녀를 간병한다. 화자는 자신의 도움으로 그녀가 회생하게 되었음을 기뻐하면서도, 마음 한 구석에는 "그 사람은 그 病으로 因ᄒ여 죽엇다. 그리셔 追悼會도 ᄒ고 一年祭ᄭ지 지낫다. 내가 晝夜로 ᄆ옴이 압하셔 애를 쓰고 가삼을 치며 後

원한 신여성 나혜석』, 한길사, 2000, 129면.

悔ㅎ거슨 내가 왜 그 親舊를 爲ㅎ야 내 工夫를 廢止ㅎ고 徹夜ㅎ야 看護를 못ㅎ엿던구 홈이엿서다"(60면)라고 최소월로 추측되는 '친구'에 대한 회한과 추모의 정을 드러내고 있다. 이렇게 「회생」은, 인습적 혼인을 타파하며 과감하게 자유연애를 부르짖는 「어린 벗」에 비하여 신변잡기적이며 특별한 주제를 갖지 않은 듯하다.

그런데 일단 줄거리에서 엿볼 수 있듯이, 「어린 벗」과 「회생」은 공히 병리적인 현상들이 작품의 주요한 모티프가 되고 있다. 그러나 「회생」은 그것을 극복하는 내용의 이야기이고, 「어린 벗」은 끝내 병리적 현상으로 일관한다. 예컨대 「어린 벗」의 김일련의 옛 애인은 폐병과 요절하는 천재가 관련되는 이미지로 등장한다. 그리고 화자는 폐병으로 암시되는 질병과 관련되어 있고 신경쇠약을 호소하기도 한다. 그런가 하면 일본인의 정사(情死)를 부러워하며 "제가 사랑하는 자를 爲하야 목숨을 바리기 조차 辭讓치 아니하는 그 精神은 과연 아름답다"라고 자살을 찬미하는 신경증의 징후도 보여준다. 그런데 「어린 벗」뿐만 아니라 이 시기 이광수의 단편들은 모두가 연애 또는 실연으로 빚어진 정신병리학적 현상으로 가득 차 있다. 그리하여 「방황」(『청춘』, 1918.3), 「윤광호」(『청춘』, 1918.4) 등 이들 작품의 주인공은 모두 "정신적 피로(精神的 疲勞)", "신경쇠약(神經衰弱)", "번민(煩悶)"을 앓고 있다.

이광수 소설에 나타나는 이러한 인물의 병리적 현상들은 이광수 등이 지향하는 1910년대 문학의 근대성과 밀접한 관련을 맺는다. 즉 결핵이나 신경쇠약 등은 이광수 문학이 근대문학이란 느낌을 갖게 하는 상징으로 작용된다.14) 이광수뿐만 아니라 진학문의 「부르지짐」·「핍박」·「슬픈모순」 등도 모두 이와 관련된다. 우선 '폐병'은 열정의 소재지인 가슴이 아픈 병이기 때문에 결핵은 낭만화되고 아름다운 죽음의 상징이 된다. 그렇게 함으로써 결핵은 근대 낭만주의문학과 연결된다.15) 그리고 결핵

---

14) 이수영, 「한국 근대문학의 형성과 미적 감각의 병리성」, 『민족문학사연구』 26, 2004.11, 274면.
15) 수전 손택, 이재원 역, 『은유로서의 질병』, 이후, 2002, 149면.

환자는 건강에 좋은 장소를 끊임없이 찾아 나서는 낙오자 또는 방랑자의 신세가 되는데, 따라서 이들은 신경쇠약 환자와 마찬가지로 낙오와 도피의 상태를 지향하게 된다.

「방황」의 유학생 주인공은 작가의 고단한 심정을 암시적으로 비춰며 끝내는 "깁흔 山谷間瀑布잇고 조고마한 庵子에서 아츰 저녁 木魚를 두다리고 誦經하는 長衫입은" 중이 되고자 한다. 「어린 벗」에서 실연, 질병으로 시달리는 주인공은 여인과 함께 끝내 시베리아로 도피한다. 이러한 낙오와 도피는 객관 또는 물질에 대한 정신적 세계의 우월성을 과장하는 경우로 나간다. 즉 '정신'의 세계를 사회적·일상적 생활의 영역으로부터 분리시켜 자기 입법성과 자기 타당성을 갖는 자율적 세계로 정립한다.16) 그리고 이러한 육체 또는 물질에 대한 정신적 세계의 우월성은 말할 필요 없이 내면과 밀접하게 연관된다.

내면은 식민지 상황에서 정치적 무력감에 빠진 당시 지식인들의 위안적 도피구인 셈이다. 따라서 예술에서의 근대성을 지향하는 순문예 작가들은 사회에 대한 관심을 배제하고 고립된 개인의 내면에 몰두하는 것이며 정치적 무력 = 내면으로의 도피(또는 내면의 주장) = 자율적 영역으로서의 근대문예의 관계가 형성된다. 그리하여 내면은 소설에서 특권적 지위를 부여받고 세계에 등을 돌리며 소설의 관념성이 강화되는 계기를 마련한다. 그리고 전달과는 아무런 관련이 없는 극히 개인적이며 고립된 내면이 펼쳐진다.

이는 우리 소설사에서 내면의 표출이 외부세계에 대하여 하나의 '권력'으로 전도되는 모습을 보여준다. 즉 주체의 자폐에 가까운 심리적 퇴행과 나약해 보이는 병리학적 몸짓 속에서 내면은 오히려 외부세계에 대하여 '주체'로서 존재할 것 즉 지배할 것을 목표로 한다.17) 그리하

---

16) 김현주, 「이광수의 문화이념 연구」, 연세대 대학원, 2002, 86면.

17) 이는 고진이, 고백은 결코 참회가 아니다. 고백은 나약해 보이는 몸짓 속에서 '주체'로서 존재할 것 즉 지배할 것을 목표로 하는 것과 마찬가지의 이치라 할 수 있다(가라

여 1920년대로 넘어가 지식인들의 내면의 특권화는 자신들이야말로 근대성을 담지하고 있으며 그러한 한에서 정당하다는 당시 작가들이 지녔던 인식의 소설적 구현이 된다.[18] 「어린 벗」은 바로 이러한 선구적 예가 되는 소설이다.

이에 반해 「회생」으로 돌아가자면, 「회생」은 병리적 현상이 모티프가 되어도 이 시기 대부분의 소설과 달리 현실에 대한 낙관과 건강한 의지를 보여준다. 이 시기 남성 작가들 대부분의 소설들이 현실과 유리된 절망과 자폐의 세계 안에 갇혀 있음에도 불구하고, 흥미롭게도 여성 작가 나혜석의 이 작품은 전혀 반대의 분위기이다. 특히 환자인 소녀가 회복하게 되는 계기가 아주 흥미롭다. '손녀'는 "깍둑이 쯔초장을 먹고셔야 精神이 반짝 나며 甘口味를 붓치게" 된다. 화자가 "구진 시오졋에 밉듸밉은 쯔초가루를 버무려 손으로 주물녁 주물녁 희셔" 담은 "고린늬가 풀풀 나는 보기만 해도 눈이 쌔질 그러케 빨간 깍둑이"를 손녀는 먹고 소생하게 된 것이다. 그러면서 화자는 이 "짜듸짜고 밉듸미운" 깍두기의 맛이 달콤하고 냄새도 좋은 "오무랫쓰(오므라이스)나 가기 후라이(굴튀김)"보다 그리고 "스웊(수프)나 팡(빵)"보다 좋고, "라이스칼(라이스 카레)이나 미소시루"보다는 "깍두기를 먹어야 속이 든든해진다"고 말한다. 그리고 "깍두기 쌉질한 말국"이 뱃속에 가득 차야 소화도 잘 되어, 손녀는 결국 "깍둑이로 영생하"(62면)게 되었다며 끝맺음을 한다. 「회생」이 말미에 가서 웬 '깍두기 예찬'을 늘어놓는가 싶지만, 이러한 소재는 거창하게 민족 얘기를 하지는 않아도 유학생들 간의 공동체적 정서를 환기시키는 역할을 했을 것으로 생각한다. 「어린 벗」의 환자의 병석에는, "어둠컴컴흔 오지 항아리에 솜씨 업시 울숙불숙 담은"(62면) 「회생」의 깍두기와는 대조적인 "광주리에 담은 '蜜柑과 林檎' 또는 "牛乳筒"의

타니 고진, 박유하 역, 『일본 근대문학의 기원』, 민음사, 1997, 116).

18) 박헌호, 「한국 근대소설과 내면의 서사」, 『식민지 근대성과 소설의 양식』, 소명출판, 2004, 138·151면.

이국적인 것들이 놓여 있을 뿐이다.

그리고 깍두기 이야기는, 성인의 점잖은 공식문화가 억압하고 금기시하는 그리하여 마음이 잊어버리고 억압한 것을 몸에 기억하는 후각·미각 같은 유년 경험의 근접 감각을 작품 안에 끌어들인다. 나혜석은 앞서 지적했듯이 대부분의 글에서 이러한 원초적 감각들을 수사법에 활발하게 사용하고 있어 생각과 감정의 진솔성을 획득한다. 그리고 이러한 '깍두기' 등을 통해 형성되는 화자와 손녀의 관계는 단순히 추상적이고 관념적인 인간관계가 아닌 구체적이고 육체적인 인간관계이다. 「회생」은 화자나 청자가 일본으로 유학 와있는 그 연배의 동료들이다. 그들의 공동체적 결속관계의 매개물이 되는 것이, 추상적 거대 담론이 생각하기에는 사소하기 짝이 없는 깍두기 같은 음식이다.

따라서 「회생」에서는 이야기하는 사람과 듣는 사람의 공동체적 유대—특히 자매애적 연대,[19] 그리고 공감의 확대와 관련된 공동의 예술체험을 갖게 된다. 진정한 인간성과의 관계는 단지 상상력 혹은 추상적 사고의 대상이 아니라, 생생한 물질적이고 감각적인 접촉 속에서 실제로 실현되고 체험된다. 따라서 화자는 깍두기 얘기를 통해서는 이야기를 전달하면서 책에서 읽은 지식에 억압당할 필요도 없고 무엇을 표현해야 한다는 강박관념에 시달릴 필요도 없는 자연스러움을 획득한다.

이는 결국 서구소설의 경험을 그대로 밟지 않고 궁극적으로는 서구 모더니즘소설의 미학적 긴장을 해체하면서 인간관계의 소원함을 넘어선 따뜻한 공동체적 삶을 향한 나름대로의 길을 추구할 수 있는 또 다른 방식이 될 수도 있음을 보여준다. 이에 비해 「어린 벗」의 화자는 청자에게 정중하게 얘기하는 듯하지만 결국은 청자에 대해 권위적이며

---

19) "오냐 네가 주는 할머니의 名稱을 나는 謝絶아니ᄒᆞ고 밧으런다. 그리고 어머니 업고 할머니 떠러져 잇는 외로운 너를 내 孫女로 貴愛하고 앳겨주러 ᄒᆞ다"(61면)라는 여성으로서의 연대의식 등은, 이 시기 남성작가들의 어색하면서도 성에 대한 심리적 장애에서 자유롭지 못한 '자유연애' 모티프와 달리 건강한 느낌을 불러일으킨다.

계몽적인 어조가 강조되고, 실연이 중심 플롯이지만 실연을 통해 작가가 지향코자 하는 바가 현실과의 유대를 상실한 자기폐쇄의 양상을 띤다. 「회생」은 「어린 벗」을 흉내 낸 소박한 수필 식의 소설이지만, 「어린 벗」이 보여준 근대적 문제의식의 허구성을 보여주는 작품이다.

5. 또 다른 근대의 가능성

1910년대 나혜석 문학은 계몽주의 또는 사실주의적 문학이 추구한 것과는 또 다른 근대성을 지향하고 있다. 우선 이 시기 대부분의 계몽주의자들은 근대성을 민족·국가 또는 문명개화로 고정화시키고 있다. 그러나 나혜석은 근대성을 그러한 보편의 추상적 대의 안에서 접근하기보다는 여성 자신의 문제를 매개로 구체화 시켜 나가고 있다.

예컨대 이 시기 근대주의자들 역시 여성의 개성의 해방 또는 여권 확립을 주장한다. 그러나 그들의 여권론은 단지 여성을 새로운 근대적 국민국가에 통합시키고자 하는 근대 프로젝트의 일환 안에 놓여 있다. 나혜석은 이러한 여권론은 기존의 가부장제가 시행해왔던 남녀의 이분화된 체계와 역할을 지속적인 형태로 작동시키는 것임을 간파했던 듯하며, 그녀의 수필 등은 이러한 점들을 논박하여, 일반의 계몽주의자들과는 또 다른 근대성을 지향하게 된다.

그리고 나혜석은 수필·논설에서만 아니라, 소설에서 역시 1910년대 젠더 이데올로기에 대한 반론을 보여준다. 예컨대 그의 「경희!」 같은 소설은, 백대진의 「노처녀」와 비교 분석해볼 때 확연히 나타나듯이, 여성의 독립성을 부정하며, 기존의 남성과 여성의 분리된 사회틀, 즉 위계화를 해체시킬 수 있는 위험한 여성들을 신여성 또는 여학생 계층으로 간주하고 있는 이 시기 남성 지식인 및 보수적 계층의 젠더 이데올로기에 대한 반론을 시도하고 있다.

그리고 「경희!」는 1910년대 사실주의소설이 보여준 비판적 자기 인식과 이에 따른 자기의 각성을 형상화를 역시 성취하고 있지만, 「경희!」가 성취하고 있는 고유한 성과는 이러한 주제들이 일상과 풍속의 세계 안에서 풍요롭게 형상화되어 나타난다는 점이다. 이러한 형상화는 「경희!」의 주인공이 폐쇄된 내면으로 고립되지 않고 그의 가족과 이웃의 다양한 인물들과의 관계 안에 놓여 있기 때문이다. 그리하여 「경희!」의 언어는 지식인들 집단에서 소통되는 언어가 아닌 민중들과의 교류에서 얻어지는 경쾌하고 해학적 성향의 언어들로 이뤄진다. 덧붙여 나혜석은 여성 작가로서 이 시대 아낙네들의 사소하고 보잘것없는 것들에 대하여 따뜻한 감성적 연대를 보여 주는데, 이러한 점들이 남성 근대론자들과 비교할 때 나혜석이 갖고 있는 우월성이다.

그리고 나혜석의 소설과 수필 등의 글이 일상의 풍요로움을 획득하는 데는 이 시기 대부분의 단편소설과 달리, 구어에 가까운 국문체를 실현하고 있기 때문이다. 『학지광』·『청춘』의 대부분의 남성 작가들은 순국문체 또는 구어체를, 그들이 부정적으로 생각했던 고대소설이나 신소설 따위의 이야기 형태의 소설을 기술하는 데 적합한 것으로 생각했다. 따라서 그것이 내면화된 생을 중시하는 근대소설의 기술에서 사색적인 진지함을 담을 수 있는 것으로 적당하지 않았다고 생각했던 듯하다. 그러나 나혜석 문학은 적어도 이러한 언어적 질서로부터 이탈되어 있다. 나혜석의 글 전반에 나타나는 생동감 있는 구어체, 인간의 원초적 정감을 환기하는 구어적 수사법, 이야기 체 등의 글들은 이 시기 근대소설 대부분이 지향했던 문체들과는 명백하게 다르다.

그리고 이 시기 남성 작가의 대부분의 소설들이 현실과 유리된 절망과 자폐의 세계 안에 갇혀 있고 이러한 내면의 세계를 전면화 하는 것을 마치 근대문학의 특권으로 내세우고 있는 데 반해, 나혜석의 소설은 이와는 정반대의 방향을 취하고 있다. 오히려 그의 작품들 즉 「경희!」를 포함하여 「회생한 손녀에게」는 이야기하는 사람과 듣는 사람의 공동체적 유대, 공감의 확대와 관련된 공동의 예술 체험을 갖게 한다. 이는 결국 한국 근대소설사가 서구소설의 경험을 그대로 밟지 않고 궁극적으로는 서구 모더니즘소설의 미학적 긴장을 해체하면서 인간관계의 소원함을 넘어선 따뜻한 공동체적 삶을 향한 나름대로의 길을 추구할 수 있는 또 다른 방식을 보여준다. 물론 이러한 나혜석의 글과 문학 형식들은, 남성 주도의 1910년대 문단에서 주변화 된 소수자의 것이기 때문에 주목받을 수가 없었지만, 이 시기 한국문학이 현실과 역사에 대한 구체적 감수성을 갖고 획득해 나갈 수 있었던 또 다른 근대의 가능성을 시사하고 있다.